教育部人文社会科学研究一般项目（17YJA890025）

基于受众交换的中国武术海外传播应用框架研究

王 林◎著

人民体育出版社

图书在版编目（CIP）数据

基于受众交换的中国武术海外传播应用框架研究／王林著. -- 北京：人民体育出版社，2023
　ISBN 978-7-5009-6372-1

Ⅰ.①基… Ⅱ.①王… Ⅲ.①武术－文化发展－研究－中国 Ⅳ.①G852

中国国家版本馆 CIP 数据核字（2023）第 213977 号

＊

人 民 体 育 出 版 社 出 版 发 行
天 津 画 中 画 印 刷 有 限 公 司 印 刷
新　华　书　店　经　销

＊

710×1000　16 开本　14 印张　240 千字
2023 年 12 月第 1 版　2023 年 12 月第 1 次印刷

＊

ISBN 978-7-5009-6372-1
定价：69.00 元

社址：北京市东城区体育馆路 8 号（天坛公园东门）
电话：67151482（发行部）　　邮编：100061
传真：67151483　　　　　　　邮购：67118491
网址：www.psphpress.com

（购买本社图书，如遇有缺损页可与邮购部联系）

PREFACE
自　序

传播学是研究人类一切传播行为、过程发生、发展的规律，以及传播与人、社会关系的学问，简而言之，传播学是研究人类如何运用符号进行信息交流及其信息内在运行规律的学科。从这一定义来看，传播学具有综合性、交叉性、边缘性等特点，有人说传播学是一个"筐"，什么都可以往里装，这既说明传播学边界模糊，也表明传播学的开放性与包容度。传播学是20世纪30年代跨学科研究的产物，于20世纪40年代形成独立的学科，其形成的内驱力是人类社会、经济、政治、文化、科技发展的需要。政治学、社会学、心理学、经济学、语言学、新闻学和数学等学科的学者们，依托各自学科的范式与需要，对信息传播的规律与传播效果展开研究，与此同时，信息论、控制论和系统论为传播的系统研究与深入提供了理论与方法上的指导。随着计算机技术、网络技术、通信技术的高速发展，信息传播的速度加快、范围扩大，而移动互联网、大数据、物联网、云计算、区块链等信息技术更使产业技术路线发生革命性变化和商业模式有了突破性创新，社会生产呈现生产方式智能化、产业形态数字化、产业组织平台化的特征。每次技术创新都会带来传播研究的巨变，并使传播学的边界不断拓展，因此有学者称传播学一直在多种学科的十字路口徘徊。传播学的创立者施拉姆（Schramm）在晚年时强调："我们有时忘记了传播研究是一个领域，而不是一门学科。"正是基于传播学的跨界属性，传播学一直在吸收其他学科的经验与成果，并且不断将符号学、现象学、控制论、社会心理学、社会文化、批判学、修辞学等纳入传播学领域，这一方面丰富了传播学的理论基础，拓展了传播学研究的边界，另一方面使传播学多维话语系统产生共生与竞争，尤其是移动互联网、5G、大数据、自媒体、云计算、区块链、人工智能等技术日新月异的发展，使数字成为重组全球资源要素、重塑全球经济结构、改变全球竞争格局的关键要素，经典传播学面临着再次解构与重构，因此有学者提出不仅要走进传播学，还要走出传播学。

当今世界，传播无所不在，大到国际关系，小到邻里小事，都存在传播活动，同时传播障碍与传播隔阂的存在使信息沟通受限，由此可见，传播的作用不容小觑。概括来讲，传播就是信息在不同个体之间的传递，按照拉斯韦尔（Lasswell）的"5W"传播要素来看，传播是内容（信息）在传者、受众之间的传递、分享。由于传者与受众所处的社会地位、看待问题的视角不同，传者的编码与受众的解码往往不一致，进而导致传者的表达与受众的理解存在偏差。因此，传受双方对信息的充分沟通与交流非常重要。信息沟通与交流的过程实质上也是信息共享、意见交换的过程，交换双方的诉求、出发点、交换条件、利益满足等内外因均会影响交换过程的顺利达成。一般来说，信息具有无形性、扩缩性、相对性、组合性、共享性，只有将信息与语言符号（口语和文字）、非语言符号（副语言、体态语言，以及物化、活动化、程式化、仪式化的符号）完美结合，才可以使具有精神内容的意义在时间和空间中传播和保存，进而引发人们的思考，实现意义的最终传达，尽管在这一意义的传播中很难实现传受双方的无缝衔接。

对于中国武术传播来说，惯用做法是就传播论传播，具体如下：一是可以直接借用传播学的基础理论对中国武术传播现象进行深入解读；二是可以对中国武术传播的内在规律进行系统梳理。但是，对中国武术传播实施切块式、网格化研究势必会造成中国武术传播研究的"原子化"倾向[1]，在知识大爆炸的时代，学科之间的交叉与融合已经成为有效解决新问题的重要手段。传播的最终目的是解决信息"孤岛"现象，并让受众实施交换产生相应的行为变化，基于此，我们将中国武术传播置于受众交换这一框架中，尝试从交换的维度探究中国武术传播这一现实命题，以期引发各位同人的共鸣。为了对中国武术海外传播实践做出有益的指导，我们在研究的最后部分尝试构建了中国武术海外传播框架，本书中建立的框架仅仅涉及中国武术海外传播的部分实践领域，并非全部，而且科技进步带来的传播格局今非昔比，如何在降低搜索成本提升边际收益的同时有效提高传播效率，是每个武术人需要思考的命题。这是一个全新的领域，限于作者知识储备的不足、认识上的缺陷，书中难免存在不足，希望各位同人批评指正。

---

[1] "原子化"倾向是指将事务分界为各自独立的最小单元，独立存在且相互之间联系微弱，亦指当今的研究切块化思维使事务之间的横向联系弱化。

自 序

本书的完成离不开武汉理工大学体育学院体育健康传播与教育实验室各位学生的辛勤付出，尤其是朱琳博士、黎在敏博士，以及目前仍在海外攻读博士学位的乾佑玲同学，她们为本书的完成做出了巨大贡献。此外，还要感谢左义凡、钟娇、谈梦、景奕鹏，几位同学在前期资料收集与整理过程中付出了艰辛的劳动，正是有了他们的努力付出，才使得本书完稿。全书最终的统稿工作由朱琳完成，朱琳在面临学位论文撰写的现实压力下，承担了这一烦琐、细致的工作，在此表示感谢！研究的脚步永不停歇，希望未来有更多的有识之士加入武术传播的研究行列。

2011年，我将自己对武术传播思考的观点进行总结，撰写了首本专著《武术传播论纲》，在该书的结语部分，我提及了武术传播需要借助社会学、营销学、管理学、心理学等学科的理念，不能拘泥于"武术传播"之名，而应着眼于"武术传播"之实。2015年，我在博士后出站报告的基础上凝练了第二本专著《武术养生文化国际传播研究》，这一专著是对武术健康养生价值传播的原点思考，以健康养生为抓手进行了系统阐述。将武术传播这一命题落至实处，本书是对这一观点的再次回应。

本书由教育部人文社会科学研究规划基金项目"基于受众交换的中国武术海外传播应用框架研究"（项目批准号：17YJA890025）的成果凝练而成，在此，衷心感谢研究团队成员在项目研究中付出的辛勤劳动。本书在撰写过程中，参阅了大量优秀的研究成果，感谢本书中所有参考文献的作者们，虽然我们未曾谋面，但你们的学识、智慧和思想给了我们许多的启发与灵感！

虽然我们尽力做到字字斟酌、句句推敲，但是由于水平有限，书中难免存在不妥之处，敬请广大读者批评指正。

王 林
2023年5月

CONTENTS 目 录

第一章　交换概述 ·· 001
 第一节　交换的概念 ·· 001
 第二节　交换的类型 ·· 004
  一、社会交换 ·· 004
  二、经济交换 ·· 006
  三、礼物交换 ·· 008
  四、信息交换 ·· 010
 第三节　交换的内涵 ·· 011
  一、交换客体的价值 ·· 011
  二、交换主体的行为 ·· 013
 第四节　交换的原则 ·· 014
  一、自愿原则 ·· 015
  二、平等原则 ·· 015
  三、互惠互利原则 ··· 016
  四、诚信原则 ·· 017
  五、遵纪守法原则 ··· 018
 第五节　影响交换顺利实施的因素 ·· 018
  一、人口学因素 ·· 019
  二、心理因素 ·· 020
  三、环境因素 ·· 021
  四、信息因素 ·· 023

五、人际关系 ································· 025
六、替代品 ··································· 026

第二章　传播与交换的耦合 ································· 028
第一节　传播概述 ································· 028
一、传播的概念 ································· 028
二、传播的内涵与功能 ························· 030
第二节　作为交换的传播 ························· 033
一、人际传播概述 ································· 033
二、人际传播的目的与动力 ······················ 036
第三节　作为传播的交换 ························· 040
一、交换与社会交换概述 ························· 040
二、社会交换的原则与主张 ······················ 045
第四节　传播与交换的共通性阐释 ············· 047
一、共通性概述 ································· 047
二、传播与交换的共通性 ························· 048

第三章　基于受众交换的中国武术传播演变 ············· 053
第一节　中国武术传播形态历史演变 ············· 053
一、技击 ··································· 053
二、健身养生 ································· 054
三、艺术、审美 ································· 057
四、文化 ··································· 064
五、综合发展 ································· 065
第二节　中国武术传播形态演变的内驱力 ······ 066
一、人的需要 ································· 066
二、社会发展 ································· 068
三、全球化兴起 ································· 074
第三节　中国武术海外传播的交换实践 ············· 076

一、中国武术海外传播的人际传播 ················· 077

　　二、中国武术海外传播的群体传播 ················· 079

　　三、中国武术海外传播的大众传播 ················· 081

　　四、中国武术海外传播的新形态 ··················· 084

第四节　中国武术海外传播的交换困境 ················· 087

　　一、武术"误读"现象普遍 ······················· 088

　　二、武术发展的自卑情结 ························· 089

　　三、传播渠道和内容单一 ························· 090

　　四、缺乏武术信息的整合 ························· 092

　　五、忽视受众细分 ······························· 093

第四章　中国武术的当代价值追求 ··················· 094

第一节　中国武术的多元价值 ························· 094

　　一、技击价值 ··································· 096

　　二、竞技价值 ··································· 098

　　三、健身养生价值 ······························· 101

第二节　健康传播：中国武术海外传播的价值选择 ······· 103

　　一、健康的重要性 ······························· 104

　　二、健康传播的兴起 ····························· 105

　　三、中国实施健康传播的现实表征 ················· 107

　　四、健康成为中国武术海外传播的价值选择 ········· 109

第五章　中国武术传播的交换动力 ··················· 115

第一节　原生动力：自我呈现 ························· 115

　　一、天人合一 ··································· 116

　　二、阴阳之辩 ··································· 117

　　三、意蕴之美 ··································· 120

　　四、文化自信 ··································· 124

第二节　核心动力：利益满足 ························· 126

一、何谓利益 ……………………………………………… 126
　　二、利益满足的主体 ……………………………………… 130
　　三、利益满足的形式 ……………………………………… 136
　第三节　发展动力：外部环境 ………………………………… 138
　　一、全球化 ………………………………………………… 139
　　二、经济发展 ……………………………………………… 141
　　三、政治因素 ……………………………………………… 143
　　四、政策支持 ……………………………………………… 145

第六章　中国武术海外传播的当代呈现与内在逻辑 ………… 148
　第一节　中国武术海外传播的当代呈现 ……………………… 148
　　一、利益表达主体发展不平衡 …………………………… 148
　　二、客体回应力度不够 …………………………………… 150
　　三、渠道形式主义严重 …………………………………… 151
　　四、技术行为不规范 ……………………………………… 152
　第二节　中国武术表达的内在规律 …………………………… 153
　　一、人类动作学习规律 …………………………………… 153
　　二、武术运动技能成长规律 ……………………………… 155
　　三、学习者年龄与接收能力规律 ………………………… 156
　　四、外语学习规律 ………………………………………… 158
　　五、跨文化传播规律 ……………………………………… 159
　第三节　中国武术海外传播的表达机制 ……………………… 160
　　一、构建利益表达主体培育导向机制 …………………… 160
　　二、构建利益表达客体评价反馈机制 …………………… 161
　　三、构建利益表达实现保障机制 ………………………… 163
　　四、构建利益表达约束规范机制 ………………………… 164

第七章　中国武术海外传播的应用框架 ……………………… 166
　第一节　框架概述 ……………………………………………… 166

第二节　框架构建的可能方向 … 168
一、建立标准的课程体系和统一的教学规范 … 169
二、充分利用新媒体、社交媒体平台 … 172
三、跨越不同文化样态，形成传播合力 … 174
四、拓展应用场景，赋能武术发展 … 175

第三节　框架构建的注意事项 … 176
一、中西方文化的异同 … 176
二、用户体验论 … 180
三、教育教学理论的指导 … 182
四、武术海外传播的具体表现形式 … 184

第四节　中国武术海外传播框架构建 … 189
一、基于受众交换的武术海外传播内容框架构建 … 191
二、基于受众交换的武术海外传播信息优化框架 … 192
三、基于受众交换的武术海外传播媒介展现框架 … 194
四、基于受众交换的武术海外传播效果体现框架 … 197

参考文献 … 200

第一章

交换概述

第一节 交换的概念

从词源来看,"交换"一词是由"交""换"两个语素组合而成。"交"字的甲骨文字形为"𠅘",犹如一个人两腿左右错立,故其本义为"小腿交叉",后来引申出连接、接触之意,又由连接、接触引申为结交、交往、交付、付给等意,后续引申出"相交"之意,而对"相交"又可进一步解释为人与人之间的交往[①],接触、交往非一方的行为,因此"交"暗含了一个时间副词,具有同时、互相之意。"换"即"易也",其本义为互易,后来延伸为变易、更换、改变、便易等意。由"交""换"两个语素组合而成的"交换"的含义也比较丰富,以物易物是其基本含义,即双方把各自的物品给对方,后来则衍生为商品买卖行为。只要交换行为存在,物品或商品的某种属性就会发生转移,与此同时,交换行为发生之前,交换双方必定会达成某种协议,这一协议既可以是口头上的,也可以是书面的,这种协议的存在使得交换行为顺利进行,同时也使物品或商品的某种属性及其价值的转移有了保障。

从词性来看,"交换"一词属于动词,描述交换双方的行为过程,然而交换这一行为并不是从一开始就存在的。在原始社会初期,人们为了获取食物、抵御动物侵袭、满足生存需求等必须"抱团取暖",这便是群居生活的滥觞。由于不同部落、氏族所处地域不同,不同的地理环境使得人口数量、地域资源、自然资源、生产资料、劳动力数量等各不相同,迫使人们在此基础上形成自然分工。分工形式既有按照年龄和性别形成的生理分工,也有因资源与产品属性差异而形成

[①] 韩姣,蔡永贵.《说文解字》"交"族字探析[J].汉字文化,2019(17):92-94.

的自然地域分工。生产力的发展与进步，以及人们需求的不断多样化，使人们单凭一己之力难以满足日常生活所需，因此不同地域环境的部落群体之间开始对彼此的"产品"产生兴趣，自身产品的过剩、需要的难以满足为后期的交换行为奠定了主客观基础。生产力的低下、物质资料的匮乏和生活水平的差异迫使原始社会时期部落之间存在竞争与互助关系，同时迫使人们对劳动成果进行互换。这一原始的交换行为表明原始社会时期不同部落群体之间存在交换元素，尽管这种交换存在较大的偶然性和不确定性，且其交换行为也不一定符合等价交换的原则，但仍然具有朴素的唯物主义思想，可以看作现代"交换"的萌芽。

自然分工虽然一定程度上提升了人们的生产效率，但是这一分工必须存在于一定的关系共同体中。这一关系共同体中的人们具有共同的生活理念、生活态度与生活方式，并且具有稳定的关系，斐迪南·滕尼斯（Ferdinand Tonnies）将这一共同体称为"社区"[1]。正是有了这一稳定关系的保障，人们才会尽力发挥自己的天赋与才能，同时获取自身利益，但自然分工难以完全覆盖社会生活，为了充分发挥人力、财力、物力的作用及提升其与各种资源要素组合的效率，自然分工不断向社会分工过渡。从分工演变的历程来看，人类社会经历了三次大的变革，即游牧部落与种植部落的分离、手工业和农业的分离、商人的出现[2]。分工的出现使生产者的生产变得单一，而单一的生产与人们多样化的需求产生了矛盾，因此出现了各生产者为满足需求而进行的产品交换，由此可见，产品交换是在社会分工的结果，没有分工就没有交换，而分工又是在生产发展下产生的，因此交换最终源于生产，也就是说生产对交换起着决定性的作用，同时交换又促进了生产与分工的进一步细化。随着生产发展和科技进步，人们的交换方式逐渐多样化，生产越发展，社会分工越细化，可选择的交换物的种类越丰富，交换的范围也越广泛，可以说，人类社会的发展史就是一部交换演进史。

生产社会化离不开交换，交换在连接生产、分配、消费及在社会资源的配置上的作用不容小觑。生产和交换的职能不同，生产可以离开交换而独立存在，但是交换离不开生产，如果没有生产，交换就不可能发生[3]。当然，生产与交换之间的关系不仅体现在生产决定交换，还表现为交换对生产的反作用，甚至在某些

---

[1] 斐迪南·滕尼斯. 共同体与社会 [M]. 林荣远, 译. 北京: 商务印书馆, 1999.
[2] 高铭泽. 马克思分工理论研究 [D]. 兰州: 西北师范大学, 2020.
[3] 杨承训. 论社会主义市场经济的内生机理: 以历史唯物主义为分析视角 [J]. 马克思主义研究, 2020（5）: 75-83.

情况下交换会对生产的发展产生决定性作用。首先，交换是社会再生产的前提条件，只有通过交换的形式，才能获取生产所必需的生产资料和劳动力，这种交换是进行生产的前提；而在生产之后，产品的销售是关键的交换过程，只有将产品成功地销售出去，产品的剩余价值才能实现，社会再生产才能继续，否则将会使社会再生产过程中断、生产停止。其次，生产的发展受到交换的规模和速度的影响，当交换范围扩大时，交换产品的数量和种类也会增加，生产的规模也就需要随之增大[1]，而交换流通的速度也会直接影响社会再生产的时间，交换流通的速度越快，再生产时间也就越短。再次，生产关系是由生产、交换、分配、消费等要素组成的完整体系，交换的发展自然会对社会生产关系产生影响，在社会主义制度下，商品交换有助于促进社会主义生产的发展。最后，交换也可在一定的条件下作为矛盾的主要方，对生产的发展起主要作用。如果生产出的产品无法进行交换，那么就会出现产品滞销，这将直接影响生产要素的调配，导致该产品的再生产规模缩小，甚至出现停产的情况。

随着生产的不断发展，交换早已不是简单的以物易物，其所涵盖的范畴越来越广泛。不同领域、学科的研究者从自身研究视角出发，对交换提出了不同的见解。彼得·布劳（Peter Michael Blau）认为人类的一切活动都属于交换行为，人类可能会根据先期经验和自身期望对交换做出一定的选择，进而最大化满足交换双方各自的需求，在这一过程中同时还会形成不同的交换关系，如果双方的利益均能满足，则这一交换关系可以平衡、稳定、长期存在，如果这一平衡关系被打破，即交换双方或其中一方利益没有得到满足，那么没有得到满足者就会寻找新的交换关系以满足自身需求[2]。交换是一种社会行为，其交换结果可能是有形的产品，也可能是无形的精神力量，如归属感等[3]。现代交换主要包括经济交换与社会交换两类，经济交换侧重实物交换，即交换双方为满足自身需要相互换取对方拥有物的行为，而社会交换侧重交换双方对他人做出的报答性回应，并且这种报答性回应会强化双方的互动性交换行为[4]。不同领域的研究者根据自己的研究需要对交换做出了相应的界定，尽管其视角、内涵不尽相同，但总体来看，交换

---

[1] 中共中央马克思恩格斯列宁斯大林著作编译局. 马克思恩格斯选集（第2卷）[M]. 北京：人民出版社，2012.
[2] BLAU P M. Exchange and power in social life [M]. New York: Wiley, 1964.
[3] ZHAO Q, CHEN C D, WANG J L, et al. Determinants of backers' funding intention in crowdfunding: Social exchange theory and regulatory focus [J]. Telematics and Informatics, 2017, 34 (1): 370-384.
[4] 李青. 交换的社会原则 [J]. 长白学刊，2003 (3): 50-52.

是一种普遍的社会行为，存在于日常生活的方方面面；交换物的形态多种多样，既可以是有形的商品，也可以是无形的信息；交换的形式多样，既可以互换，也可以单向流通；交换的目的均是满足各自需要，交换物的价值尤其是能够满足双方需求的价值，在交换过程中显得尤为重要；期望—满足程度将会影响交换过程的流畅程度；交换的外部环境对交换行为的顺利实施具有较大影响。

第二节 交换的类型

一、社会交换

诞生于20世纪50年代的社会交换理论强调对人及其心理的研究，认为人类的互动与社会联合实质是交换过程。这一针对结构功能主义提出的理论具有自然主义、心理还原主义倾向。社会学视域下的交换行为具有宽广的研究主题，较有影响的社会学家有乔治·齐美尔（Georg Simmel）、乔治·霍曼斯（George Homans）、彼得·布劳、理查德·爱默森等（Richard Emerson）。

德国社会学家乔治·齐美尔毕生致力于社会学研究，他认为人们之间的互动构成了整个社会，而交换，尤其是以货币为中介的交换是互动的主要形式；交换是人类社会最纯粹、最原始的形式之一，交换是维持社会关系和社会化的重要一环；货币是交换行为的重要媒介；人们之间的互动或交换离不开信任的支持，即使在以货币为媒介的交换行为中也是如此。他认为人与人之间存在一种互惠的交换模式，交换是基于人们对自己本身没有的但具有价值的"物"的渴望，交换关系的产生离不开交换者之间彼此需求的适配性。他认为社会交换包含以下要素：对自己没有的但有价值的"物"的期望；某一可辨识的人拥有"物"；拥有有价值的物品，能够换取他人手中自己想要的物品；拥有有价值物品的人愿意接受交换的物品。他的社会交换主要呈现了人和人、人和物的关系，交换行为不单是人拥有有价值的"物"，这类"物"还得具有吸引力且能被交换者所接受，据此他认为人类交换行为存在吸引、价值、权力、张力原则等。他认为交换在现代社会具有支配地位，无论是人与人之间的互动还是社会关系的维持，人与人之间的每次互动都是一种交换行为，但是对互动行为的评价会依据需求而有不同的评判标准，有可能是货币作为交换媒介，也可能是名誉、情感作为交换媒介，无论何种交换媒介，人们之间的互惠互利是互动行为产生的前提。

乔治·霍曼斯认为人是社会的主要单位，而传统的结构功能主义忽视了人的重要性，他强调小群体研究的重要意义，并且较为强调如活动、交往、情感等互动过程中的行为变量，为行为交换理论奠定了基础。他"把社会行为视为一种至少在两人之间发生的、或多或少要获得报酬或付出成本的、有形或无形的交换活动"，人类的这一行为无非为了获得与其付出代价或成本相对应的报酬，因此这一交互行为具有"交互期望"，这一期望既有有形的商品或劳务，也有无形的友谊和祝福。依据这一假设，他将经济学理论、社会学理论、心理学理论引入其行为交换理论，利用经济学理论描述交换关系，利用社会学理论解释交换行为的社会结构，借助心理学理论解释交换行为的基本规律。他还提出了社会交换理论的六个命题，即成功命题、刺激命题、价值命题、剥夺—满足命题、攻击—赞同命题、理性命题，这六个命题在总结前人理论的基础之上，从个体微观出发，切实考虑个体在交换中的需求、动机及其所获得的报酬或惩罚，并以此来探析社会交换的实质。他的社会交换理论从参与交换的主体出发，关注交换过程中个体的行为变量，较为完整地分析了交换行为过程及其不同阶段的影响因素，为我们理解人类交换行为提供了一个强有力的抓手。

美国社会学家彼得·布劳的社会交换理论摆脱了乔治·霍曼斯的微观社会结构，更加侧重宏观社会结构。他指出，社会交换的发生是由社会吸引所致，如果人们之间的相互交往可以为对方带来报酬，那么人们之间的相互交往就会存在社会吸引并持续下去。交换行为具有一定特征，具体如下：进行交换的双方都是期待得到报酬的，得不到报酬，交换行为也就无法实现；交换是基于彼此间信任的自愿性活动，不是自愿进行的活动就不是交换。基于对社会报酬内在性和外在性的区分，他将社会交换划分为内在性报酬、外在性报酬、混合性报酬三种形式。这三种社会交换形式的区别在于对社会交换过程的认识不同，内在性报酬的社会交换将交换过程看作需要实现的目的；外在性报酬的社会交换将交换过程看作一种实现目标的手段或方式；混合性报酬的社会交换则杂糅了前两种社会交换形式。他的社会交换理论虽然受到了霍曼斯的影响，但他认为霍曼斯的社会交换理论只适用于小群体之间（微观结构），无法反映社会整体效应（宏观结构）。人际关系不一定是双向的、交互的，也可能是单向的，这就使现实生活中的大多数社会交往是不平等交换，他指出并非所有的交往行为都是对等的，他还用不对等性解释了部分社会交换，如社会地位高低者之间的交换往往是不平等交换，维系这种交换的是权力，此种交换行为在生活中比比皆是。

彼得·布劳认为，个人或群体之间的交换存在以下共同点：受追求报酬的制约，均经历吸引—竞争—分化—整合阶段，适用公平性原则。但个人或群体之间的交换也存在不同，无论是投入还是报酬，个人之间的交换是直接的，而群体之间的交换基本是间接的，共同价值则成为联系成本与报酬、传递人与人关系结构的纽带。共同价值的存在为复杂的社会交换关系提供了一套基本、通行且具有共同约束力的标准，让参与交换的个人或群体以共同的标准参与交换过程，以维持社会交换的基本公平。除此之外，他还将社会结构用类别参数、等级参数进行描述与分类，所谓类别参数是按照自身先天固有属性进行划分的，如性别、种族、职业、婚姻状况等，即群体；所谓等级参数是按照后期获得的属性进行划分的，如受教育状况、收入水平、财富状况、权力等，即地位。类别参数的存在使得各群体之间水平分化，等级参数的存在使各群体之间垂直分化，这是群体之间存在不平等性的根源。

理查德·爱默森在行为主义心理学和社会网络分析的基础上，提出了社会交换网络理论，这一理论对大规模社会交换的分析更加全面。他认为交换双方在资源上的相互依赖及权力的存在，使各交换群体在交换网络中有了中心、边缘之分，进而对资源交换产生影响。如果交换双方相互依赖性较高，或者交换双方关系平等，受权力影响不大，则交换关系的凝聚力较强。同时，交换的不确定性降低，促进了交换行为的达成或交换频率的变化，进而强化了交换关系，增加了交换双方的依赖程度，这一过程相辅相成，提高了整个交换网络的凝聚力和交换水平。

二、经济交换

经济学是研究商品生产、流通、交换、分配和消费等领域的学科，诺贝尔经济学奖得主布坎南（Buchanan）认为经济学是一门"交换的理论"。马克思认为交换行为是个体间的物品交换，但交换并不只是单纯的、可见的实体与物质的交换，它还涵盖了物品内在所有权及该物品所能带来的相关利益的交换，它体现的是一种社会经济关系。经济学家认为人们在选择交换行为时往往会搜寻交换所需要的信息并考虑其他可替代选择，综合权衡各种备选方案，从而寻求经济利益或效用的最大化。

经济交换受契约与协议的影响，有明确需要履行的义务，且具有强制性与等价交易性①。在进行经济交换之前，交换的主体会在自愿、平等的基础上签订契约或协议，他们有权决定与谁签订契约、是否签订契约、签订契约的形式与内容、契约的履行机制等，当然，契约内容的订立必须合法且不得损害社会公共利益。经交换主体协商，一致同意契约达成，则契约具有法律效力，后期的交换行为就需要在该契约的框架约束下进行，一旦违背契约内容，就会受到相应的制裁。在经济交换过程中，虽然交换是交换主体为了获取自身利益最大化而产生的行为，但交换的主体在展开交换行为时必须根据契约或协议的相关规定来进行。契约对交换主体具有一定的约束力和限制性，参与交换行为的任何一方都不得违背契约规定，一旦违背契约，就会受到法律的制裁且其参与的交换行为就无法继续进行。

在市场经济中，任何经营者都必须遵循相应的规则，并受到公平合理的对待，只有遵循公平原则，交换行为才能顺利进行。在进行经济交换时，任何交换主体均想最大化满足自身需求，而这种各方需求最大化的满足从实际情况来看是不存在的。例如，卖方通过售卖行为获得商品的价值，对于价值的期望自然是越高越好，而买方则想以最小的付出获取该商品的使用价值，卖方期望价值与买方付出成本永远是一对矛盾共同体，只有买卖双方共同调整自己的心理预期，才可以达成交换，否则如果买卖双方均不调整自己的心理预期，则双方的利益与需求都将无法得到满足，交换也不可能成功。此时就需要某一等价媒介对商品进行衡量与评估，这一媒介对买卖双方是等价的、公平的，只有遵循公平的原则，买卖双方的需求才可能实现最大化，交换行为才可能产生。公平原则是经济交换的主要调节原则，是经济交换顺利实施不可或缺的，尽管现实生活中的交换难以达到公平或等价状态，且往往是由契约约束导致的表面公平，但只要交换双方认可是等价的即公平，交换仍会继续进行。

经济交换的最终目的是交换主体通过交换行为获得物质利益的最大化满足。在交换中交换主体往往会对自己的付出与回报做出计算，以通过交换行为来满足自身需求，而经济交换与其他交换不同，它具有精确属性，即交换主体对自身的付出与回报可以做出精确计量，以期望付出少而回报高，因此交换主体并不会将交换行为局限于某一特定的交换主体。例如，顾客对某一商品的需求可以通过与售卖该商品的任何商店进行交换而获得满足，交换主体在实施交换行为前会综合

---

①张馨月. 社会交换与经济交换的关系研究［J］. 现代交际，2020（14）：49-50.

考虑各种因素，如前期使用体验、品牌、价格、售后、交通成本等因素，综合价格越优惠的商店越有可能完成该交换行为。在正式进入经济交换之前，交换主体会不断比较并选择与自己进行交换的对象，精确计算出与不同交换对象进行交换时自己的成本与收益，衡量每种交换行为可获得的效益，从而选择可获得最大化效益的交换行为。

三、礼物交换

礼物交换是一种自发的互惠循环，是社会关系表达与社会秩序维系的重要途径，礼物交换在日常生活中极为普遍，这一领域也是人类学始终关注的研究对象，对于礼物交换的研究集中在互惠原则、感情信仰和商品交换三个方面[1]。

礼物交换始终遵循互惠原则。人类学家莫斯（Mauss）认为在后进社会中的交换是义务性的，人们在某种力量（礼物所蕴含的"灵力"）的推动下不得不送礼和回礼。在毛利人的观念中，礼物之灵蕴藏在送出的礼物之中，但这种"灵力"被送礼者所拥有，如果收礼者在收到礼物后做出回赠，那么这种礼物之灵便会回到送礼者手中，物品也将得到循环流通；如果收礼者在收到礼物后没有对送礼者做出任何回报，那么这种礼物之灵便会出来作祟，甚至会给收礼者带来麻烦与危害。礼物之灵对收礼者的强制性，迫使收礼者对送礼者回礼成为一种义务，这种礼物交换中的赠予、接受和回赠都是一种义务，也就是说礼物之灵的存在迫使收礼者对送礼者的行为做出回复，这就使物品不得不进行流通、礼物的交换得以持续进行甚至不断循环往复。礼物的交换与流通是不受契约约束、自愿参与的，通过礼物交换，送礼者虽然不一定能够及时获得回报，但这种回报迟早会到来，同时双方通过礼物交换的赠予、接受和回赠可以强化社会关系，获得社会支持。礼物交换中的互惠原则多种多样，如送礼者、回礼者在礼物形式、数量上的不平等，使礼物交换并不单纯是你来我往的礼物交换，除此之外，互惠原则有时也会缺失或者失灵，如阶层社会中下级对上级"送礼"后，上级"回礼"的缺失。

礼物交换的目的带有情感性，而不是工具性，因此礼物交换受制于道德情感、人情伦理，成为一种感情信仰。情感性礼物交换的目的是交换本身，表现的是礼物交换双方之间所形成的社会关系或社会网络。绝大多数情况下，人都是理

---

[1] 王俊杰. 人类学视野中的礼物世界 [J]. 云南民族大学学报（哲学社会科学版），2007（2）：22-25.

性的个体，会对自己即将做出的行为所需付出的成本与获得的收益做出比较，进而对行为做出选择，但在现实社会中，有很多现象无法用理性经济学原理来解释①，礼物交换便是如此。在礼物交换过程中，礼物的实际价值往往被忽略，人们更多注重其背后所蕴含的象征意义，如礼物的文化价值、权力、地位、荣誉等，以及送礼者、收礼者之间形成的精神联系，如关心、依赖、爱慕等，此时礼物的价值并不在于礼物本身，而在于礼物表达出来的人情。在中国，礼物交换的这种情感性也是普遍存在的，如节假日亲戚之间的往来、晚辈携带礼物拜访长辈等，主要体现了礼物交换的情感寄托及其形成的长期、稳定的社会关系，表达了对长辈的关心与爱护，体现了长幼之间的社会秩序。礼物交换情感性的存在，使这种非完全等价的交换背后蕴含的象征意义强化了人们之间的感情，维系了人际间的亲密联系，巩固了社会关系。

在对礼物的探析中，莫斯还关注到了商品，他认为礼物与商品的关系是对立的。在商品交换中涉及的物品多是有实际价值的，并且其交换讲究的是等价交换，即互换的商品在价值上必须是对等的，它较少甚至不会涉及情感，主要遵循契约规定与法律协议，体现的多是交换者之间的经济关系。由此可见，礼物与商品之间确有不同，但它们并非毫无关联，如在互惠性原则上，礼物交换与商品交换均遵循互惠性原则，因此，礼物与商品之间并不只是简单的对立关系，它们之间的关系还有待进一步探析。

美国加利福尼亚大学洛杉矶分校中国研究中心主任阎云翔认为，礼物馈赠是人类维持与表达社会关系的重要方式之一。依据馈赠目的和社会关系的不同，礼物有表达性和工具性之分。表达性礼物是通过交换行为反映赠予人、接受人之间的社会联系，这一过程又有"仪式化"表达和"非仪式化"表达两种形式；工具性礼物是通过赠予礼物获取个人短期私利，其礼物馈赠行为具有较强的功利性目的，维持的是短期的社会关系，这一过程又有间接付酬、溜须（巴结性礼物）和上油（润滑作用的礼物）三种形式②。阎云翔运用人类学田野考察的方法，对中国农村礼物交换实践中的关系、人情、面子等做了深入分析，对交换过程中的互惠问题、精神性问题及工具性问题做了回应，为理解不同文化规则和社会关系结构下的礼物交换提供了一条崭新途径。

---

① 潘春梅. 不同文化模式中的交换行为及其理性取向 [J]. 思想战线，2011，37（6）：145-146.
② 阎云翔. 礼物的流动——一个中国村庄中的互惠原则与社会网络 [M]. 李放春，刘瑜，译. 上海：上海人民出版社，2017.

四、信息交换

物质和信息的流动是推动世界不断前进的核心动力，而信息流动显然比物质流动更加重要。由于信息不对称，每个人获取信息的效率和效能不尽相同，进而产生认知上的偏差，使商业交换得以发生、价值得以凸显，因此价值交换的前提是信息交换，只有信息流动了，价值才会产生。《大英百科全书》中对信息传播的界定为"用任何方法，彼此交换信息。即指一个人与另一个人之间用视觉、符号、电话、电报、收音机、电视或其他工具为媒介，所从事之交换信息的方法"，这一界定也适用于信息交换，因为从信息交换的视角来看，信息传播与信息交换两者可谓异曲同工。信息交换是人类社会普遍存在的现象，是双方基于共通的意义空间进行的双向信息共享、互动活动，在一定的社会关系中进行，同时又是特定社会关系的具体体现。狭义的信息交换是指通过符号在人与人之间传递信息，表达观念、态度与情感的过程，即传播学中的人际传播。广义的信息交换是在两个及以上的主体之间，以任何形式分享、传递、交换任何信息的过程，参与信息交换的主体既可以是人，也可以是物，如计算机、互联网等。从信息交换的上述界定来看，信息交换具有以下特点：信息交换强调交流双方的主动性、参与性、互动性、双向性，是参与双方对信息的共享；信息交换是一种主动的、有意识的影响过程，强调信息传播者的主动作用及交流效果；信息交换是对外界刺激的必然反应，具有普遍性和反馈性。

由于传播涉及内向传播、人际传播、群体传播、组织传播、大众传播等类型，此处主要从人际传播角度来探析信息交换。人际传播是一种较为古老的传播方式，它是人与人之间信息的流通，主要包括直接传播和间接传播。直接传播是人与人之间面对面的传播，传播过程中不存在任何传播中介；而间接传播则主要借助媒介传递信息，尤其是伴随着网络信息技术的发展，借助媒介的间接传播方式应用越来越普遍。在人际传播中，人与人之间的信息能够进行流通的原因在于人们对信息的需求与渴望，传播信息是否有用直接影响信息的流通，而这种信息是否有用则取决于人们对这一信息的认识，也就是说，人际传播对于人们有用的信息才能够得到流通。此外，在交换行为中主要涉及交换者和交换物品这两大要素，从人际传播来看，交换者与传播中的传者、受者相同；而交换物品则包括金钱、感情、信息等，但从人际传播来看，只有信息可以作为交换物，如果将交换物仅局限于信息，那么交换与传播就如出一辙。

第三节 交换的内涵

交换这一普遍的社会行为，涉及我们生活的方方面面，但是交换行为的形式和内容丰富多样，同时影响交换达成的因素也多种多样，因此，要想更加全面、客观地理解和认识交换，需要对交换的内涵做进一步的探析，以深刻把握交换的内涵。

一、交换客体的价值

人类社会是指个体通过在实物和情感上的交换与相互支持，以满足对方和自身需求，因此人类社会一切活动都可以看作交换。在交换过程中，交换客体需要遵循有序的标准、通行的规则在交换主体间流动，而交换主体则以"可以作为万物之尺度"的中介价值对交换客体的价值进行计算和衡量，以保障交换行为的得体性、互惠性和交换活动的流畅性、延续性，"人与人之间的所有接触都以给予和回报等值这一图式为基础"，因此交换物的价值对于需求的满足尤为重要。

价值是人类生产劳动的无差别凝结，是人类劳动的社会存在方式，也是一种满足人类物质生活需要的实现形式[①]。价值不同于价格，它看不见、摸不着，只有在交换过程中通过交换物的相互交换，才能得以体现，它维系着交换者之间的社会关系。在社会生产力落后的原始社会，在自给自足的生产方式下，人们的需求仅限于自我生产的满足，但随着社会生产力的不断发展，自给自足已无法满足人们的需求，人们开始创造更多的产品以便与他人交换，获取自己需要的物品，进而出现交换行为。然而，不同的物品究竟是如何进行交换的呢？

首先，进行交换的物品对于除物品持有者以外的他人必须是有用的，物品的有用性是物品参与交换必须具备的前提条件，物品对于他人的有用性正是该物品的使用价值，物品的使用价值体现在物品能够满足别人的某种需要方面。因为物品的使用价值存在差异，且人们自身拥有的物品无法完全满足自身需求，所以人们不得不进行交换来换取其他物品的使用价值。当然，我们不难发现，某些不同种类的物品具有相同或相近的使用价值，即交换物的可替代性，如大米和面条，它们同样能够满足交换者的饮食需求，但受个人喜好或特定情形等因素的影响，

[①] 胡沫. 马克思价值概念的历史性诠释 [D]. 武汉：武汉大学, 2018.

这些看似具有相同使用价值的物品对于交换者来说其价值是存在差异的，交换者能够获取的使用价值也是不同的。对于交换物而言，可替代物的存在使得交换物不再具有唯一性，一旦交换物价格过高或者获取交换物不易，交换主体就会考虑可替代物，如果可替代物的边际替代成本不高，那么可替代物就很有可能取代交换物。除此之外，同一种交换物在不同的使用情景下，可能具有不同的使用价值，在实施交换时需要予以考量和区分。例如，黄金既可以作为首饰及装饰品以彰显身份，又是一种全球通用货币，除此之外，黄金良好的抗腐蚀性和稳定性使得它在电子通信设备、航空航天、医疗技术、工业机械设备、化学研究等高精尖领域中被广泛使用。

其次，物品的价值为不同使用价值的物品的交换搭建了桥梁。不同物品之间是否能够进行交换，是由凝结在物品中的抽象的人类劳动所决定的，而这种凝结在物品中抽象的人类劳动正是价值，不同物品之间之所以能够进行交换，是因为有价值这一共同基础存在，而价值通过货币这一中介物得以体现。物品的价值决定了物品是可以进行交换的，单独就物品的使用价值来看，不同使用价值的物品都存在一定的特性，由于缺乏等价中介物，它们之间的交换往往难以进行。要使物品之间的交换顺利进行，就需要寻找它们之间存在的某一共通性，这一共通性是不同使用价值的交换物得以交换的前提和基础。例如，衣服可以用来保暖，矿泉水可以饮用，两者在重量、质量、体积等方面均无法进行比较，并且衣服和矿泉水的制作流程存在巨大差异，因此直接实施交换的难度极大，但在衣服和矿泉水的生产过程中都有人的参与，人付出了脑力劳动和体力劳动，人类无差别劳动的凝结（价值）是衣服与矿泉水之间存在的共性，也是它们最终能够进行交换的基础。当然，因为在衣服和矿泉水制作过程中付出劳动的数量、难易程度不一样，所以在具体交换过程中它们体现出来的价值也不一样。

最后，交换过程中物品的使用价值和价值是对立统一的。它们的对立体现在任何人都不可能同时拥有某一物品的使用价值和价值方面，物品的生产者生产物品希望通过交换让渡物品的使用价值，进而获得该物品的价值；而物品的消费者则是希望通过交换让渡物品价值，进而获得该物品的使用价值。除此之外，使用价值和价值反映的关系不同，使用价值反映的是物品的自然属性，这一属性是永恒的，因此使用价值反映了物品与人之间的关系；而价值则是凝结在物品中、无差别的一般人类劳动，价值反映的是劳动的社会属性，反映了物品生产者与人之间的关系。使用价值和价值的统一体现在它们是相互依存的，使用价值是价值存在的前提，任何没有使用价值的物品都不会有价值。基于使用价值与价值之间的这种辩证关系，物品必须进行交换。

二、交换主体的行为

交换虽然是交换物之间的互换，体现了交换物之间使用价值、价值的转移，但是对于交换行为能否最终顺利实现，交换主体在交换过程中起着决定性的作用。交换主体不仅涉及两个个体之间的交换，还可能涉及多个交换主体或个体与组织之间的交换。为了讨论与阐述的方便，我们选择两个交换主体之间的交换行为进行解读（图1-1）。

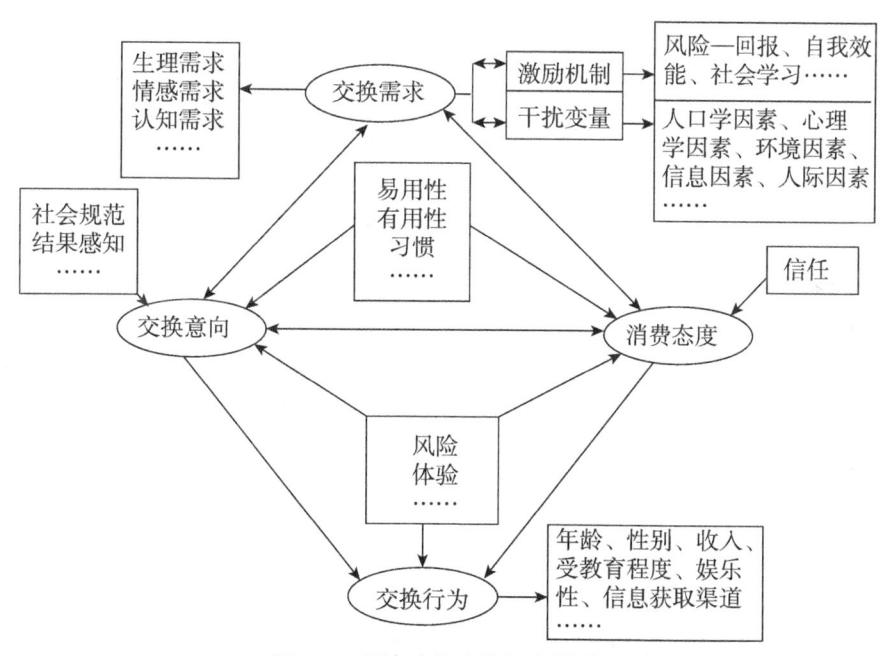

图1-1 两个交换主体行为模型图

对于交换主体来说，参与交换的目的是满足自身需求，交换主体能够满足彼此之间的需求是交换能够进行的前提，因此交换需求对交换行为具有举足轻重的作用。具体如下：第一，对交换主体而言，个体的生理需求、安全需求、情感需求、认知需求、社交需求、自我实现需求等在日常生活中尽管不会同时出现在某次交换行为中，但是一旦出现便会对交换行为产生直接影响，由于交换主体主观能动性的存在，交换主体会依据重要性大小、交换诉求进行综合考量。第二，交换行为中的人口学因素、心理学因素、环境因素、人际因素、信息获取因素等干扰变量，风险—回报比例、自我效能、社会学习等激励机制会对交换需求产生双向调节作用。与此同时，交换行为也受到交换意向的制约，所谓交换意向，是指交换主体处理或对待交换物的行为反应倾向，表现为对交换物的愿望、欲望、希望等，也是指交换行为发生前对交换物的态度。第三，交换个体的行为意向、消费态度，如感知有用性、感知易用性、习惯、信任及消费体验等也会对交换行为产生直接影响。因此，交换行为是一个较为复杂的过程，交换需求与交换意向、消费态度等因素之间存在相互制约的关系，交换意向、消费态度、个体行为意向会直接影响交换行为的发生，而交换行为同时也会受到交换主体的年龄、性别、收入状况、受教育程度、信息获取渠道等个体特征与因素的影响。

交换行为的顺利实施需要特定的外部环境，即任何交换行为均要遵守一定的规则，没有不受任何规则约束的交换，否则交换就无法顺利实施，这种规则既可能是正式的契约，也可能是非正式的风俗习惯。这种规则无论是正式的还是非正式的，交换主体在交换过程中都应该遵循契约精神，如自由、诚信、法治、权责对等。自由意味着交换主体的交换行为受其自身支配，即在交换过程中选择和谁进行交换、交换的内容与形式等都是由交换者自我决定的，理论上这些决定不受外界某些强制力量的限制，完全遵循交换者个人意愿。诚信是立人之本，在交换过程中交换主体必须信守诺言，如果缺失了诚信，那么交换行为将会受到影响，交换双方的需求将得不到较好地满足，甚至有可能会终止交换行为并对以后的交换造成不良影响。交换者参与交换需要知法、懂法，一切行为都应在法律允许的范围之内，不可无视法律、挑衅法律，只有在法律的保护下，交换行为的实施才更加有保障，交换过程才更加顺畅。在实施交换的过程中，交换者均想通过交换最大化满足自身利益，然而现实中这样的交换是难以达成的，交换双方需要做出一定的让步，虽然做出让步会使交换者无法实现利益最大化，但是可以保障交换行为持久、顺畅地进行下去；不做一定程度的让步，交换双方之间的合作则难以为继。对于交换主体来说，交换者需求的满足是交换进行的基础，而在交换过程中，交换者遵循契约精神是交换行为顺利实施的基础。

第四节 交换的原则

维持社会正常运转的是共同利益、价值目标和社会规范，随着市场经济、法治社会的到来，价值、公平、理性、法律成为社会正常运转的前提，制度、契约、法律法规成为管理个体、群体、组织及社会的基础，为了维持交换过程的正常进行，保护交换行为的公平、理性，有必要对交换原则进行系统梳理。

一、自愿原则

自愿原则是指交换主体在交换活动中充分表达自己的真实想法，根据自己的真实意愿从事、变更、终止交换活动。交换本质上要求交换主体对交换物享有占有、使用和处理的自由，并且要求交换主体之间意思表达一致。自愿原则本质上就是给予生产者、交换者充分的自主权，以保障和鼓励生产者、交换者自由地从事生产、经营和交换活动。自愿原则包含以下内容：①交换主体在交换活动中可以充分表达自己的真实意愿，任何人不得将自己的意愿强加给对方；②交换主体可以根据自己的真实意愿决定是否实施交换行为；③交换主体可以根据自己的真实意愿选择交换内容与交换对象，交换双方协商达成一致的条款对交换双方具有平等约束力，也可以依据法律法规的规定变更相关内容，但是需要交换双方协商一致。

交换是基于彼此信任的自愿性活动，不是自愿进行的活动就不是交换。交换行为的产生是交换双方均有交换需求且自愿进行的活动，任何人都不能采用暴力等形式获取他人的产品。交换过程中，双方均想以最小的成本获取最大的利益，但获取的利益是针对不同的利益主体的。卖者出售商品希望能够最大限度地补偿自己的劳动，而买者购买商品希望以最小的付出来满足自我需求。基于交换过程中交换双方的利益主体不同，双方均想获取最大利益，因此在进行交换时双方都必须自愿进行，最终利益的获得应该是双方共同认可的，而不能只满足交换一方的意愿。

二、平等原则

平等原则是指交换的主体在权利、责任、义务对等的基础上，为实现互惠互利的目标，经过充分酝酿、协商，最终达成一致方案的原则。平等原则包含以下内容：①交换主体地位平等，即无论交换主体是个人、群体还是组织，无论其社会地位、经济实力、单位性质如何，交换主体之间都没有高低贵贱之分，也无从属与管理之别，所有交换主体一律平等；②交换主体权利、责任、义务平等，即交换主体在享有权利的同时也要承担对等的责任、义务,既无无权利的义务,也无无义务的权利,权利、责任、义务是基本相应的,交换主体任何一方均不得无偿侵占另一方的财产与权益;③最终交换方案的确立需要交换主体进行充分酝酿、协商,并且一致同意,即最终交换方案的达成是双方真实意愿的真实表达,是在互惠互利基础上达成的最终方案,交换主体任何一方都不得把自己的意愿强加给另一方,更不得以威胁、强迫的手段达成最终方案,同时协商达成的最终交换方案受到法律的保护,其他人不得非法干涉。

在交换过程中,不同的交换者身份不尽相同,但这种差异也仅局限于交换身份,如买者与卖者、传者与受者等,社会地位与权益不存在差异,除此之外,交换双方在交换地位与交换机会方面平等。基于交换的平等原则,在交换过程中人们会追求等价交换,交换者在交换过程中要认可彼此地位相同且拥有同等的交换权利。此外,每个交换者都具有相同的交换机会,这种交换机会需要交换者通过公平竞争获得。社会交换中的平等并不是绝对的平等,这种平等更多是相对的,因为任何一种交换行为均会不同程度地涉及亲情、友情、人际关系等错综复杂的外在因素,这种亲情参与下的交换所体现的公平自然是相对公平,这也符合日常的交换行为要求。

三、互惠互利原则

互惠互利原则是指交换主体在交换行为中能够为交换双方带来较大的利益或者能够为交换双方减少损失,不能为了顾全一方利益而伤害另一方利益,该原则强调交换过程中的综合平衡。交换行为之所以能够发生,是因为交换主体在交换后能够获得自己所需的利益,只有交换行为能够满足交换双方的利益,才可以促使交换行为持续进行下去。互惠互利原则包含以下内容:①在交换行为中,交换双方共同的利益是交换行为持续下去的基础,而维持双方共同利益的前提就是互惠互利,即参与交换一方在享受另一方的优惠时,必须给予另一方对等的优惠;②交换行为可以为交换双方带来利益满足,进而维护交换双方良好的关系,促使交换行为持续下去;③即使交换过程中没有明确的利益分配指向,也不能简单粗暴地一分为二,只要尽量使交换双方的需求得到满足即可。

虽然个体参与交换是为了实现经济利益或效用的最大化,但是在追求经济利益与效用最大化的同时,交换者不得危及他人利益的获得。交换过程中利益的获得并不只存在于某一方,而是双方均有利可获,只有在这种互惠互利的情况下交换行为才能持续运行。社会交换是在非契约的环境下进行的交换，是一种间接交换，交换主体追求的不是直接的物质利益，而是基于情感需要进行的交换，但是社会交换绝不是无偿交换，只要发生交换，就必然有所期待与回报，如果自己所期待的回报没有实现，那么交换将会终止。

四、诚信原则

诚信原则是指交换主体在参与交换行为与追求自身利益时，不能损害他人利益与社会公益，以便维护交换主体之间、交换主体与社会之间利益关系的平衡，进而营造良好的市场秩序。诚信原则与市场经济相伴而生，只有在市场经济条件下，交换主体之间、交换主体与社会之间才会产生利益冲突，这一利益冲突可能是交换双方之间的个体利益冲突，也可能是交换双方与社会一般公共利益之间的冲突。为了谋求利益公平，切实维护多方利益平衡，从交换主体自身道德方面提出了诚信原则，以保障交换行为的顺利进行。每个有劳动能力的人都可以通过交换行为获取自己所需的物质资料和利益，由于交换行为极其广泛，因此诚信成为市场经济活动中的基本道德准则。诚信作为社会主义核心价值观的内容，是人类社会千百年传承下来的道德传统，"人而无信，不知其可也"，诚信对一个人的生存和发展极为重要。

从经济角度来看，诚信要求每位交换者在交换过程中信守承诺、履行诺言，做到以诚待人、货真价实、童叟无欺，如果市场上假冒伪劣产品泛滥，那么人与人之间的交换行为将难以为继，经济秩序也会遭受重大打击。"诚实是最好的公共关系政策"，只有诚信为先，彼此之间才能建立信任，才可以创造出更多的交换机会，才可以获取更多利益。从社会角度来看，诚信是个人立身处世的基本准则。社会交换要求交换者相信别人会给予回报，因此交换者最初必须证明自己是值得信赖的[①]。要获得信赖就需要诚信待人。"以诚感人者，人亦诚而应"，诚信具有双向性，只有自己信守诺言、待人诚恳，才能赢得他人信任。英国哲学家培根（Bacon）认为"从来最有能力的人，都是有坦白直爽的行为、信实不欺的名誉的"。诚信是中华民族的传统美德，"人之所助者，信也"，无论是对待家人、同事，还是对待朋友、陌生人等，都应以诚待之，只有这样，才能获取他人的信任与帮助，建立良好的社会关系，获取有利的交换资源。

---

①彼得·布劳. 社会生活中的交换与权力[M]. 李国武，译. 北京：商务印书馆，2012：165-166.

五、遵纪守法原则

法律既是社会规则，也是行为规范；既是维持社会秩序、国家正常运行、规范人们行为的基本规则，也是一定时期内公民共同生活必须遵循的普遍规范。遵纪守法是每个公民的基本社会责任与基本准则，只有全社会形成以遵纪守法为荣、以违法乱纪为耻的良好社会风尚，每个公民明确民主与法治、自由与纪律的关系，自觉按照法律法规的要求规范自己的行为，筑牢道德防线，坚守法律底线，奉公守法，社会才可以在法律许可的框架下正常运转，才可以形成真正富强、民主、文明、和谐、强大的社会主义国家。仅依靠法律作为社会治理与运行的唯一法则还不够，加强自身道德修养、接受伦理道德约束也是重要的准则之一。伦理道德约束即社会公德，爱护公物、保护环境、助人为乐、谦让体谅……大力弘扬社会公德有助于建设和谐社会、提高社会文明程度、创造完美的生活。

俗话说"君子爱财，取之有道"，经济交换根据明确的契约或合同进行，它在法律法规的约束下进行。在经济交换中并非所有的交换行为都是公平公正的，也有可能出现不平等的交换，甚至交换一方为了获取最大利益而压制另一方的交换意愿。当这一系列影响交换正常进行、扰乱交换秩序的行为出现时，就需要依据法律法规对交换者违反合同与契约的行为进行制裁与惩戒，只有这样，才能保证经济交换在不违背交换双方意愿的情况下顺利实施。

社会交换大多发生在周边的熟人圈层，因此社会交换不仅受制于契约关系，还受制于社会道德与习俗，在进行社会交换时，积极给予交换的一方往往不会要求另一方做出回报，但正常情况下另一方都会受义务感、感激之情等的影响给出回报，尽管这种回报是延时的，但如果不做出回报，将会受到社会道德与习俗的谴责，甚至脱离身边的人群而被孤立，后续的社会交换行为往往难以为继。"来而不往非礼也"，在一定层面上体现了这种社会交换行为，社会交换既要遵守法律法规，也要遵守社会公德，只有如此，社会交换行为才可以顺利进行下去。

第五节 影响交换顺利实施的因素

交换是人类社会特有的形式，普遍存在于人们的社会生活中，是人类互通有无、获取利益、满足自身需求的重要途径与手段。人类在实施行为之前，尤其是做出重大行为或决定之前，都会经历一个不断权衡与比较的过程，从众多备选方案中选择一个对自身来说最优的行动方案，而决定最优方案的过程实质就是比较影响交换行为的各种主观、客观因素，从中寻找代价小、获益高的路径，以期顺利实施交换行为。由于影响交换行为的各种主观、客观因素众多，并且交换行为的最终产生是各因素的协同作用，为了阐述的方便，本节将对影响交换行为的各种因素进行简要分析，以起到抛砖引玉的作用。

一、人口学因素

不同年龄、性别、文化程度、收入、职业等的人群的生活习惯、消费行为、预期追求等均有所不同，其外在表现就是交换行为各不相同。下面将从人口学特征中的年龄、性别、文化程度、收入、职业等维度探讨其对交换行为的影响。

年龄是指人们从出生到计算时为止生存的时间长度，是具有生物学基础的典型标志之一。年龄包括生物年龄和心理年龄，生物年龄是指机体组织结构和生理功能的真实衰老状况，心理年龄是指个体的心理特征体现的年龄特征，两者并不完全吻合。生物年龄 70 岁的人，其心理年龄有可能是 60 岁，也可能是 80 岁。随着年龄的增长和知识的累积，个体的生活经历、工作经历、情感体验、社会认知、价值追求逐渐稳定，身心逐渐成熟，对待事物的看法和生活的态度也逐渐稳固，在进行交换时其交换动机、交换态度也有所不同。

儿童作为一个特殊的交换群体，其交换技能并不是与生俱来的，而是在不断观察、学习中得来的。随着年龄的增长，儿童的基本生理需求不断变化，幼儿期有了自我意识后开始重视他人的语言、态度、行为等特征，其价值追求也会发生相应变化。由于认知有限，儿童对于交换的认识并不全面，很多情况下都是"随心所欲"的，因此其交换行为往往根据个人喜好而选择，其交换行为与态度非常"易变""善变"。随着青少年时期自我意识的增强，青少年的交换行为与其追求新颖、独立、好奇等心理有关，他们渴望彰显个性，寻求自我归属感，且容易受外在环境的影响，尤其是同龄人的影响。为了在同龄人中凸显自身价值，他们的交换行为具有易冲动、感情用事的特点。中年群体的社会阅历更为丰富，对待事物已经形成了较为成熟的态度和观点，且难以改变，同时在家庭、社会中的担子更重，他们在交换时考虑的因素更加全面，做决策时也更加慎重，且不会轻易显露自己的看法，因此中年群体的交换行为大多理性至上，他们会不断权衡和比较不同的交换行为，做出最优选择，以期实现利益的最大化。老年群体由于经受了社会和生活的多重考验，再加上身体机能老化，健康状况受到退行性和病理性因素的双重影响，更加注重健康维度，他们的交换行为更趋向理智与稳定。此外，交换的便利性更有利于老年群体交换行为的顺利实施，尤其是行动不便或患有部分疾病的老年群体。

性别是区分社会个体生物属性的本质特征，这一区分不仅指男女在染色体及生理机能等方面的差异，还指两者在性别社会化后获得的性别角色、性别规范、性别认同上的差异。有时会有意无意地夸大性别差异，如男生勇敢、阳刚、果断，女生文静、温柔、贤惠、端庄，并且这些性别差异会经过代际传承不断被强化。实际上，这些差异只是人们的思维定式、文化因素及其交互作用等外在因素强加的角色期待。人们不得不被动接受这一本不存在的模式，一旦打破这一行为框架，就会遭受种种非议。性别社会化带来的性别角色差异同样体现在交换行为中，如男性偏向理性、价值，女性偏向感性、外观等。同理，文化程度、收入、职业的不同也会影响交换行为的顺利实施，由于篇幅有限，此处不一一展开论述。

二、心理因素

社会吸引是促使个体参与交换的重要推动力量，是社会交换产生的前提与基础。彼得·布劳将社会划分为相互影响的个体组成的微观结构和相互关联的群体组成的宏观结构，认为成千上万的微观结构组成了宏观结构，他认为从个体微观结构的日常往来和人际关系可以推导复杂的社会过程。在个体微观结构的交换行为中，存在对直接报酬追求的"意图合理"和对终极价值追求的"价值合理"，只要符合其中一种便可以称为交换行为，而交换行为的产生离不开社会吸引的诱导，这种吸引力主要体现在个体通过交换所能获取的报酬[1]，即"意图合理"。交换者会对即将产生的交换行为进行评估，若通过该交换能够获取交换者想要获得的报酬，那么交换者就会被这一行为所吸引；当交换者发现别人拥有自己所需要的"物品"，而自己刚好也拥有别人所需要的"物品"，并相信彼此愿意为对方提供该"物品"时，双方便会相互吸引。社会吸引力的存在驱使交换者与对方交换，并且在交换过程中，交换双方都会竭力证明自己对对方具有吸引力，以唤起心理期待，维持、强化这一交换关系，吸引力越大，个体主动参与交换的可能性就越大。

---

[1] 彼得·布劳. 社会生活中的交换与权力 [M]. 李国武, 译. 北京: 商务印书馆, 2012: 60-76.

社会吸引对交换者的行为选择产生影响，要想维持交换者之间的吸引力并使之持续交往，就需要满足交换者的需求，使之获得报酬，只有交换者的需求得到满足，交换行为才有可能处于一种稳定的状态并持续进行[1]。究竟何为需求？需求反映的是个体与社会环境之间的不平衡，这种不平衡促使个体不断满足自身需要，以调整个体与社会环境之间的状态。个体的需求是普遍存在且丰富多样的，既有有形的物质需求，也有无形的精神或情感需求，需求的存在会激发个体内心的渴望，进而能够使个体确定行为目标，当个体的需求达到一定的强度时，便会激发个体的行为动机，促使个体参与各种行为以满足自身需求。个体需求可作为推动个体行为转变的内在动力，由内向外推动个体行为的改变，当需求突破个体所能承受的范围时，个体便会想方设法通过交换来满足需求。

社会吸引是交换行为产生的前提条件，个体需求的满足是进行交换的必备条件，个体参与社会交换并获得奖励或报酬是促使交换行为发生的重要条件[2]。在社会吸引的前提下，交换者需求的满足或预期报酬的实现，将会对交换的实施产生进一步影响，如促使交换者扩宽交换的对象与范围，而当个体感受到不公平或不能获取预期报酬、无法满足自身需求时，交换者便会选择终止该交换。此外，通过交换人们总想获取最大化回报，即个体在交换过程中总希望能以最小的投入换取最大的产出，这是个体在进行交换时存在的普遍心理，因此个体间需求的满足往往是相对公平的。对于交换而言，需求的满足既是交换者参与交换的心理基础，又是交换者进行交换的目的，需求的满足对交换的顺利实施起着至关重要的作用。

三、环境因素

人类生存的空间及其中可以直接或间接影响人类生活和发展的各种自然因素称为环境[3]。环境可以划分为自然环境和社会环境。其中自然环境是指客观存在的各种自然因素的总和；社会环境是我们所处的政治环境、经济环境、法治环境、科技环境、文化环境等宏观因素的综合，是人类通过有意识社会劳动加工和改造的结果，会随着人类文明的演进不断发展，是人类精神文明和物质文明进步

---

[1] 张宏晓. 布劳社会交换理论视角下的农民工城市融合分析[D]. 成都：西南交通大学，2011.
[2] 林新奇，苏伟琳. 社会交换理论视域下的新生代员工激励管理研究[J]. 现代管理科学，2017（5）：8-10.
[3] 陈德第，李轴，库桂生. 国防经济大辞典[M]. 北京：军事科学出版社，2001.

的标志。环境是人类进行生产和生活的场所,对人类行为的发展变化有着重要的影响,同时人类的行为也会反作用于环境。人类不是被动适应外部环境,而是为了提高自己的生存、生活质量,积极发挥自己的主观能动性,不断改造环境。对于这一过程需要辩证看待,新的生存环境可能更加适合人类生存,但是也可能恶化自然环境。人类与其所处的环境密不可分,离开任何一方另一方都将不复存在,人类既可以创造环境,又受到环境的制约,因此,环境对人类生存与发展来说,可谓"牵一发而动全身"。对社会交换来说,社会环境的影响远大于自然环境,社会环境是政治、经济、教育、文化、法治、外交、科技等宏观因素的综合体现,对人类行为及社会发展具有较为重要的作用。下面简要阐述社会环境对交换的影响。

国际环境对任何国家或地区的发展都有着极为重要的影响,其影响主要表现在一个国家的道路选择、制度规范、思想意识、发展战略等诸多方面[①]。国际环境复杂多变,一个国家只有准确把握国际局势及其发展态势,并顺应国际环境,才能更好地促进本国发展。国家发展道路、制度规则、意识形态等都是在其国际环境下形成的,国家应以积极的态度应对国际环境的变化,寻找适应本国发展的道路。大的国际环境对国家、社会、个人行为的影响是显而易见的,个人的交换行为也会在国际环境的影响下悄然发生改变。对武术交换来说,国际环境对武术参与行为有着积极的影响。由于美国国立卫生研究院(National Institutes of Health,NIH)、疾病控制与预防中心(Center for Disease Control and Prevention,CDC)等研究机构和众多民间团体的积极参与推动,太极拳的健康价值逐渐被全球认同,150多个国家和地区建有太极拳馆,全球太极拳习练者超过3亿人,太极拳已经成为全球参与人数最多的武术运动[②],同时太极拳在2020年被联合国教科文组织列入人类非物质文化遗产代表作名录。这一良好氛围的形成对太极拳国内外推广起到了积极推动作用。

从国内环境来看,国家的一系列政策举措和决定都会对个人的交换行为起到指引和激励作用。习近平总书记在党的十九大报告中明确指出,"中国特色社会主义进入新时代,我国社会主要矛盾已经转化为人民日益增长的美好生活需要和不平衡不充分的发展之间的矛盾",这充分体现了人民需求的整体变化,即物质

[①] 钟晓雅. 国际环境影响下马克思主义中国化进程研究[D]. 济南:山东师范大学,2019.
[②] 沈剑奇. 太极拳闪耀纽约时报广场[EB/OL]. (2021-12-19) [2023-07-15]. https://baijiahao.baidu.con/s? id=1719511982739060734&wfr=spider&for=pc.

文化需求基本得到满足，继而是更高层次的、对未来美好生活的向往，而国家的扶持与帮助为人们追求美好生活过程中的交换行为提供了重要保障。经济快速增长、消费结构和产业结构优化升级为居民消费潜力的提升提供了重要契机，健康理念及健康生活方式的倡导为居民参与体育运动、迎接美好生活提供了无限可能。此外，国家在总结前期工作成效的基础上为未来发展制定的新的规划，具有一定的超前性、时效性、引导性、约束性。居民的日常生活无法脱离这些规划的指引。与此同时，我国的对外开放要求独立自主、自力更生、平等互利，这就对参与交换的人们做出行为约束，即交换过程中不可越矩。武术在与其他国家体育文化交流中，既要积极发挥、传播武术文化的优势，也要兼顾不同国家、地区之间的文化差异，平等交流，同时要积极吸收"他者"文化的优势，弘扬"和平合作、开放包容、互学互鉴、互利共赢"的"一带一路"精神，共同构建人类命运共同体，做到"各美其美，美人之美，美美与共，天下大同"。

最后，从个人生活环境来看，个人所处的生活环境会对人们的交换行为产生影响，人的交换行为并不只是人与人之间关系的孤立存在，而是群体关系背景下的社会表现，交换过程会受交换者所处的社会背景的影响[①]。个人存在于家庭、学校、工作单位中，无法摆脱自身生活环境而独自存在。在家庭中，父母是孩子的第一任教师，父母的认知与行为会对孩子价值观、未来发展产生潜移默化的影响；在学校里，学校教育及师生的言行举止对学生形成正确的世界观、人生观、价值观极为重要；在工作单位，领导的要求促使员工不断努力、提升自身的工作能力，同事之间的竞争也是促进自身进步的不竭动力……无论是家庭、学校还是工作单位，都是日常生活中不可避免的场所，在这些外部环境中，个人可以将自己身边的优秀个体或群体作为学习的榜样，不断提高自己的能力，为今后的交换行为奠定良好基础。此外，所处的环境会使个人产生不同的需求，如在家庭中对爱情、亲情的需求，在学校中对知识的需求，在工作中对绩效的追求，只有明确不同环境下的个体需求，才能更好地满足个体需求、实现交换行为。

四、信息因素

传播行为之所以可以发生，是因为信息势能差的存在，如信息、资料的获取途径、难易程度、获取信息的全面性、准确性等均会影响交换行为。在信息爆炸

[①]彼得·布劳.社会生活中的交换与权力[M].李国武,译.北京：商务印书馆,2012.

的时代，人们可获取的信息、资料越来越丰富，但在信息获取的过程中，人们在一定程度上会受到传播媒介的影响。媒介是内容传播的载体，媒介对信息的呈现能够对人们的认知产生影响。媒介不仅能够改变人们原有的认知，还可以构建新的认知，它可以向人们传达需要"什么"，即媒介作为信息传播的载体，通过对信息的呈现会影响个体的认知，进而对个体的交换行为产生影响，这种影响既可能促进交换行为的顺利实施，也可能阻碍交换行为的继续进行。不同媒介呈现信息的方式不同，同时数字技术与移动通信技术的迅猛发展，为信息呈现带来日新月异的变化。由中国印刷及设备器材工业协会（Printing and Printing Equipment Industries Association of China，PEIAC）和美国印刷技术协会联合发起，由杭州电子科技大学、北京印刷学院、西安理工大学、上海出版印刷高等专科学校四所高校联合完成的《千禧一代媒体习惯与方式》调研报告中清晰揭示了当今信息呈现的需求与特点，其中电视和社交网络以18%位居前二，在线报纸以11%位居第三，紧随其后的是网站（10%）、纸质书刊报（7%）、新媒体与广播（6%）、直播与朋友家庭（5%）、在线杂志（4%）、在线图书（3%）等，而在新闻时效性方面，42%的大众认为电视、在线图书、广播、在线报纸、社交网络、网站、直播、新媒体时效性"快"，大众关注度高[1]。在数字化经济的浪潮中，受众媒介信息使用习惯的变化势必使媒体呈现信息的数字化、动态传播、交互体验、多元应用、服务增值持续转型升级的特点。

全面了解并掌握交换主体、交换行为、交换物等的相关信息，有助于交换行为的顺利实施。交换过程是动态的，其影响因素也在不断调整，因此在进行交换时，要全面了解交换动态，实时做出调整，如果不能较为全面地了解相关信息，则很可能会影响交换效率或导致交换行为难以为继。例如，某人通过人际关系或广播等途径了解到某家商店有自己需要但难以寻求的商品，并且其价格极为便宜，然而到商店后发现该商品确实很便宜，但质量很差，根本无法正常使用，结果只能放弃购买，这种情况在日常生活中司空见惯，根本原因是掌握的片面信息使对事物的认识存在偏差，最终耗时耗力、无功而返。全面了解事物的信息对交换的顺利实施极为重要。只有全面、系统地收集并了解相关信息，才能客观、准确地评价事物的性质、状态，更好地应对各种状况，避免盲目的行为决策，减少

---

[1] 王强.《千禧一代媒体习惯与方式》调研报告之二［EB/OL］.（2019-09-26）［2022-07-15］. https://www.sohu.com/a/343660316_488528.

不必要的损失。

为了顺利实施交换，在全面获取信息的基础上还要保证信息的准确性，尤其在信息"满天飞"的情境下，各种信息良莠不齐，这就需要我们对获取的信息进行辩证分析、去伪存真。信息的准确性强调信息的内容是否真实，对于信息接收者来说，错误的信息不具有价值，甚至有可能产生误导作用，因此要对信息进行严谨考证，避免因依赖错误信息而导致决策失误。商场上常说"信息不准、生意亏本"，这表明信息的准确性直接影响了整个生意的盈亏。虽然交换行为与做生意之间有所差别，但在满足需求、获取报酬的过程中，信息的准确性会对交换产生影响。

信息获取的难易程度也会影响交换的顺利实施。信息获取的难易程度决定了交换主体付出成本的高低，一般来说，如果信息获取容易，交换主体付出的成本较低，则交换行为往往容易达成；如果信息获取难度大，交换主体付出的成本较高，则交换行为自然会受到一定的影响。信息获取的难易程度与交换主体是否主动披露信息、披露信息途径与方式、同质信息多寡、交换主体查阅信息的能力等因素密切相关。数字时代的来临、自媒体的迅猛发展导致信息量无限膨胀，人们获取信息的途径和范围随之拓展，获取信息的成本也随之降低，与之相伴的是，信息质量下降，噪声、杂音增多，人们辨识、过滤信息的成本也随之增加。沃伦·巴菲特（Warren Buffett）的黄金搭档查尔斯·芒格（Charles Munger）曾经说，人类存在这样一种心理倾向，人类会把获得信息的难易程度与信息本身的重要性挂钩，越难获得的信息，就觉得越重要，这一倾向为交换行为的顺利实施带来一定的挑战和误导。

五、人际关系

社会是由人组成的，人是社会的人，社会生活中的个体都不是独立存在的，他们与周边的人或事均存在一定的关联，进而形成了人与人之间相互交流、沟通的社会关系，这种社会关系的存在不仅会对个人的心理认知产生影响，还会对个体的社会实践行为产生影响。彼得·布劳指出，人际关系与社会交换之间是相互影响的。其一，个体生活在不同的场域中，其人际关系各不相同，个体所处的环境、进行交换的动机、目的等均存在差异，因此其交换行为也各不相同。其二，不同的交换行为会构建不同的关系网络，产生不同的人际关系，如商品买卖产生的是商家与顾客的关系，礼物赠送产生的是朋友之间的关系……受人际关系的影响，个体的社会关系与可用资源也是一定的，因而其交换行为受到一定局限，也就是说人际关系在一定层面上限制了交换行为实施的广度、深度与可持续性。

在中国人的行为方式中，关系因素是一个重要的影响因素，它会在交换过程中起作用①。受环境、地理等诸多因素的影响，个体扮演着不同的社会角色，拥有不同的社会地位，但个体自身的能力和资源是有限的，因而不得不融入其他团体，与他人建立关系。在建立关系的过程中，个体会有针对性地了解、参与他人所感兴趣或正在进行的某一行为，以便获取他人的好感，顺利建立友好关系。因此，在交换过程中预期建立的人际关系会对个体的认知及行为产生影响，进而影响交换行为的实施。当然，已有的人际关系也会对个体的交换行为产生影响，个体为了维系已有的人际关系，不脱离群体，自然会参与群体行为，持续进行交换。人际关系在为个体提供关系网络的同时，既可能为交换行为的实施创造条件、提供信息，又可能在一定程度上对交换行为有所限制。

在人际关系中，信任显得尤为重要。无论是个体之间、个人与群体之间，还是群体之间，交换都需要在相互信任的基础上进行，没有建立彼此的信任，交换行为将无法实施，而一旦信任崩塌，交换就将无法继续。建立良好的信任关系并持续维系，不仅有助于交换行为的顺利实施，还有助于实施二次交换。

六、替代品

替代品是指那些能够给受众带来相似满意度且能够相互替代的产品（既可指实际存在的某一物品，也可指能力、技术、情感等）。替代品会对行业的总需求产生影响，并且当替代品具有更高的性价比和满意度时，会给现有产品带来一定的威胁。随着生产力水平的提升，市场上产品同质化现象越发严重，无论是无形的信息还是有形的物质，其替代品都越来越多，尤其是进入门槛低、产品技术含量不足的产品。进入壁垒不足使得市场上同质化产品供给严重过剩，这对于商家来说，势必导致竞争越来越激烈，价格战在所难免；而对于消费者来说，未必不是一件好事。除此之外，为了应对替代品功能同质化带来的竞争，产品也会进行优化或改良，如配置升级、功能叠加、性能优化等，以增加产品的市场竞争力。

在实施交换之前，交换主体会依据自己的需求对交换行为进行评估，罗特（Rotter）认为，一种行为被选择的可能性，取决于行为者认为该行为所能带来的

---

① 曹卫国. 关系强度对社会交换中权力行使的影响 [J]. 东南学术, 2016（5）：75-82.

回报（强化）的多少，以及他认为实施该行为能带来该回报的可能性（有多大的成功率），回报的可能性及回报越大，该行为发生的可能性也就越大[①]。替代品的出现扩大了人们的选择范围。面对诸多功能、性能相似的产品，为了尽可能地降低成本投入、满足最大需求，人们会综合考虑各项因素，如价格、质量、实用性等，如果某产品的性价比、满意度、实用性高于其他产品，那么该产品极有可能被选中来替换前期选中的产品。

在实施交换行为时，影响交换的因素众多且交换行为往往具有不确定性，因而在这一阶段要不断调整个体行为以促进交换的顺利实施。替代品的出现对现有的交换物产生威胁，当人们发现新的替代品在功能、质量、满意度等方面均优于原本的交换物时，在不造成利益损失、人员伤害的情况下，人们很有可能会终止现有的交换，进入新的交换。当然，替代品的出现还可能使现有交换物不断发展、完善，更全面地满足人们的需求，从而促进交换行为的顺利实施。在完成某一交换行为之后，人们会根据自身的交换体验对本次交换行为做出评价，以检验本次交换行为的价值。新的替代品会让人们对新的交换进行预估与比较，如果替代品与原本的交换物之间的差别不大，且前期的交换体验好，那么人们很可能会持续该行为，形成循环交换，此时替代品对交换的作用就不那么明显了；但如果替代品明显优于原本的交换物，且前期的交换体验一般，那么人们很可能会选择替代品来参与新的交换，此时替代品对交换的影响较大。

---

①郑雪. 人格心理学［M］. 广州：暨南大学出版社，2007.

第二章
传播与交换的耦合

第一节 传播概述

一、传播的概念

传播源自拉丁语 Communis，其含义比较丰富，有交流、交往、交际、沟通、通信、传播之意。中文的"传播"是一个联合结构的词，"传"的本义为传递、传送，引申为传授、留传，"播"的本义是下种、撒种，后引申为散布、传开、传扬等。"传播"一词主要是指不同成员之间彼此交换信息、思想或意见，以加深彼此的了解，形成共识，维持社会正常运行，广义来看，传播有两种含义，一是将传播看作一种过程，二是将传播看作在协商和交换意义[1]。传播经常用作动词，这表示"传播"是一种动态行为，如传播信息、传播谣言、传播疾病、传播花粉等，此时的传播强调以人为主体的活动，侧重考察人的传播行为与其他社会行为之间的关系；传播也是一种动态过程[2]，此时的传播强调信息传递的内在机制与影响因素，着重考察信息从传者到受众的整个环节及各因素在这一过程中的相互作用、影响；传播有时也会被视为一个复杂的系统，此时的传播不单纯强调某一具体传播过程，而着重强调各种传播活动的相互作用及其引起的总体变化。

将传播看作一种过程，可从以下三个方面进行探析。①信息传递，将精神与物质的融合体作为传播内容，既包含以声音、表情、姿势、动作等为载体进行的

---

[1] 陆晔. 中国传播学：世纪之交的探索与前瞻——第六次全国传播学研讨会综述[J]. 新闻大学，2000（1）：13-17.
[2] 周睿. 双重传播与媒介控制[D]. 武汉：华中师范大学，2009.

面对面传播，也包含以各种媒体、文字、影像等为载体进行的远距离传播①；②媒介技术演变，不同媒介传播的侧重点不同，不同内容需要的传播媒介也不尽相同，再加上科学技术更迭导致的传播媒介不断演化，使得传播的受众面不断拓展，传播的广度和深度不断细化和深入，为人类社会信息顺利流通提供了技术支撑②；③传播的内在要求不断深入，引起传播主体从传者到受众的转变，传播方式从固定终端到移动终端的转变，传播效果从无反馈到实时、双向、互动反馈的转变等。上述传播行为的转变生动地体现了传播过程的划时代变革，也深刻揭示了传播是一个动态发展的过程。除此之外，传播也具有普遍性、必然性、复杂性等特征，在社会快速发展的同时，信息流动加快，人与人之间的交往与交流也变得更为普遍，人与人之间、人与社会之间都在时刻紧密发生着某种联系，任何个体、组织、群体都不可能孤立发展，只有合作才能共赢，这就意味着传播的普遍性、必然性特征广泛存在。传播的复杂性主要是指传播的主体、客体、媒介、内容等要素不是一成不变的，而是受到内外诸多因素的影响，如传受关系的变化、传播媒介的更迭，信息泛滥导致的不确定性增加和选择困难。总之，对传播过程的理解需要适时、动态、综合、系统地加以考量，才能更好领会其内涵。

  传播在进行信息传递的同时也在进行协商和交换，对这一维度的理解可以从人际传播和社会交换两个方面分析。人际传播的第一个目的是确认自己的身份，以及自己在群体中的位置。美国人际传播学教授约翰·斯图尔特（John Stuart）指出"人际这个术语指的是一种接触或交往质量（Quality of Contact）"。所谓质量，是指人们在交流传播思想时，既有被他人当作一个独特的个体的交流需求，也有充分表现"我是谁"的属性特征的需要③，因此人际传播发生在个人之间，而不是发生在角色、面具或刻板印象之间。人际传播行为的发生及人际关系的建立是由交往双方或多方"合作"共同建造的，如果交往者缺乏回应，即缺乏"合作"，那么人际传播行为仅能看作单向的信息传递，不能看作严格意义上的传播行为，难以在交往者间建构意义。人际传播是一个"人类用于创造意义的合作过程"。人际传播毫无疑问涉及人对身份认同或自我认同的建构协商，马克思

---

① 李进进. 媒体庆典仪式话语的社会语用学研究［D］. 北京：北京外国语大学，2016.
② 董甜甜. 互联网时代中华元素的数字化艺术传播研究［D］. 南京：东南大学，2019.
③ 约翰·斯图尔特. 沟通之桥：人际传播学经典读本［M］. 王怡红，陈方明，译. 北京：北京大学出版社，2017.

曾说,"人起初是以别人来反映自己的。名叫彼得的人把自己当作人,只是由于他把名叫保罗的人看作是和自己相同的","他自己的感性,只有通过另一个人,对他本身说来才是人的感性①","人们合作建构的一些最重要的意义是身份认同;所有传播都涉及针对身份认同或自我认同而进行的协商谈判"②。当然,这里的协商谈判和合作建构,侧重强调交往者在传播或交往中"共同生产",而不一定要达成一致意见。人际传播通过一轮又一轮的信息交流,扩大了传播双方的认知或达成了某种协议,加强了身份认同,强化了意义建构,获得了更多的交流话题与共同生产的可能性。社会交换使意义建构与共享跳出人际层面,扩大到群体或社会层面,其本质仍然离不开身份认同与合作建构,只有交换双方相互认同并且友好协商,才能在"共同生产"背景下共同进步。例如,在"一带一路"语境下的跨文化形象传播,面对新契机、新困境,以及文化间的差异,推动中华传统民族文化走出国门,走向世界,借助传播媒介,通过协商广纳意见,通过交换促进发展。这都是"一带一路"凸显的协商和交换价值。

二、传播的内涵与功能

(一) 传播的内涵

传播是进行一切社会活动和人际交往的重要条件,通过信息的传达和沟通,构建双方共享的意义空间。对大型企业或社会群体来说,信息传播就是帮助企业正确使用各类媒体,及时向社会公众提供有关企业的各类信息,及时有效地搜索和搜集公众对企业的各类意见并理解其思想态度,以塑造企业的良好形象和口碑,促进企业发展。对社会个体来说,信息传播就是一种将自己占有的信息与他人共享,以换取自己所需的信息,同时加强身份认同和意义共享。信息传播本身就是一种与他人相互分享的过程,双方均可以在信息的传递、交流、反馈中获得相应的资源③,因此传播是在一定社会关系条件下传递和交换信息的过程,理解这个概念应注意以下四点。

---

① 杨卓凡. 看与被看:作为"他者"的中国城市形象——以"看中国·外国青年影像计划"纪录短片为研究对象 [J]. 电影评介, 2017 (7): 12-17.
② 约翰·斯图尔特. 沟通之桥:人际传播学经典读本 [M]. 王怡红, 陈方明, 译. 北京:北京大学出版社, 2017.
③ 刘伟. 智能传播时代的人机融合思考 [J]. 人民论坛·学术前沿, 2018 (24): 16-24.

第一，传播是一个信息共享过程，即把一个人或少数人独有的信息转化为两个人或更多人共有的过程①；在这个信息共享的过程中，人们对信息的过滤、筛选、转化及利用就是传播过程，信源、信宿在这一过程中常常合二为一。

第二，传播行为的发生离不开特定的社会关系，同时也是特定社会关系的体现。传播的前提条件是基于双方共同的语义空间或双方拥有相同（或近似的）文化背景，或者基于对某种文化的尊崇和信仰②。简而言之，传播行为的发生需要双方具有共通的意义空间，如果缺少这一独特的外部环境，则传播行为将无法发生。一般来说，共通的意义空间有两方面的含义。一是双方具有相似的文化背景和大致相近的生活经验，二是对传播中使用的语言文字、图像图形及其意义有共同的理解。象征性社会互动理论认为，交换双方有共通的意义空间是符号交换的前提之一，对于共通的意义空间不能错误地理解为双方的意义空间完全契合，这在实践中是不可能的，只要交换双方具有部分共通的意义空间，交换就可以正常进行，并且随着交换程度的深入、交换频次的加快，共通的意义空间也不断扩大。共通的意义空间的扩大加深了双方的相互了解，进而促进传播。

第三，传播是一个交换双方相互作用的过程。按照拉斯韦尔的"5W"模式，传者与受众分别对应传播的起点与终点，在传统媒体时代，传者居于主体地位，受众处于被动接受的地位，此时的传受关系有点上传下达的意味，受众难以左右或撼动传者的主体地位。迫于新闻业变迁和媒介技术演进的双重压力，传统的传受关系难以恰切解释和捕捉受众对传播的影响和形塑，新型传播语境下的受众正以生产者、传播者、消费者的多重身份从传播边缘走向传播中心，即"通过信息而进行的社会互动"③。传播不再是单向的直线模式，其突破点在于它更强调传受双方的相互转换，即传者将信息通过某种媒介或其他的途径转移给受众，同时受众对接收的信息进行加工利用，或受众对信息形成独到且正确的见解，将信息再反馈给传者，传受关系成为一个生生不息的循环，永无尽头。在大众传播时代，报纸只有贴近读者才能被读者喜欢，因此要搜集、调研、整理、研判读者的兴趣，即扩大报纸和读者共通的意义空间，此举会加强读者与报纸之间的互动，

---

① 苏童，聂家华. 传播学视域下当代中国马克思主义大众化的路径研究 [J]. 兵团党校学报，2017 (3)：49-53.
② 矫雅楠. 作为媒介的孔子学院 [D]. 济南：山东大学，2016.
③ 蒋晓丽，朱亚希. 联盟与超越：传播符号学的生成发展和应然指向 [J]. 国际新闻界，2017，39 (8)：6-22.

强化读者对报纸的反作用能力，客观上有利于传播过程的顺利进行。总之，贴近实际、贴近受众、贴近生活，自然会拓展双方的共通意义空间，进而促进交换双方的互动和传播的正常进行。

第四，传播不仅是经济活动的静态变化发展过程，还是情感与态度之间的流转过程。传播是社会经济发展的根源和基础，在社会的存在与发展中担负着重要责任，通过信息交换维持交换双方的正常活动，在信息时代更是如此，它直接作用于一个社会资源的流通与运行。同时，传播被认为是一种具有社会化性质和意义的、使人进行建构性交往的行为，是一种促使人际间或者其他组织间相互发生并维持其关系的根本机制；也是一种促使人与其他个体、人与其他社会成员沟通交往的重要条件还是一种可以自由且快速移动的过程，可以有效传达信息、情感、态度等①。

（二）传播的功能

传播的功能是指传播活动所能达成的效果及其对人和社会所起的作用或效能。拉斯韦尔认为传播具有环境监视、社会协调、使社会遗产代代相传的功能；赖特（Wright）认为除拉斯韦尔提出的上述三个功能，传播还有娱乐功能；施拉姆认为传播具有雷达功能（传播信息）、管理功能（劝说指挥）、指导功能（传授知识）、娱乐功能（提供娱乐）。施拉姆关于大众传播的"四功能说"得到了传播学者的广泛认同，具有较大的影响力。任何事物的发展均具有两面性，传播也是如此，拉扎斯菲尔德（Lazarsfeld）与默顿（Merton）提出了传播的负功能，即顺从现状、能力退化、剥夺时间、麻醉精神，这为我们全面理解传播功能提供了全新的视角。国内学者在全面把握西方传播理论的基础上，结合中国国情，对传播功能做了富有建设性的阐述。综合来看，传播具有以下功能：①获取信息。人与外界的交往就是获取信息的过程，因此每个个体需要具有提供有价值信息的能力，同时要有增值信息和取舍信息的能力。②社会化手段。人刚出生时只能称为自然人或生物人，还不具有社会学意义，社会是不同分工、不同部分协调发展的有机体，人必须与其他个体、群体、组织交往，以学习知识、培养个性、获得各种生活技能、熟悉社会或群体的各种规范，感受"制度性压力"，接受社会教化，这就是人的社会化过程，大众传媒在其中功不可没。③获得知识与文化传

---

①吴刚，黄健．社会性学习理论渊源及发展的研究综述［J］．远程教育杂志，2018，36（5）：69-80.

承。大众传媒就是将人类累积的丰富知识、灿烂文化进行传递，以延续社会传统、传播社会经验、弘扬优秀文化。④舆论监督与引导。舆论监督与引导是媒体的神圣使命，两者相得益彰，相互促进。无论是自下而上的舆论监督，还是自上而下的舆论引导，最终都是为了促进社会和谐发展、共同进步。⑤娱乐和调节身心。从传播运用的场景来看，传播有工具性传播和消遣性传播。斯蒂芬森（Stephenson）以"游戏理论"为出发点，强调传播的"消遣性"。此类传播主要用于宣泄情感、调节心理，占据了大众传媒较大的份额，如新时代最主要的文化娱乐形式影视、动漫、游戏、视频、轻小说等。

第二节 作为交换的传播

在瞬息万变的今天，物质和信息是推动世界快速发展的核心要素。信息传播是价值交换的前提，价值之所以可以形成，是因为存在信息不对称造成的信息势能差以及个体识别、获取、加工、利用信息形成的认知差别，因此有人说商业交易的本质其实是信息交换，这进一步彰显了信息的价值。传播是人类个体之间、人与社会之间通过有意义的符号进行信息传递、接收、反馈的总称，也有学者说传播的本质就是通过信息交换，扩大和增强自身对时间、空间，以及人类社会自身的支配和控制能力的过程。交换的维度较为广泛，涉及社会、经济、人类、信息等众多领域，可供交换的资源也多种多样，如物质、能量、信息、服务、金钱等，而与传播关联较为密切的主要是信息领域。综观各种传播类型，与交换联系最为密切的是人际传播，因此，个体之间的信息交换可以看作人际传播的变形，而人与社会之间的信息交换可以看作社会交换的变形。

一、人际传播概述

人际传播是不同社会个体之间的信息交流，个体通过信息交换，传递知识、观念、意见、态度、情感、愿望等，以促进社会个体的发展、与其他社会个体的相互作用与认知，进而建立新的社会关系网络。个体之间的信息交换有直接交流与间接交流之分。直接交流主要以语言为媒介，辅以表情、神态、眼神、动作、声调、姿势和身体位置的变化，修正、补充、细化、强化、完善语言的不足。这一方式让传受双方面对面直接沟通，信息反馈及时迅速，外界干扰少，传播效果较优。间接交流则是指传受双方借助电话、书信、邮件、电报、计算机网络和新媒体平台进行远距离交流，这一方式克服了传受双方空间上的限制，大大拓展了人际传播的范围，提高了传播的效率。

语言文字是人之所以为人的重要标志，是人际传播的主要手段与方式，有口语和书面语之分，书面语即文字。口语传播是人类传播活动的第一发展阶段[1]，它的特点主要如下：口口相传大大提升了传播的亲切性、便捷性；音节符号在传承沿袭中会出现变异，并且口语传播只能实现近距离的传播，这使口语传播具有一定的局限性。在文字传播时代，语言能够被以文字资料的形式完整准确地保留下来，实现远距离传播，但是由于外部语境的存在，语言文字自身所指的事物或概念与用来指代该事物或概念的符号有时候并不一定全面吻合，这使传者与受众对语言文字指代的形象或概念的认识往往存在一定的差异。康德提出"站在他者位置思考与交流"[2]，这表明传者要想达到良好的传播效果，必须根据传播对象、传播场景、传播诉求进行适当调节，下面就以符号互动理论、传播适应理论为例进行简要阐述。

传播顺利进行的前提条件是传受双方具有共通的意义空间，诚如前文所述，共通的意义空间的建立要求传受双方具有大致相同或相近的兴趣爱好、文化背景、生活经历、价值观念。除此之外，传受双方对传播过程中使用的语言文字符号的理解能否通约也是建立共通意义空间的重要条件。由美国社会学家米德（Mead）创立、赫伯特·布鲁默（Herbert Blumer）正式提出的符号互动论，于1969年上升为一种社会理论，该理论强调事物对个体社会行为的影响源于事物本身对个体社会行为的象征意义，而不在于事物本身具有的内容与功用。个体与他人之间的互动造就了事物本身对个体社会行为的象征意义，这一互动既包括个体与他人之间的语言互动，也包括个体与环境，个体与社会、文化、制度之间的互动，个体在与他人进行互动时总会通过自己的理解来解释事物对他的意义，进而在此基础上采取相应的行动。我们知道，同一事物对于不同个体具有不同意义，但是对于具有大致相同或相近的兴趣爱好、文化背景、生活经历、价值观念的社会成员来说，意义大致相同，正是由于这一共通的意义空间的存在，我们才可以从他者的视角理解同一事物的意义，进而为后续互动奠定基础。在人际传播过程中，参与互动的社会个体会有意识地阅读、解释对方的语言文字符号，并依

---

[1] 李亚铭，王群. 口语传播学：一个亟待建构的新学科 [J]. 编辑之友，2014（7）：65-69.
[2] 单波. 跨文化传播的问题与可能性 [M]. 武汉：武汉大学出版社，2010.

据对方的反应调节自己的行为，从而认知、构建、改变自我概念，建立、发展和调节相互关系，处理和应对外在变化。总体来说，符号互动理论基于心理学视角，将个体的行为与经验置于整体的社会背景之中，探究了社会情境在互动双方行为与社会关系构建中的主要作用，很好地解释了社会个体在不同情境下进行调节和适应的交流策略，对人际传播做出了较大贡献。

社会个体在人际交往中会依据对方的反馈调整自身的说话、发音方式及姿势，以适应对方[1]，在此基础上衍生出"言语适应理论""传播适应理论"。传播适应理论将人际交流中双方彼此适应作为基本解释框架，探讨了交流双方依据当时语境和对方行为特征调整自身行为以适应对方的策略与手段，而这种通过运用语言策略调节、修正个人沟通行为，保持积极身份以显示个性，同时不断向他人靠拢或者远离的行为称为适应[2]，适应的手段无非趋同、趋异和维持。个体在进行社会交往之前都带有相应的目标、信念和倾向等初始取向，影响这些初始取向的因素众多，既有个体的价值观和社会文化规范的影响，也有个体的人际、群体交往经验的影响。在初始取向的指引下，个体往往会选择采用人际关系或群际关系取向促进双方的互动行为，人际关系取向有助于彰显个人身份，群际关系取向有助于彰显社会身份。如果交往双方前期有良好的、积极的人际交往历史，那么人际关系取向便是首选；如果交往双方前期的人际交往不愉快甚至失败，那么群际关系取向便是首选，除此之外，个体的价值观和社会文化规范也会影响个体愿意和谁、在什么场合、采取何种策略实施人际交往。互动双方开始交流时，会根据自己的个体身份、社会身份，感知的对方个体身份、社会身份，双方交流的动机等采取适应性策略或者非适应性策略。适应性策略主要有近似策略（趋同、趋异和维持）、可理解性策略（便于对方理解）、话语管理策略（根据对方需要采取相应表述方式）、人际控制策略（关注双方感受，便于交往顺畅）、情感表达和关系需求策略，以及面子维护策略[3]。

---

[1] 理查德·韦斯特，林恩·H. 特纳. 传播理论导引：分析与应用 [M]. 刘海龙，译. 北京：中国人民大学出版社，2007：546.

[2] BOURHISR. Language in ethnic interaction: A social psychological approach [J]. Language and ethnic relations, 1979 (3) 117-141.

[3] GIES H, WILLEMYNS M, Gallois C, et al. Accommodating a new frontier: The context of law enforcement. social communication [M]. New York：Psychology Press，2007.

二、人际传播的目的与动力

人际传播是社会不同个体之间的信息传播活动，也是两个不同的个体系统组成的新的信息传播系统。人际传播既可以是面对面的直接信息传递，如语言、声调、表情、身体姿势等，也可以是非面对面的、以其他媒介为中介的间接信息传递，如书信、电子邮件、电话、网络等，无论是哪种形式的信息交流活动，其最终目的都是满足自我认识和社会认知的需要。

（一）人际传播的目的

（1）社会个体之间的信息共享。人作为一种高级动物，具有与生俱来的生物属性，离不开与他人的沟通、交流与合作，亚里士多德认为，"不参与社会的，要么是兽类，要么是上帝"。这一观点直接指明了人的社会属性。不同个体之间的沟通交流是人们相互认识、做人做事的基础，只有通过有效的沟通交流，才可以将自己的真实意图、想法、态度传达给他人，实现相互之间的信息与资源共享，同时也可以使人类文化、社会经验得到有效传承与发扬。人与动物最大的区别在于人可以运用人类所特有的语言互通信息、交流思想、表达感情，同时也会掩饰自己内心的情绪变化。群居的生活方式迫使不同的社会个体必须进行相互交流，避免因信息不畅而遭受其他生物、自然灾害或危险因素的危害，同时，信息沟通也可以辅助社会个体进行判断和决策，以做出正确的选择。

（2）强化自我认知和相互认知。如同日常生活中离不开空气、水、食物等生活资料一样，人际交往也是人类社会属性中不可或缺的组成部分，通过人际交往，互通信息、共享资源，满足了彼此的互动需求，愉悦了身心，而正常的人际交往建立在清晰的自我认知基础上。自我认知也叫自我意识，是个体对自己的行为、心理状态、心理特征，以及自己与他人的关系的认识和评价，由于人具有自我意识，因此会对自己的思想和行为进行自我调节和控制，使自己成为能够被社会或者他人接纳的个体。库利（Cooley）的"镜中我"理论总结了这一现象，认为人通过与他人的互动实现自我认知，通过他人对自己反应的观察、想象和思考总结自己的社会形象，完善自己的认识。除此之外，人与人之间的沟通与交流也是认识自我、探索自我的有效途径。通过与他人的沟通与互动，我们知道了他人眼中的自己是什么样的，也知晓了他人的态度、想法与意图，而多次的沟通与互动也逐渐加深了彼此的了解与认同。

（3）构建社会关系。人际传播的发生一定存在于有关系的环境里，不同的社会个体之间之所以可以发生关系，是因为他们之间存在交流，而他们之间的关系决定了他们之间开展交流的方式及深入程度。"人际传播的方式和内容反映了个体的个性特征，更反映了他们的社会角色及其关系。处于人际传播中的双方或多方不但是独立的个体，而且其社会性及其对人际传播的影响始终是无法摆脱的存在。"[1] 人际传播实践活动往往会传递两种信息：一种是真实存在且可以被感知的内容信息，另一种是没有明确形态需要由受众揣摩的关系信息。由于关系信息无形无象，因此信息传者的语气、语调、话语节奏、体态语言，以及受众的心理感受等都是关系信息的反映，进而会影响人际传播的内容与表达方式。人际传播中存在几种典型的关系类型："亲密—距离"关系（空间关系）、"确定—不确定"关系（人际交往认知范围）、"开放—封闭"关系（心理空间关系）[2]。人际交往中不同关系的存在使得人际交往具有多变性，而每次交往均是对亲密与距离、确定与不确定、开放与封闭的适度调适，以构建相对自由、平等、合理、非制度化的社会关系。

（4）形成并维护正常社会秩序。人的成长就是不断社会化的过程，即从"自然人"成长为"社会人"。人的社会化主要有两层含义：一是自我观念的形成，个体通过语言、技能、知识、社会规范、行为准则、风俗习惯、价值观念等的学习与形成来适应社会环境；二是社会观念的形成，即个体与其他社会成员形成基本相似的价值观、思维方式、行为规范，共同遵守规范，维护现行社会秩序，促进社会安定团结、协调有序。无论是自我观念的形成还是社会观念的形成，人际传播对正常社会秩序的维护都有着举足轻重的作用，除此之外，人类社会中各种类型的组织都是在特定人际关系的基础上建立与运转的，如果没有正常的人际关系作为保障，则人类社会不仅会产生矛盾、冲突，还会陷入杂乱无章的状态。

（5）辅助决策。人际传播是个体客观认识自我与他人的重要手段，他人对自己的评价可以作为认识自我的有效参考，进而客观全面地认识自我，而与他人的交往互动也可以促使自己深入地了解他人。有效信息的获取是有效决策的前提，适时、全面、准确的信息是做出有效决策的重要手段，人际交往的首要目的

---

[1] 陈力丹. 社会关系与人际传播 [J]. 东南传播, 2015（11）: 32-35.
[2] 陈力丹. 社会关系与人际传播 [J]. 东南传播, 2015（11）: 32-35.

就是共享信息，避免信息孤岛，进而服务于有效决策。

(二) 人际传播的动力

人际传播是一种相对自由、平等的传播活动，交往双方都没有强制对方的权利与义务，即人际传播建立在自愿、合意的基础上，是自主性、自发性、自觉性、非强制性人际关系的体现。尽管人际传播没有强制性，但参与双方都是具有自主能动性的独立个体，并且人际传播活动是特定个体关系与社会关系的综合体现，其交流内容、方式、手段也是特定关系的体现，是完成特定目的的有效方式。人际传播的动力是满足自我利益与需要。为了深入理解人际传播的动力机制，有必要对人际传播的特点进行简要阐述，具体如下：①人际传播发生在有关系存在的环境里。所谓关系是指事物之间相互作用、相互联系、相互影响的状态，或者说是一事物对另一事物的作用和影响。我们认为人们进行传播的主要目的是满足自身需求。②人际传播受对方了解程度的影响。通常情况下，我们对对方的了解程度越深，获取期待利益的可能性就越大，也可以说实现自身利益的可能性就越大。③人际传播所传递的符号类型各不相同。个体的受教育程度、社会阅历、生长环境、家庭氛围不同，决定了个体在人际传播过程中对信息的接收、利用、创造、转换的效率存在较大差异。

人际传播的目的是通过传递信息进行沟通，获得更多信息和知识，确认自我、构建关系、进行社会调解等，人在社会发展中借助传播获取各种期望的结果，满足自身需要与利益，以便更好地在社会环境中生存。传播是基于现实需要的，马斯洛说："人是一种不断需求的动物，除了短暂的时间，极少达到完全满足的状态，一个欲望满足后，往往又会迅速地被另一个欲望所占领。人几乎整个一生都在希望着什么，因而也引发了一切。"需要是有机体为了满足自身发展而与外界进行交换的一种过程，包括物质、信息、能量交换，而人的需要是人进行生产生活劳动的前提，需要在一定程度上促进人的发展。除此之外，人际传播中采用何种手段与形式完成人际交流活动，也会对人际传播活动起到促进或阻碍作用。我们认为，对人际传播动力机制的理解不外乎传播目的、内容、形式等方面，具体来说，人际传播是人类特有的社会行为，传播双方具有传播、获取、接收信息的需求，即传播的目的与内容，而为了促进人际传播双方获取与接收信息，传播内容即信息必须采取相应的表现形式，如语言、声音、图像等。

目的是行为主体根据自身需要，借助意识、观念的中介作用预先设想的行为目标和结果，目的贯穿了人类实践活动的始终，也是人际传播活动的核心动力。马克思认为"人的本质不是单个人所固有的抽象物，在其现实性上，它是一切社会关系的总和"①，个体的发展不能脱离他的社会关系而独立存在，个体与他人之间的普遍交往及其形成的社会关系直接决定了个体的发展程度，是个体不断发展的直接推动力，"造成人类发展水平不同的关键是不同种族的易接近的程度。那些最有机会与其他种族相互影响的种族，是最有可能处于领先地位的"②。对于人际传播活动而言，交往双方与传播要素中的传者、受众相对应，只不过人际传播中的传者、受众身份是互通共融、时刻转换的，也就是说人际传播中互动双方均是传播的主体，但是在传播过程中，互动双方之间的传受关系仍然存在差别，不能因为互动双方均是传播主体而忽略其主体性。"对于传播的动力而言，传者有通过传播自己的思想成果来表明自己在社会中的存在价值、获取相对应的社会报酬的动力；受者有需要接受新的思想成果来完善自己，从而创造出更新的思想成果的动力。"③ 人际传播的核心动力正是通过互动双方的积极参与，分享与获取信息，以满足各自需要，加强自我认同与社会认同，并构建社会关系，维持正常的社会秩序，进而推动双方互动活动的良性、持续开展。

　　信息也指音信、消息，泛指人类社会传播的所有内容，是人类社会之间的普遍联系形式，也是通信系统传输和处理的对象。香农（Shannon）认为"信息是用来消除随机不定性的东西的"，这一经典论断指出人类正是通过识别、获取、加工、应用、改造、创新自然界和人类社会的不同信息，来认识世界和改造世界的。人类对信息的利用不外乎交流共享与开发利用，信息的交流共享与开发利用是人际传播的本体动力，可以看作信息的量变与质变过程。信息的交流共享是对各种信息的发布、交流、传承、共用，不同个体能够获取的信息数量不同，这是信息的量变；信息的开发利用是人类利用工具或智慧对各种信息进行加工、改造与利用，进而服务人类社会，推动社会发展的行为，这是信息的生命力所在，不同个体对信息开发的效率和效益不尽相同，这是信息的质变。量变是质变的基础，质变是量变的必然结果，同时又会引发新的量变，体现在信息的交流共享与

---

① 中共中央马克思恩格斯列宁斯大林著作编译局. 马克思恩格斯选集（第1卷）[M]. 北京：人民出版社，1995：56.
② 勒芬·斯塔夫罗斯·斯塔夫里阿诺. 全球通史（第七版）[M]. 董书慧，王昶，徐正源，译. 北京：北京大学出版社，2005：340.
③ 张方敏. 传播动力新论 [J]. 新闻爱好者（下半月），2011（6）：4-5.

开发利用上也是如此。因为人类能够合理识别、改造、利用各种信息，所以人类社会得以进步、文明得以传承。

第三节　作为传播的交换

作为"人类用于创造意义的合作过程"，人际传播是人类社会永恒不变的行为，人只有全面理解自己与他人，才能更好地实施人际交往行为，社会才能良性运转。社会心理学中关于人际传播的研究观点主要有社会交换理论和符号互动论，两者都非常重视人与人之间的互动行为，并认为人与人的互动是社会存在与发展的基础，但是两者对人际传播的解释角度各不相同。社会交换理论认为个体的资源是有限的，无法完全"自给自足"，交换互动是人际交往的基本形式，利益是隐藏在交换互动背后的普遍动机，通过考察人们在交换互动中付出的代价与得到的利润之间的关系来解释人的行为[1]，侧重研究人际互动的外显行为，注重通过资源交换实现双方利益；而符号互动论认为人类主要通过共有符号——语言，辅以手势和行动来实现个人自我思维，以及与他人的交往，侧重研究人际互动中的主观能动性，注重通过符号互动实现自我。上述两种理论为理解人际传播提供了较好的视角，无论是哪种理论，都强调社会背景下互动双方的行为及社会关系构建，只有如此，人际传播的价值才不会局限于个体层面，才可以通过合作构建的方式扩大到群体或社会层面，才能够在共同生产中促进共同进步。因此，我们需要将人际传播置于这样一种社会关系与结构中，从社会交换的视角看待人际传播行为，进而促进传播活动的开展。

一、交换与社会交换概述

交换是在互惠的基础之上双方进行的自愿活动，是人类社会生活中的常见现象，无论是经济生活中的商业行为，还是日常生活中的交往活动，都在一定程度上受交换的影响[2]。在原始社会，由于物质资源的匮乏，人们生产劳作所得物质资料不能够满足自身需要，便开始用自己生产的物品换取所需的其他物资以满足

---

[1] 陈燕. 人际传播：符号互动论与社会交换论的比较研究 [D]. 合肥：安徽大学，2007：1.
[2] 张曙光. 论价值与价值观——关于当前中国文明与秩序重建的思考 [J]. 人民论坛·学术前沿，2014 (23)：4-57，95.

正常生活所需，交换活动由此产生。随着社会经济的发展，单纯的物物交换无法满足人们的正常需求，利用金银、贝壳等容易计数，难以寻找、复制和伪造的一般等价物进行的间接交换活动逐渐兴起，后期经济活动中出现的各种货币形式均是一般等价物的其他表现形式。马斯洛需要层次理论告诉我们，人在最基本的生存需要得到满足之余，开始产生更高层次的需求，即人们开始不断追寻发展，尊重与自我实现的需求，这一现实需要极大地拓展了交换的内涵与外延，交换不再仅着眼于单纯的物质资料，信息、态度、观念等赋予了交换新的时代使命。例如，古代社会人们利用烽火狼烟、飞鸽传书、快马传书等方式传递信息，这种信息传递方式耗时费力，并且信息的准确程度也受到一定的限制。第二次工业革命后，科技进步使得通信方式发生巨变，电报电话的发明使信息传递的速度大幅提升，计算机和互联网的出现使得"千里眼"成为现实，5G 的发明更使我们的生活发生颠覆性的变革。不可否认的是，现代社会信息传递方式多样、速度快、覆盖面广、准确性高、导向性强、获取途径多元。这一方面极大地丰富了我们的生活，另一方面使我们在信息消费上付出高昂的成本，其既包括时间上的成本，也包括经济上的成本。借助移动互联网技术及其应用场景的改变实现人际交往、生产生活的便利，已经成为当今社会不可逆转的潮流。

　　基于共享的意义空间，人与人之间的交往互动同时也是资源、情感、价值观念的融合与发展，以及公平性与报酬的追求。人与人之间的交往互动是一种交换过程，这种交换显然脱离了日常生活中经济交换的范畴，主要包括知识、想法、生存、情感、报酬、资源、公正性等[1]。人要想在社会上生存，必须通过劳动换取报酬，利用劳动所得报酬满足日常所需的物质资料与产品。对报酬的追求是人们实现自身价值的表现，也是经济社会发展中的重要举措之一。人们通过体力劳动和脑力劳动获取满足自身生存需要的物质生产、生活资料，在这一过程中，体力劳动获取报酬需要遵循基本的社会规则，脑力劳动获取报酬重在对文化知识的传播，以促进综合素养的提升和价值观念的形成，在此基础上，共同推动社会文明进步发展。除此之外，人作为高级动物，必然承载着对情感的追求与向往，体现了人们对爱的追寻和尊崇，从而推动经济社会的进步和发展。

　　在交换过程中，需要产生与满足的过程是指主体在外界刺激作用下从产生需要到需求获得满足的全过程，这一过程大致包含以下阶段：外界刺激、产生需

---

[1] 青连斌. 霍曼斯的行为主义交换理论 [N]. 学习时报，2006-03-27 (006).

要、信息分析、行为决策、获取和提取资源、交换满足因素、消费满足因素、需要满足评价等。外界刺激主要是指内外环境中的刺激因素作用于主体，进而引发主体状态变动、产生需要的过程，一般来说，外在刺激因素的变化通常以能量的形式呈现。例如，物理能或化学能作用于机体感受器，机体感受器将其转变成生物能并引发神经冲动，进而产生特定的行为反应。外在刺激物，尤其是非条件刺激的外在刺激物一旦达到正向刺激，将会对刺激过程产生正向强化作用，随着刺激次数的增多，有机体的阈值也会相应提高，其正向强化作用将会逐渐减弱。产生需要是指主体在刺激作用下产生实现特定状态的欲望，如某人身患重病生命垂危之际，此时他最大的需求是对生命和健康的追求与渴望，即生存层次的需求。人类个体需要的产生受到需要产生时的生理状态、所处情境和个体认知水平等因素的影响。认知活动是个体对自身所处的主客观条件进行的综合分析、判断、推理与权衡，是确立行动的基础与前提，是需要产生的重要条件。影响人们产生需要或促使人们产生某种活动的认知因素主要有期待、想象，有了对未知事物的憧憬与向往，才会促使个体为满足这一愿望而努力，依据头脑中已有表象对未来时空进行加工改造并形成新形象，进而强化个体的需求动机，在需要产生与满足过程的其他阶段，认知因素均会起到较大的影响。信息分析即根据特定问题与自身需要，对获取的大量相关信息进行深层次的加工和分析，进而形成有助于解决问题的新信息的过程。具体来说，其包括以下过程：①整理。对相关信息进行搜集、分类，使杂乱无章的信息有序化。②评价。对前期整理的信息进行价值评定，以找寻有用的信息。③预测。通过对已知信息进行分析来获取未知信息。行为决策即个体基于自身目的，在前期信息分析的基础上，形成令自己满意的方案以达成目的，这一过程极为复杂，影响因素众多，复杂的现实环境、自身认知能力缺陷、想象力和计算力限制、决策时间和可利用资源限制等都会对决策过程产生影响。获取和提取资源是指个体在目标驱使下，通过相应的手段与方式快速高效地搜集信息的过程。通过搜索引擎、订阅 RSS、社交媒体、线下交流、数据挖掘、加强学习等方式均可以有效获取相应资源与信息。交换满足因素、消费满足因素、需要满足评价等内容在之前章节已经做了不同程度的阐述，在此不再赘述。

无论是何种传播活动，传播行为最终效果都体现在认知改变、态度改变、行为改变三个递进层面。认知是指人们获得知识或应用知识的过程，实际上也是一个信息加工过程。人脑接收来自外界输入的信息，经过大脑对信息进行加工处理，转换为内在的心理活动，进而支配人的外化行为，这一过程就是认知过程[1]。通俗来说，认知就是社会个体对一件事情的看法，人们对客观事物的感知、思维都是认知活动。个体的认知能力与认识过程密切相关，认知过程是主观客观化的过程，即主观反映客观，使客观表现在主观中[2]。结构主义认知心理学认为认知过程是通过原有的认知结构对刺激物进行同化，进而达到平衡的过程；而信息加工认知心理学则认为认知过程是指个体接受、编码、贮存、提取和使用信息的过程，通常由感知系统（接受信息）、记忆系统（信息编码、贮存和提取）、控制系统（监督执行决定）、反应系统（控制信息输出）等构成[3]。个体的认知会影响并改变客观世界与周围环境。一般来说，大众传播对人们接收信息的前期阶段容易产生影响，说明此时大众传播媒介传递信息的功能大于改变人们态度和行为的功能[4]。

态度是带倾向性心理的准备状态，是人们对特定的对象所持有的一种稳定的评价和反应倾向，具有内在性、对象性和稳定性。奥尔波特（Allport）指出"态度是根据经验而系统化了的一种心理和神经的准备状态，它对个人的反应具有指导性的或动力性的影响"[5]。态度作为一种内在心理倾向，一旦形成，就不会轻易改变，但是由于新知识、新信息的涌现，个体的态度仍然会发生一定的改变。凯尔曼（Kelman）在对典型的态度变化进行研究后提出了态度分阶段变化理论，认为个体的态度变化有依从、认同和内化三个阶段[6]；费斯廷格（Festinger）认为个体的认知因素之间存在协调、失调和不相关三种关系，一旦认知因素处于失调状态，个体就会增加新的认知元素以达到认知协调状态，这一理论即认知失调理论[7]；后期海德（Heider）的"P-O-X理论"、西蒙·纽康（Simon Newcomb）的A-B-X模型、库尔特·卢因（Kurt lewin）的参与改变理论均对个体态度改变进行了较为深入的研究，也为传播活动中态度改变的研究提供较好的借鉴与参考。传播学认为，态度对传播效果有着重要的影响，每个个体对产品、信息、消

---

[1] 彭聃龄. 普通心理学 [M]. 北京：北京师范大学出版社，2010.
[2] 张履祥，葛明贵. 普通心理学 [M]. 合肥：安徽大学出版社，2004.
[3] 车文博. 当代西方心理学新词典 [M]. 吉林：吉林人民出版社，2001.
[4] 刘建明，王泰玄，等. 宣传舆论学大辞典 [M]. 北京：经济日报出版社，1993.
[5] 戴斌荣. F·H·奥尔波特社会心理思想评介 [J]. 盐城师范学院学报（人文社会科学版），2008，111（3）：78-81.
[6] 植凤英. 社会心理学中关于社会态度改变的研究述评 [J]. 贵州师范大学学报（社会科学版），2004（2）：103-107.
[7] 周灿华. 论虚假新闻传播与受众认知失调 [J]. 中国出版，2003，310（5）：49-52.

费方式等均有自己固定的看法，这些看法中既有正向意见，也有负向意见，传播活动就是促进负向意见向正向意见转化并强化正向意见的过程。美国密歇根大学心理学家卡特赖特（Cartwright）提出的劝服模式在这一领域具有较大影响力，要想达到较好的劝服效果，需要遵循以下原则：①信息能够被个体接触到，"要影响人们，你的'信息'（情报、事实等）必须进入他们的感观"；②信息必须被个体接收并且成为个体认知结构的一部分；③个体认识到该信息对他具有价值或利益；④个体采取行动具有便利性。美国心理学家霍夫兰（Hovland）基于信息交流过程提出了态度改变模型，当被说服对象接触新的信息时，会发挥自身的主观能动性进行思考，当新的信息与自身原有态度不一致时，个体往往会采取反驳的方式降低紧张情绪。反驳信息的性质、数量对个体态度的改变起着决定性的作用，如果反驳受到较大干扰，那么说服效果产生，进而引发个体态度改变；如果反驳受到个体对抗，即个体采取拒绝、贬低、扭曲、掩盖说服信息的方式，那么说服行为失败，个体会坚持原有态度。

一般来说，可以通过阅读书籍和报纸、进修与学习、与他人交流等方式增加自己的知识储备，改变自己的知识结构，进而改变对事情的具体看法，这一改变相对来说比较容易做到。与个体认知密切关联的态度，是个体对事物的评价及其倾向，往往带有较强的情感因素，同时态度还受到亲朋好友、外部环境的影响，不一定完全受理智的支配，因此，态度的改变与认知改变相比略显困难。

行为改变的前提是认知和态度改变，是个体接收信息后的行为变化，只有行为发生了相应的变化才能达到最终目的，因此行为改变是一次质的飞跃。相较于认知改变和态度改变，行为改变更加困难，这是因为改变带来的痛苦经常超过或等同身体的折磨。美国心理学教授普罗察斯卡基于吸烟人如何戒烟这一行为提出了行为阶段转变理论模型，该理论认为行为改变是一个复杂、连续、渐进的过程，是由一连串不同阶段的事件组成的连续过程，不是一个独立事件。为了客观地解释人们的行为改变过程，普罗察斯卡将这一过程划分为五个阶段：前意向阶段、意向阶段、准备阶段、行动阶段、保持与巩固阶段。前三个阶段是认知和态度的改变，行为改变则从第四阶段开始。处于前意向阶段的个体没有意识到自己的行为需要改变，也根本没有进行改变的打算，这一阶段往往持续时间较长，在这一阶段劝说个体进行行为改变是特别困难的，并且很难产生实质性效果。处于意向阶段的个体已经认识到行为带来的危害和实施改变可能带来的益处，也意识到实施行为改变的障碍和需要付出的努力，处于这一阶段的个体在不断权衡行为改变的利弊，内心非常纠结，但是这是行为改变的必经阶段，只要自身需求和动机被彻底激发，就会进入行为改变的下一个阶段。处于准备阶段的个体自身需求和动机已经被激活，同时在思想和态度上已经做好准备，如积极寻找方案、准备资源，因此也称准备转变阶段。处于行动阶段的个体已经开始实施行为改变，但是要想行动可以持续顺利进行下去，坚强的信念、个体周密的计划、外界环境的支持、成就感及不可或缺的奖励等都是不可缺少的条件，处于此阶段的个体往往会在前述几个阶段不断反复循环，这就需要认知、态度、动机、成就感等因素的正向综合刺激。处于保持与巩固阶段的个体已经形成新的行为习惯，并且会自觉实施原有行为，保持相对改变来说要容易得多，一般来说，12周的时间可以使行为养为一种新的习惯。行为阶段转变理论模型为我们理解行为正向改变提供了一个良好的思路，但是应注意行为改变并不是线性过程，往往是螺旋式的，也可能会在几个阶段之间反复、辗转，在不同的阶段采取适宜的干预策略，可以促进个体顺利实施行为改变。

二、社会交换的原则与主张

作为对功能主义理论的反驳，社会交换理论于20世纪五六十年代兴起，其代表人物有霍曼斯、布劳、爱默森等。这一理论融合了功利主义经济学、功能主义人类学及行为主义心理学，认为人类的一切活动都可以看作一种交换行为，其行为受到某种奖励和报酬的影响，人们通过交换行为形成了交换关系。

行为主义理论认为，个体的需求与认知在个体所受刺激与行为反应之间起着决定作用，而需求本质上就是个体行为的动机，认知是保障个体行为发生的能力。霍曼斯在行为主义理论的基础上提出，个体在社会生活中会产生多种需求，而满足需求的行为都是由他人提供的，个体在需求满足过程中会采取前期满足此种需求的行为来继续满足需求，那么他人为什么会提供满足需求的行为呢？因为社会个体可以通过交换行为满足各自的需求。个体具有主观能动性，因此在实施交换行为之前都会进行一定的理性思考，不仅谋求功利主义认为的利益最大化，还试图获取利益的全面化，如经济利益、声誉、口碑、自尊、赞美、爱与情感等。霍曼斯认为强化对社会交换的推动与维持起着决定作用，如果甲对乙的交换行为具有强化作用，那么在后期交换行为中，乙也会强化对甲的交换行为；如果前期甲向乙支付了一定的成本，那么此次交换甲就会相应获得一些酬劳；如果甲前期从乙那获得过酬劳，那么此次交换甲就需要支付一定的成本，只有如此相互强化，交换关系与交换行为才可以稳定、持久进行下去。故霍曼斯认为行为＝价值×可能性，即一件具有价值的事情，如果付诸行动得到该价值的可能性很大，那么该行为发生的概率也很大。

霍曼斯将人的所有行为看作一种交换行为，并且对个体间的交换行为进行了深入研究，同时借鉴了行为主义心理学家斯金纳（Skinner）的观点，提出了社会交换的六个命题：①成功命题。对于人类个体来说，如果实施某一行为时得到回报的频次较高，那么个体采取这一行为的意愿就越强烈。②刺激命题。人类个体采取行为决策时往往会依据前期经历，如果与前期得到回报的相似刺激出现，则个体很有可能采取与前期行为相似或相同的行为，以再次获取回报。③价值命题。人类个体采取某一行为的可能性与行为带来的后果密切相关，行为带来的后果对个体价值越大，那么个体采取这一行为的可能性越大，即个体倾向于采取对他价值大的行为或主张。④剥夺—满足命题。如果人类个体在一段时间内经常获得某种回报，那么这种回报在未来就对他越来越没有价值，相应地，个体的满足感和价值感就会逐渐减少。⑤侵略—认可命题。这一命题具有两种可能性。一是如果人类个体付出的某种行为未能获得预期回报，甚至带来预料之外的惩罚，个体就会感到气愤乃至采取侵略性行为；二是如果人类个体做出的某种行为获得了预期回报甚至远超预期回报，或者没有带来预期惩罚，个体就会感到高兴乃至采取认可性行为，因为个体认为这类行为的结果对他更有价值。⑥理性命题。人类个体采取行动时，都会依据行为带来的后果程度与该行为带来后果的可能性进行综合决定，个体前期行为的强化经历对行为决策具有重要影响[1]。

霍曼斯认为，人类社会行为的基本形式是面对面的人际互动，这一互动行为的正常维持离不开双方直接、迅捷的回报，而人类社会群体是由若干人际关系组成的群体，群体是由"若干经常进行跨时间沟通的人组成的，为了使每个人都能面对面地与其他一切人进行沟通，而不是通过他人进行间接沟通，他们的人数往往不多"[2]，这一互动行为仍然符合人际互动的特征。为了更好地了解人与人之间的互动行为，霍曼斯认为需要将上述六个命题作为一个整体看待，并且六个命题均可以用来解释人类行为的某一部分，但是只有在人际互动中全面考虑上述六个命题，才会对人际互动行为有客观、正确的解读，才可以更好地了解人际互动

---

[1] 霍曼斯．社会行为：它的基本形式［M］．纽约：纽约哈考特世界出版公司，1961.
[2] 霍曼斯．人类群体［M］．纽约：纽约出版社，1950：23.

行为。布劳以霍曼斯的交换理论为基础，将个人交换关系置于复杂的社会结构中，认为人际互动与交换行为不仅是个体行为，还是互相联系的群体特征的反映，因此需要正式程序与强制手段维持交往秩序。除此之外，社会交换中既存在对等性交换，也存在不对等性交换，不对等交换催生了社会权力差异与分层现象。布劳对社会交换的认识更加符合社会现实，也更符合社会学传统，得到了多数人的认同。

综合上述各种社会交换理论，我们可以发现，既向他人提供商品和劳务，又期待他人提供自己需要的商品和劳务作为回报，这是社会交换理论遵循的基本原则，但是需要注意的是，参与社会交换的既可以是有形的商品，又可以是无形的回报，如友谊、爱、人际关系等。正是由于人们总要付出一定的代价并期待得到某种报酬，交互性模式才得以维持[①]，这也是人际传播与社会交换得以共通的基础。

第四节　传播与交换的共通性阐释

从信息交互的维度来看，无论是人际传播还是社会交换，都是为了个体或社会的进步而做出的不懈努力。个体是社会的一员，社会由成千上万的个体共同组成，因此个体与社会具有千丝万缕的内在联系，只有将人际传播置于社会关系与结构中进行考察，才可以促进人与人之间的互动行为与社会关系的构建；只有深入探究传播与交换之间的共通性，才可以使隶属传播学的传播与隶属社会学的交换实现无缝对接，进而跨界考察信息在人与社会之间的流动。

一、共通性概述

"共"具有以下含义：相同、一样，一起，总计，彼此都具有、使用或承受，与、和等。"通"具有以下含义：可以穿过或达到，贯通，懂得明了，传达等。所谓共通是指适用于各方面、拥有同样的东西，即不同事物或表现形式上存在的一般规律、普遍原则、概括性质，对这类事物或表现形式全部适用，如共通的内容与方法、相似的道理等。这一共通性决定了事物未来的发展方向与基本态势，肯定了事物之间存在的基本特点是相同的，并且彼此之间存在某种联系，但是并不否认事物之间存在差异性。提及共通性，不能不提共同性，所谓共同性是

[①]陈燕．人际传播符号互动论与社会交换论的比较研究［D］．合肥：安徽大学，2007：19．

指不同事物或表现形式之间彼此都具有相同的性质，如共同的目标、共同的性格，强调齐心协力、共同具有之意。共通性与共同性在表达意思、侧重点及用法上均存在一定的不同，在表达意思方面，共同性是指不同事物都具有的特性，共通性是指通行于或适用于不同事物的特性；在侧重点方面，共同性强调不同事物共同具有的、公共的特点，共通性强调通行于或适用于不同事物的特点，着重于通用；在用法方面，共同性强调事物的具体特点，而共通性强调通行的、抽象的特点或规律。

不同个体与周围的其他个体具有相同的自然环境和社会环境，因此大多数人具有基本相同的价值观念和社会普遍认可的价值标准，具有基本相似的行为模式与处世原则，由此保证了人类交往与互动的合理进行和社会秩序的正常运转。但是任何一个个体生长或者所处的社会环境、家庭背景、生活实践、知识水平、社会地位等主客观条件不同，其世界观、人生观、价值观往往也会存在一定的差异，而人类社会运转的基本规则是"求大同，存小异"，这就需要我们共同商讨达成共识，制定社会共同遵守的规则，以维持良好的人际关系和社会秩序。对于组织、团体抑或国家来说更是如此，我们同处于一个地球，经济全球化、政治多极化、社会信息化、文化多样性是任何一个组织和国家都无法回避的现实，不同组织或国家之间的联系更加紧密、依存更加显著，任何组织或国家都无法独善其身，而环境污染、资源短缺、粮食安全、气候变化、疾病流行等新的外部环境与国际秩序对人类生存提出了全新挑战，无论我们身在何方、信仰如何、社会地位高低、是否愿意，人类都处于一个命运共同体之中。费孝通提出的"各美其美，美人之美，美美与共，天下大同"便是对当今世界追求的"和而不同"的经典概述，"哲学所寻求的，是一个'通'的境域。这个'通'，所要求的不是标准化的'同'或一致。简单地说，'通'的意义是，成就差异以达成沟通，经由充分的个性化而构成一'共通性'的境域"[1]。

二、传播与交换的共通性

传播与交换都是人类社会司空见惯的行为。传播主要指信息的传播，是指不同成员之间彼此交换信息、思想或意见，以达到彼此了解、形成共识，维持社会正常运行。交换是指不同成员之间把各自的物品给对方，以满足各自需要，尽管

---

[1] 李景林. 共通性与共同性——从中国哲学看人的超越性存在 [J]. 齐鲁学刊，2006（2）：5-10.

以物易物是交换的本原含义，但是随着社会发展及交换外延的演变，商品买卖、信息流通等也被纳入交换的范畴，具有能够满足双方需求价值的交换物都是交换行为的潜在对象。从信息互通的视角来看，由于个体生活背景的不同和需求多样性，不同个体具有的意义空间也不尽相同，为了促使信息互动的顺利进行，传播与交换双方均须具有共通的意义空间，即双方具有相近的文化背景与生活环境，同时对信息传播的载体具有共通的理解。从信息传播或者信息交换视角来看，传播与交换可谓异曲同工，均是通过信息传递来消除差异，构建共通的意义空间。

（一）主体的共通性

传播是人类在社会发展中为了获取信息而采取的方法和手段，交换是社会个体为了满足自身需要而进行的个体之间或个体与集体之间的实物、信息、态度、情感等的互通行为。传播与交换主体的共通性存在以下方面：①以人为承载主体。无论是传播的传者与受众，还是交换的主体与客体，都始于人，也止于人。人作为在自然界存在的高级动物，具有主观能动性，可以生产和制造工具，利用工具优化繁重无聊的劳动，促进生产力的提高和改进，同时也促进了物质财富和精神财富的累积，而这一切均是为了服务于人类日益增长的各种需求。2020年腾讯董事局主席兼CEO（Chief Executive Officer，首席执行官）马化腾指出，"一切的技术最终都要服务于人。继续深化人与人的连接、服务与服务的连接，让连接创造价值，才是人类社会不断进化的方向"[1]。人类对一切技术革新所作出的努力，均是从服务社会和人民的角度出发，以满足和适应人民期待和需求为目标，而其最根本、最重要的目标是服务人民、造福于人，这是一条亘古不变的法则。②满足人类不断变化的需求。伴随着社会发展和人类进步，人的需求也在不断发生变化，无论是传播行为还是交换过程，都伴随着人们需求变化而不断更迭。知识传播加速、传播媒介更新导致人们的认知、思维、理念不断进步，对生活品质的期待也在不断攀升，而这一价值追求在日常的交换行为与过程中有所体现，这也符合社会发展的客观规律。在以人为主体和顺应社会发展的客观实践中，无论是传播还是交换，其主体都遵循马斯洛需要层次理论，即从最初为果腹进行的物物交换到实现个人精神升华的情感、信息、态度等交换，进而满足个体生存、享受、发展、尊重与自我实现需要。

---

[1] 王雪娇. 云宇宙用"分身"定义自我的勇敢新世界［EB/OL］.（2021-08-23）［2023-07-19］. https://www.thepaper.cn/newsDetail_forward_14171504.

(二) 媒介的共通性

媒介是指在传播过程中用于扩大并延伸信息传送的工具，传播媒介也可以称为传播渠道、传播工具，是实现传播的重要保障。传播媒介有两层含义：一是指传递信息的手段，如互联网、电话、报纸、广播等媒体；二是指从事信息采集、选择、加工和传输的个体、组织或机构等，如报社、电视台等。公众对传播媒介的要求如下：一是使用简便，易于掌握和得到；二是有效，即使用效果得到普遍重视与承认[1]。交换顺利进行需要具备以下因素：一是交换双方存在；二是双方都有被对方认为有价值的东西；三是交换双方能沟通信息和传递货物；四是交换双方能够真实地表达真实意愿，认为交换合适且满足心意。交换行为的发生离不开人、货物、信息等，而货物、信息等在交换过程中充当了交换媒介或工具的角色，无论是传播还是交换，都需要借助媒介，而离开媒介这一载体，传播和交换行为就无法实施并产生效果。

(三) 效果的共通性

效果是在某种特定条件下，由某种原因或多种原因叠加产生的系统性或单一性结果。效果就是目标的实现程度，只有方向对了才不会走弯路，因此重视效果评估可以明确工作环节的优缺点，有效提高工作效率。效果评估常用的指标有效果的好坏、深度和广度等，效果评价方式有事前、事中、事后评价等；效果评价分为近期、中期和远期效果评价。传播效果是指传者发出的信息经媒介传至受众，从而引起受众思想观念、行为方式上的变化[2]；交换效果是指物质或信息交换后个体需求的满足程度及满意状况。无论是传播还是交换，均应考虑最终效果的达成状况，效果达成的广度即信息覆盖、曝光的范围，信息扩散的程度等，传统的人际传播和交换在效果的广度方面会受到媒介的限制，难以达成一传二、二传四、四传八的状况，而如QQ、微信等移动互联工具和自媒体的出现，使人际传播和交换的时空范围大幅拓展，传播广度显著提高。效果达成的深度即信息自身与覆盖人群需求的契合度，如果信息能够精准触达目标受众，且自身具有的功能与目标受众的需求不谋而合，则信息触达的深度越深，效果就越发显著。效果达成还与信息出现的频次、时长、信息自身的价值与吸引力等因素有关，一般而

---

[1] 鞠丽华. 政治传播视域下当代中国国家政治安全维护问题研究 [D]. 济南：山东大学，2019.
[2] 任艳妮. 大众传媒环境下大学生思想政治教育传播有效性研究 [D]. 兰州：西北工业大学，2015.

言，信息出现的频次越多、展现的时间越长、自身的价值越有吸引力，那么受众的注意力就越高，刺激强度越高，效果自然越好。

(四) 影响因素的共通性

影响传播与交换的因素有客观与主观之分：客观因素主要是指受众之外、不以个人喜好或意志为转移的因素，如传播环境、传播媒介、科技水平等；主观因素主要是指与传受双方或交换双方关联的因素，如受众文化背景与认知、内容呈现方式、传播技巧等。

任何传播行为的发生均离不开一定的外部环境，而环境同样会以某种方式制约人类的传播实践活动，如马克思所说的"人创造环境，同样，环境也创造人"。邵培仁认为，传播环境按照伸展面可以划分为大环境、小环境；按照传播活动参与者的感受可以划分为硬环境、软环境；按照传播活动中人类身体的内外情况可以划分为行为环境、心理环境；除此之外，还有媒介环境（拟态环境）与社会环境之分[1]。这些分类对我们理解环境对传播的影响起到了积极作用。无论是政治因素、经济因素、文化因素、信息因素，还是传受双方的社会意识、心理感受等，都会对传播效果产生一定的影响，如积极、愉快的情绪体验会强化、促进传播活动的开展，而消极情绪会抑制传播活动的正常开展。科技水平在传播活动中的直接体现是传播媒介的更迭，人类社会传播方式从口语、文字、印刷到电子、网络的进步直接推动了传播效果的增值。公众对媒介选择遵循的基本规律是获取报酬的可能性与信息易得程度，一般来说，与获取报酬的可能性成正比，与信息易得程度成反比，即如果一种媒介的信息交换简单有效、易于掌握、使用简便，那么受众选择该媒介的可能性就会大幅提高，否则就会选择其他媒介。信息对受众的价值、内容呈现形式与方法、内容表现方式、呈现频率、接收信息外部条件等都会影响信息传播的最终效果。

影响传播与交换的主观因素主要有以下三个方面：社会背景、文化背景及思想观念。社会背景主要包括社会地位、区域经济差异、性别和年龄等因素。社会地位主要受个人因素与社会因素的影响，其中个人因素包括收入、教育与职业等传统客观指标，社会因素则分为社会交往与主观认知两方面[2]，"自我利益"满

---

[1] 邵培仁. 传播学 [M]. 3 版. 北京：高等教育出版社, 2015.
[2] 于铁山. 个人主观社会地位的社会影响因素——基于 CLDS (2012) 数据的实证研究 [J]. 人口与社会, 2015, 31 (1): 89-97.

足是人际传播与交换的主要推动力,而受教育程度、职业状况及主观认知对"自我利益"的认识具有举足轻重的作用。而我国幅员辽阔,东西部经济发展差异明显,人们的消费理念也存在较大差异,因此在信息的选择及呈现方式上有所区别。同时性别和年龄也是影响传播和交换的重要因素,男性以理性著称,而女性多感性,两性在思维结构和思维层次上的差异决定了其看待事情的态度和观点存在较大不同。

传播过程中各种意义之间相互交换的前提条件就是传播双方需要具备共通的意义空间或者语义环境,共通的意义空间包括两层内涵,即对于传播中所采取的语言文字等各种符号内涵有着共通的理解,以及大体一致或者更为接近的人类社会生活阅读经验与文化背景①。个人的受教育程度、文化素质水平,以及传播过程中交往的态度和语义差异都可能形成传播和交往过程中的障碍。思想观念上的差异主要包括双方在认知上的差异、个体情绪、态度及行为方式的不同。简单来说,双方的思维定式、观念态度、兴趣爱好和价值观都会在一定程度上影响传播和交换的效果。相关研究表明,交往双方在时空上的相似性与接近程度越高,在个性特征和思想观念上的相似度越高,在需要和期望上的互补性越高,越容易增进彼此的关系。

---

①刘一夫.信息传播视阈下高校校园标语的德育功能研究[J].长春教育学院学报,2015,31(17):56-57.

第三章
CHAPTER 03
基于受众交换的中国武术传播演变

第一节　中国武术传播形态历史演变

一、技击

就技击的历史来源而言，大众熟知的说法是原始社会中的人为了生存所使用的技能与手段。"技击"一词最早见于《荀子·议兵》，"齐人隆技击，其技也，得一首者则赐赎锱金，无本赏矣"。三国时期军事家孟康将《荀子·议兵》中所提及的"技击"注释为"兵家之技巧。技巧者，习手足，便器械，积机关，以利攻守之胜也"。这一注释暗含了两层意思：一方面指明了"技击"一词的军事性质；另一方面解释了"技击"一词中"技"的含义，在某种程度上是一种使用手足器械的技巧与技能。由此可见，"技击"在后来被解释为"实战的武艺""刺击之术"是有根据的。

武术的产生与发展是多种因素作用的结果，它的产生与生产劳动、防身自卫、军事战争有着极大的关联，在此过程中，武术的技击性得到了最大限度地体现，《夜行宗谱》中指出技击"乃以武艺行实战搏杀技能"。传统武术的技击是搏杀、自救的技艺，戚继光在《纪效新书》中指出："夫武艺不是答应官府的公事，是你来当兵防身杀贼立功本身上贴骨的勾当。你武艺高，决杀了贼，贼又如何又会来杀你？"可见，中国武术对于技击的重视是显而易见的。在中国武术的技击发展史上，有着极为原始、粗放、野蛮的技击技术，裹挟了大量致残、致死对手的阴招、损招，这体现了传统武术实战的暴力与血腥，与其他国家的格斗技术异曲同工，尤其在旧时代无限制街斗的环境下，战胜对手、保存自己才是王道。但是，我们也发现了一个奇特的社会现象，传统武术中的技击技术并没有随着时代的发展而达到无以复加的地步，大量的阴招、损招在实战中并不常见，这主要得益于儒家伦理道德的制约，"未曾习武先习德"，武德成为约束和制约习武者技击的规范。中华人民共和国成立之后，由于当时特殊的社会环境，崇尚"弱化技击"的观念占据上风，传统武术在缺乏技击的生存土壤、训练方式发生变革等因素影响下，在后期发展中技击属性被不断弱化，甚至一度沦为"舞术""花法"的代名词，"中国武术能打吗？"此类的质疑声络绎不绝，这也是武术被诟病的关键之处。其实，按照现代汉语构词法规律来看，"技击"是一个偏正结构的复合词。所谓"技"，是"技能、本领"；所谓"击"，是"打、敲打；攻打；碰、接触"[①]。"击"是"技击"的结果呈现，也是"技击"的实质表现；而"技"才是"技击"中"击"得以表现的核心。可以说，武术中对于技击技术的习练与体现，"技"更为重要。在未来技击发展路径的探索上，应重视技击中的"技"，一方面可以促进武术今后的传承与发展，加深当代人对于武术技击的功法、文化的认识；另一方面通过保存技击文化，做到取其精华、去其糟粕，使得技击文化更加丰富完善、科学合理，从而构建多元且完整的武术技击体系[②]，这也符合当下文化大发展、大繁荣的现实境况。

二、健身养生

中国武术历史悠久、源远流长，在其漫长的发展过程中，饱受中国传统文化的浸染，与儒家文化、道家文化、释家文化、中医养生文化等进行了深度融合，"拳起于易，理成于医"便是武医融合的核心，"外练筋骨皮、内练精气神"便是中国武术健身养生的生动写照。因此，在中国武术庞杂的体系之中，有许多延年益寿、养生健身的拳种与功法，以达到"保护生命"[③]为终极目的。"保护生命"主要有两层含义：一是指通过提高技击水平，以抵御其他人的攻击，捍卫自身安全；二是指通过日复一日的武术练习，达到身心和谐、健康长寿的目的。从此种含义来看，传统的武术养生观的主旨之一是围绕如何提高技击水平而展开的，如各种肩腰练习方法、柔韧练习方法，以及力量、反应速度等方面的专门练

---

① 彭鹏, 毛爱华, 尹碧昌. 现代武术技击之思辨 [J]. 北京体育大学学报, 2009, 32 (11): 127-130.
② 蔡峰, 张建华, 张健, 等. 技击乌托邦：传统武术的原始诉求与现代超越 [J]. 南京体育学院学报, 2020, 19 (5): 72-78.
③ 李源. 从养生视阈论传统武术的价值与现代健身思想的契合 [J]. 山东体育学院学报, 2010, 26 (3): 39-42.

习，还有铁砂掌、金钟罩、一苇渡江等方面的训练，均是为了全面提升练习者的综合身体素质，进而提高技击能力。传统武术习练中，非常重视对"气"的调控与把握，如少林拳讲"无论练功习技，首须养气，气沛则神完，神完则力足，力足则百体舒泰，而筋骨强健，心灵性巧"[1]。也有学者指出，武术习练"其最主要的功能在于强健体魄，形成更加有效的击打和抗击打能力"[2]。同时，练习武术可以提高机体的反应速度与动作速度、力量、耐力和柔韧性，并且可以调整身姿和端正姿态[3]。"内练一口气，外练筋骨皮"是中国武术习练公认的准则，通过外部肌肉、关节的有序发力，辅以内在气机的适时、合理运用，可以形成有效合力，进而提高人体机能、增强技击水平。从身心和谐、健康长寿的维度来说，武术运动中动作变化多样，既有跳跃、翻滚、屈伸类动作，也有起落、平衡、旋转等动作；既有单势动作的反复练习，也有成套动作的循环往复；既对人体速度、力量、耐力、灵敏、柔韧等素质有较高要求，也对内在心理状态、精神面貌有较高要求；既可以对外利关节、强筋骨、壮体魄，也可以对内理脏腑、通经脉、调精神；既要求身体各部位均参与运动，也追求调息行气和意念活动。由此观之，武术运动是一项全身心的运动，一动无有不动，通过长期、反复、循环练习，可以有效提高机体免疫力，促进身体健康。综合现代科学研究来看，武术运动对参与者的运动系统、循环系统、神经系统、消化系统、呼吸系统、泌尿系统、生殖系统、内分泌系统、免疫系统等功能均有一定的促进和改善作用；同时对心脑血管疾病、癌症、糖尿病、慢性呼吸系统疾病等的复健也有一定作用。除此之外，武术运动非常注重武德修为和心性调适，通过对呼吸的调节可以有效消除轻微情绪障碍，减缓和治疗某些心理疾病，同时武术运动要求练习者具有吃苦耐劳、坚持不懈、勇敢顽强的作风，有助于培养沉着果断、坚韧不拔、谦虚谨慎、胜不骄败不馁等意志品质，对集体主义和爱国主义精神的弘扬也有积极作用。

对于脱胎于中国传统文化的武术，中医文化是其健身理念与养生价值的不竭源泉。体势练习离不开形神、动静、内外、阴阳之分，而机理解读离不开经络、穴位、脏腑、气血的密切配合，通过武术的体势练习，可以通经活络、濡养气血、补益元阳、抵御外邪，进而调节全身气机，促进身心健康。清末民初，整个

---

[1] 无谷. 少林寺资料集[M]. 北京：书目文献出版社, 1982: 199.
[2] 徐海朋. 导引概念源流考略[J]. 体育科学, 2015（2）: 88-92.
[3] 刘雪朋, 李秋燕. 传统武术价值理念研究[J]. 武术研究, 2020, 5（10）: 29-32.

中国处于水深火热之中，积贫积弱的社会状况导致国民体质严重下降，柔弱的体质难以承担抗敌救国的重任，"东亚病夫"成为中国人的代名词，"在人们对病夫的运用性解读或者说对病夫的消费性生产中，病夫由国家贫弱的判断转向了国民体质强弱的刻画"[①]。强国保种、陶铸国魂、培育国民的爱国精神，成为众多有识之士的不二选择，因此，增强国民体质成为"强国强种"的重要手段。武术作为中国独有的民族传统体育项目，既能保家卫国，又能强身健体，在面对西方列强入侵的情景下，武术被赋予了增强国民体质、弘扬民族精神的重任。鸦片战争后，大批有识之士开始向西方寻求"强国强种"之道，这时众多西方理念、自然科学书籍、教育制度进入中国，受启蒙主义、进化论等思想的影响，理性主义对当时的政治、社会、经济、知识发展产生了巨大影响，中国武术也不例外，其典型表现便是中国武术采纳了全新的认识方法，西方的生理学、解剖学、医学等知识与中国武术开始融合，进而促进了中国武术健身的科学化历程。例如，吴志青编著的《国术理论概要》（1935年），宝奉三、马步周编著的《国术概论》（1936年），沙古山编著的《国术与健康》（1941年）等，这些专著的出版无疑是中国武术受西方物理学系统模式影响的结果。这些研究和论述一方面说明两种不同文化交流可以促进各自的发展，另一方面告诉我们，中国武术在这个时候开始了艰难转型，因为中国武术是在中国传统文化、中医的浸染下产生发展的，而现在开始尝试运用西方解剖学、生理学等科学知识解释自己。在新文化运动和"五四运动"的指引下，中国开始全方位运用西方物理学系统模式来武装自己。有学者认为利用西方物理学系统模式主导下的"1+1=2"模式去主导中国武术的发展，无疑会使武术走上一条"不归路"。因为物理学系统模式过分注重部分，而忽视部分、整体甚至自然界万事万物的内在联系，所以寄希望将中国武术按照"原子分析"的方法进行研究和评价，无疑是中国武术发展的倒退[②]。尽管学者们对中国武术科学化转变持有不同看法，但是毫无疑问，中国武术的国际化传播并不是抱残守缺，而是希望"各美其美，美人之美，美美与共，天下大同"，既有中国武术的内在特色，又有全球通行的准则，并以此促进中国武术的大发展、大繁荣。

随着健康中国、体医融合理念的逐步推进与深入，党中央、国务院高度重视

---

① 戴国斌. 中国武术的文化生产 [M]. 上海：上海人民出版社，2015：117-128.
② 王林. 西方系统论转变对中国武术发展的影响 [J]. 山西师大体育学院学报，2008（3）：77-79.

人民群众的健康,健康事业被提至优先发展地位,并且上升到战略定位的高度。《"健康中国 2030"规划纲要》中提出,"每个人都是自己健康的第一责任人",因此追求健康、维护健康、主动健康蔚然成风。中国工程院院士、北京大学人民医院院长王俊教授认为"提高公民健康素养对改善人民健康水平至关重要,这也是落实预防为主的卫生方针,落实大卫生、大健康理念的关键"。因此,应加强健康教育、促进健康科普、加强运动健身、倡导科学锻炼并形成健康生活方式,提高广大人民群众在卫生健康领域的获得感、幸福感、安全感。太极拳、健身气功等内容丰富、形式多样的民族传统体育运动,因群众基础好、简单易学、习练方便、场地要求不高、效果优良而深受广大人民群众的喜爱。在推进健康中国建设、提高人民健康水平的国家战略中,武术不断被赋予时代重任,担负起增强人民体质的重任,全国上下掀起了习练太极拳、八段锦的热潮,央视新闻客户端更是倡导广大人民群众积极参与太极拳、八段锦练习,这进一步彰显了太极拳、八段锦等民族传统体育运动的内在魅力。无独有偶,2018 年 12 月 21 日我国呼吸病学专家、中国工程院院士钟南山教授领衔的专家团队发布了慢阻肺临床研究成果,这一柔缓的、循序渐进的运动方式可作为一种成本更低、更易实行的康复锻炼形式,在改善慢阻肺患者功能状态方面的效果与传统肺康复锻炼相当,"可以认为太极拳是传统肺康复锻炼合适的替代方法,甚至可能获得更好的远期收益"。上述成果分别发表在 International Journal of COPD 和 CHEST 等国际医学专业期刊上,这一研究成果为全球慢阻肺防治方案的制定提供了最新的科学依据和实践支持[1]。太极拳这一练习手段可以居家进行,成本低廉,无须复杂的医疗设备和监测手段,如果将太极拳作为新的肺康复锻炼形式予以推广,则将使更多的慢阻肺患者受益。在当前人人追求健康、重视健康的时代背景下,中国武术的健身价值无法估量,前途必将更加灿烂。

三、艺术、审美

中国武术历来讲究内外兼修、形神兼备,而中国武术的艺术及审美价值就蕴含在一招一式之中,通过武术的形体、动作、气质体现武术的美学意蕴与价值,如通过"十二型"的展示,体现武术套路运动的动静疾徐、轻重快缓、起承转

---

[1] 佚名. 四地联动,全网直播!钟南山院士领衔发布最新慢阻肺临床研究成果[EB/OL]. (2018-12-25) [2023-07-19]. http://health.dzwww.com/jkxw/yl/201812/t20181225_18219520.htm.

合。演练者的功夫就在一招一式之中体现出来。蔡龙云提出演练套路时要将自己"置于一个战斗场合",才会气韵生动、气质贯一[1],唯有如此,才可以体现武术中蕴含的"气""韵""意""神"等抽象含义,而这也是中国文化精髓的生动体现。中国武术深受儒家、道家、释家的影响,如儒家的中庸、道家的无为、释家的定慧在中国武术中均有不同程度的体现,也有人说中国武术之美是外儒与内道的统一,既要形似,还需神似,通过外在之形与内在之神的密切配合,将中国武术之美体现得淋漓尽致。

(一) 形美

中国武术之形指架势、姿态,"外练筋骨皮"是所有拳种流派的共同追求,要求形体规范和手眼身法步的协调配合,武术无论是套路演练还是技击攻防,都要求手眼密切配合,眼随手走,手脚相随,手到眼到,同时以气催力,意领身随。例如,以长拳为代表的武术套路演练时,要求动作在一定时间、一定空间内遵循一定的标准,即完成动作的"点""线""型",符合内在要求。所谓"点"是指完成动作时身体部位开始与结束的位置;所谓"线"是指身体完成动作时从起点至终点的移动路线;所谓"型"是指完成动作的任何瞬间,身体各部位表现的综合姿态,既包括身体的朝向,也包括肢体各部位间的夹角,总体来说,要求力点与攻击点统一、攻防路线与发力顺序统一、突出缩小自己的防守面与加大八面支撑劲的统一,这是武术练习中对身体形态的基本要求[2]。蔡龙云运用传统美学的思想对武术运动的形态进行了开创性的解读,如拳势讲究五体匀称,"五体称,乃可谓之形备",即形体要匀称、工整,势正招圆;筋骨遒劲,"筋骨遒,乃可谓之质善",即动作架子摆得好,内涵的劲有没有,要看身体是否含了劲,如有劲力就到位了[3]。邱丕相也对武术运动中的形态进行了详细的解读,"长拳中讲究'骨法''五体称',四肢与躯干五条线充满骨力,而且协调、匀称,处处或撑拔张展,或勾扣翘绷,无一处松软,可谓既工整又趁劲,一副健美之姿。太极拳则讲'五弓',处处呈圆弧,舒松中正,体势柔和而含沉实,无懈可击,另有阴柔之美"[4]。

---

[1] 戴国斌. 乌托邦:武术技击的理想 [J]. 体育与科学, 2005, 26 (3):10-14.
[2] 杨硕. 如何正确理解武术的动作规格 [J]. 福建体育科技, 1999, 18 (1):54-55.
[3] 邱丕相, 郭玉成. 丹心精论 高岸深谷——漫谈武术泰斗蔡龙云先生对中国武术的贡献 [J]. 上海体育学院学报, 2016, 40 (1):1-3, 20.
[4] 邱丕相. 武术套路美学初探 [J]. 上海体育学院学报, 1982 (4):46-49.

(二) 力美

"寸劲"是中国武术练习中对力的内在要求,即要求练习者在完成动作时瞬间收缩肌肉,从而产生短促、刚脆的力量。人体是一个多关节的链状结构,其力量的传导需要合理的顺序和方法才会最终达到这一效果,因此,武术习练中要求劲力顺达、协调畅顺、力点清晰。如对于上肢发力来说,一般是梢节起、中节随、根节催;而对于下肢发力来说,一般是起于根、顺于中、达于梢;对于上下肢同时发力来说,则是起于腿、发于腰、传于肩、顺于肘、达于手,通过膝、腿、胯、腰、肩、肘的协调配合,使上、中、下三节实现节节贯穿。除此之外,不同拳种的发力也有内在要求,如短打拳法的八极拳追求寸截寸拿、硬打硬开,其发力迅猛、刚劲有力,大有"晃膀撞天倒,跺脚震九州"之势,体现了阳刚之美;而轻灵、圆活的太极拳看上去则是软绵绵的,似乎毫不用力,实际上则是绵里藏针,用意不用力,通过气沉丹田而达到沾衣发力;而太极推手更是将掤、捋、挤、按、采、挒、肘、靠等技法,通过双方的沾连粘随借力、发力,使对方身体失去平衡或倒地。王宗岳的《打手歌》中更是将太极推手的状态描绘得惟妙惟肖,"掤捋挤按须认真,上下相随人难进,任他巨力来打我,牵动四两拨千斤,引进落空合即出,沾连粘随不丢顶。掤捋挤按须认真,采挒肘靠就屈伸。进退顾盼与中定,沾粘连随虚实分。手脚相随腰腿整,引进落空妙入神。任他巨力来打我,牵动四两拨千斤"。

(三) 节奏美

节奏是指多维空间内连续的、有规律的阶段性变化的运动形式,常用对称、均衡、对比、渐变、重复等形式把各种要素进行组织,构成统一连贯的有序整体,给人以美的享受。武术运动中对节奏的运用与掌控,多通过动静、起落、快慢、轻重、高低、刚柔等对立统一的运动形式来表现。蔡龙云在对武术套路认真研究后提出了武术套路运动的"十二型"[①],"动如涛、静如岳、起如猿、落如鹊、立如鸡、站如松、转如轮、折如弓、轻如叶、重如铁、缓如鹰、快如风"。这一矛盾的对立统一运动形式便是套路演练的基本技巧,并步砸拳时似泰山压顶,一只手重重地砸在另一只手上,而脚重重地砸向地面,但腾空正踢腿落地时

[①] 邱丕相,郭玉成.丹心精论 高岸深谷——漫谈武术泰斗蔡龙云先生对中国武术的贡献[J].上海体育学院学报,2016,40(1):1-3,20.

似树叶轻轻地落下，通过将武术套路中相邻部位的动作多寡、速度快缓、力量轻重等巧妙地进行编排，使其既在对比中产生变化，又在相辅相生中寻求和谐，只有将这些矛盾的动作在武术套路中展现得越发充分，武术套路的节奏才能越发明显。中国武术对于美的追求正是通过攻守进退、动静疾徐、起承转合、刚柔虚实等矛盾运动的变化规律实现对立统一的，使武术演练始终保持均衡和谐的状态，达到势势相承、绵绵不断，即"形断意连，势断气连"的状态，这种状态也是武术套路运动的最高境界。

太极拳名家陈鑫在论述太极拳的气与势时指出："夫拳术之为用，气与势而已矣！然而气有强弱，势分刚柔。气强者取乎势之刚，气弱者取乎势之柔。刚者以千钧之力而扼百钧，柔者以百钧之力而破千钧。尚力尚巧，刚柔之所以分也！然刚柔既分，而发用亦自有别。四肢发动，气行诸外而内持静重，刚势也；气屯于内而外现轻和，柔势也。用刚不可无柔，无柔则环绕不速；用柔不可无刚，无刚则催逼不捷。刚柔相济，则粘、游、连、随、腾、闪、折、空、掤、捋、挤、按，无不得其自然矣！刚柔不可偏用，用武岂可忽耶！"刚柔作为中国哲学的核心概念，往往与阴阳相提并论，同时刚柔属于感觉所决定的"第二性质"的触觉属性，而触觉属性是"身体觉"，与身体密不可分。"刚"是主动的、积极的、进取的，与"伸"相对，而"柔"是被动的、消极的、退让的，与"屈"相对，因此刚柔与屈伸可以等价代换[1]。对于武术动作而言，刚往往是动态的，其动作本身有速度快慢、力量大小、规格高低之分，从动作的空间属性来看，方向、位置、距离等维度直接决定了动作的空间状态，因此其主次关系、空间层次、动作方位、距离远近等都会直接影响动作表现的节奏。从其劲力表现来说，刚往往表现为刚猛有力、勇猛快速、收发短促、巧妙多变，而柔则是指防守时表现得周身一体、似松非松、似展未展、松沉圆活的整体弹性力，这种力如云似水，松弹柔韧，顺其自然，可以避其锐气、以柔克刚。武术中的柔要求练习时骨骼肌在保持适度紧张以维持身体姿态时，其余部位最大限度地放松，这也是"凡拳以柔为贵"的直接体现，不同拳种对"柔"均有自己的独特论述，如南拳的"化手如绵，出手如刚"、太极拳的"任他巨力来打我，牵动四两拨千斤"等。要想达到柔的状态，首先必须通过手眼身法步等基本功的练习，改善加强关节、韧带、肌肉的柔韧性，如此方可以在武术练习时动作准确、姿势到位、协调圆活，然后通

---

[1]张再林.刚柔与中国古代的身道[J].中州学刊，2017（8）：99-106.

过站桩、盘架子、单操、推手等功法的练习，体会身体肌肉的松紧变化，达到身体去紧求松、筋骨棱撑的状态，如此方可真正实现刚柔并济的对立统一，即"刚中寓柔摧不垮，柔中寓刚攻不破"。

（四）结构美

结构本意是指组成整体的各部分之间的搭配方式，如各部分的比例、连接方式等，是决定事物自主存在的核心要素。结构不同使得事物的外在形态、属性、内涵、特征、价值和功能等均存在一定差异。各要素搭配协调统一会给人以美的享受，凡是能展示事物美的属性、给人以美的享受的结构都是美的结构，其体现的便是结构美。按照存在方式或表现方式划分，结构美有三种相对独立的形态：①空间结构美，也称静态结构美，是指构成该事物的各要素组合成神奇的静态空间结构，具有立体感和层次感，给人以美的享受，如宫殿、雕塑、盆景等；②时间结构美，也称动态结构美，是指构成该事物的各要素有机组合成前后相继的美妙的动态时间结构，带有明显的节奏感、连续感，如音乐、评弹等；③时空结构美，也称合态结构美，是指空间结构美与时间结构美的合理化合，集立体感、层次感、节奏感和连续感于一体，向主体显示其时空结构美，如舞蹈等。

武术套路运动的结构美大体上分为空间结构美、时间结构美、时空结构美三个维度。所谓空间结构美是指武术套路动作体现的静态动作美或形式美，要求人体各部位在空间中处于自然匀称、平衡协调的状态。例如，三路长拳的"并步对拳"动作，要求两臂经外向上、经胸前屈肘按于小腹前，同时要挺胸、塌腰，对拳、并步、转头三个动作要一气呵成，通过直立的躯干衬托身体左右两侧的手臂，体现其对称美。除此之外，武术套路动作的空间结构美也通过非均衡性来体现，如"歇步冲拳"将人体头部、躯干、下肢交错完成，人体三盘似扭拧的麻绳；"弹腿冲拳"将手脚错位完成，体现其坚毅勇猛的内在神态。所谓时间结构美是指武术套路动作在运动中呈现的瞬间动作形象及其运动轨迹给人美的享受。武术套路动作是套路美的核心构成要素，不同的武术动作通过高低、进退、虚实、收放等有机编排，衔接得更加和谐、生动，动作与动作之间的过渡遵从圆顺连贯的基本原则，使得动作之间衔接流畅、过渡自然，应避免连接牵强、转换生硬。为了生动、形象地展现动作之间的过渡转折，长拳的"十二型"通过动静、起落、站立、转折、快慢、轻重等十二种运动方式定型的生动比拟，对武术动作的时空结构美进行了经典的总结，长拳动作的舒展大方、节奏鲜明就跃然纸上。

同时其时空结构美还体现在武术套路动作的编排之中,任何一个武术套路动作都有起势与收势,既有低谷也有高潮,既有间断也有连续,因此,动作与动作之间的衔接不是简单粗暴的连接与拼凑,而是需要精心构思、反复推敲,切实体现动作编排的完整性、连续性及布局的均衡性,同时还要符合武术技击的基本规律,注意虚实、高低、轻重、开合等有机变化,运动路线上的往返、迂回、转折也要精心布局。一个完整套路的结构体现了套路设计者的审美思想与审美价值,体现了套路创作者的技击思想与审美情趣[①]。只有如此,武术套路的演练才能富有生机和灵性,才能实现身体的艺术性与美感、结构的对比与协调、技击的哲理性等要素的有机统一,进而展现武术套路之美。

在中国传统文化中,"形"和"神"是一个亘古不变的核心,给中国传统审美提供了一个样板,离开了形,神将不复存在。受中国传统文化的影响,中华武术也讲求"形神兼备"。苌乃周在《苌氏武技书》中云:"形合,则气不牵扯;形不合,则气必濡滞。逐处体验,无遗纤屑为妙。"在武术动作上,对肢体规范、身法动作、眼神跟随都有要求[②],武术动作要左右相称或上下相合;节奏要鲜明且富有韵律;高低轻重要对比出现,虚实阴阳须分清,不可双重;手法、步法、身法、眼法要富于变化且协调一致,统一于动作之中[③],以达到赏心悦目的艺术效果。在中华武术的拳种体系中,有舒展灵活、快速有力的查拳,有刚烈紧削、下盘稳固的南拳,有轻灵柔和、绵绵不断的太极拳,有腾挪闪展、摆扣势移的八卦掌,有朴实无华、攻坚打硬的少林拳,有大开大合、猛劈硬挂的披挂拳等[④]。可以说,中华武术中蕴含着极为丰富的艺术表现形式。尤其是自宋代出现"套子武艺"后,中国武术逐渐向"表现性攻击"武术套路靠拢,随后一系列描写武术精气神的诗歌更充分体现了武术美的意境。孙振岱的《题孙家太极拳》(节选)如下。

题孙家太极拳

身如桅杆脚如船,(身法)
伸缩如鞭势如澜。(身势)
神藏一气运如球,(劲势)

[①]乔正霞. 武术套路运动的结构和内蕴美[J]. 才智,2014(5):333.
[②]杨静,马文友. 论中国武术审美追求[J]. 体育学研究,2019,2(4):70-77.
[③]王岗,唐衍平. 竞技武术套路中的"形""意"审美分析[J]. 上海体育学院学报,2004(6):70-74.
[④]姚明霞,温搏. 中华武术基本特征之文化溯源[J]. 西安体育学院学报,2020,37(4):475-479.

吞吐沾盖冷崩弹。（劲意）
又云：
临敌如游鱼戏水，（闪战）
出手似弹灰抛锤。（发力）
彼若抢来我先去，（截意）
忽成铁楔入脊髓。（劲道）
又云：
封肘管肩引虚处，（随法）
偷步进身欺彼中。（进法）
钓住彼意气落踵，（提法）
送彼将就在一松。（放法）

该诗展现了孙振岱先生演示的孙氏太极拳的身法特征和劲力特征[1]。孙氏拳基本的发力规则是将楔、弹、掼、搓、透五种劲道融为一体，这是孙氏拳的架构所决定的劲力特征。在武术中经常提到盘架子，架子盘得正不正确，取决于平时练习中有没有注重感受劲力，有的习练者光练架子不练发力，空有一套假把式，光练发力不练架子，便是再大的劲力也使不对地方。诗中还出现了游鱼戏水、弹灰抛锤、彼来我去、铁楔入脊等多种形式，生动而充分地体现了孙振岱在学习孙氏太极拳和武术时运用虚灵、闪战的基本特点。在诗中，孙振岱以导法引虚、进身、气沉、松放等诸意，准确描绘了他在太极拳散手中沾身发放的一般原则。该诗词展现了孙氏太极拳惊心动魄的气势和感染力，给人以优美矫健、刚劲英武的感觉。因而可以总结出当下武术套路的审美价值体现在三个方面：①表现战斗的"生活"，武术的动作素材源于生活，又高于生活，将人类实战予以总结提炼；②"距离"产生美，尽管我们欣赏到的武术源于日常生活实践，但是与日常生活实践有较大差距，并非生活的"原生态"临摹，给人以想象的空间；③感染力、震撼力，通过欣赏武术内容可以对人的心灵产生潜移默化的影响，进而使人产生"移情"。

中华人民共和国成立后，武术于1956年被正式列为表演项目。近年来，在各种大型开幕式、文艺晚会、文化交流平台上都有中国武术展演。2007年春晚

---

[1]周荔裳.杨班侯太极拳用架——访太极拳用架传人李琏[J].中华武术，2007（2）：42-44.

"行云流水"武术表演,将太极拳与舞蹈进行融合,运用太极拳的动静结合、阴阳变幻和舞蹈的特点等,巧妙借助舞台灯光、音乐、LED显示屏的渲染,以及各种舞美手法,在表演中达到武术演员与舞蹈演员相互配合的效果,将"武""舞"结合的特点发挥到极致。北京2008年奥运会开幕式上的中国武术表演,由2000多名武术练习者所表演的太极拳,通过少林与太极共融的艺术结合,展现了中华武术博大精深、天人合一的意蕴,体现了中国武术独具魅力的艺术表现形式。

四、文化

现代汉语词典中对于"文化"一词的释义为"人类在社会历史发展过程中所创造的物质财富和精神财富的总和,特指精神财富"①。如果以此概念套入武术,那么武术文化是指武术中所蕴含的精神内涵。温力在《武术与武术文化》中,将武术文化定义为"武术文化是以技击技术为核心,以中国传统哲学思想为基础,包括与武技密切相关的器物、传承形式和民俗,以及由它们所蕴含的民族精神共同组成的中国传统文化"②。武术文化的核心部分在于"中华民族在从事武术社会实践和意识活动中,长期氤氲化育出来的价值观念、审美情趣、思维方式等"③。可以说,谈及武术文化,精神价值是其核心部分。也有学者从武术技术的层面来理解武术文化,如王燕等指出"武术文化是以武术技术能力来表达的中华文化,武术传承的主要方式是武术技术传承,武术的最终形式还是武术技术"④。对于上述不同的观点,有学者从"符号学"的角度指出技法是武术技术背后的"意义"系统,其中蕴含着武术文化的核心基因。在谈及武术文化自觉时,首当其冲应是对武术技法的自觉,以"知其势,明其法"⑤。因此,武术文化既包含了武术的技术文化,也包含了武术的精神价值及心理价值等内容。

中华武术作为中国传统文化中的重要内容,相比欧洲的技击技术体系,在追求技击性质的同时,也注重对内心的探求,通过武术的习练达到身心统一的状态。我们常说太极拳的习练讲究精、气、神合一,这就是将我们的思想、意念、

---

① 中国社会科学院语言研究所词典编辑. 现代汉语词典 [M]. 7版. 北京:商务印书馆,2016.
② 温力. 武术与武术文化 [M]. 北京:人民体育出版社,2009.
③ 李印东. 武术释义——武术本质及其功能价值体系阐释 [M]. 北京:北京体育大学出版社,2006.
④ 王燕,柯易,桂晓红. 论武术的文化与技术的关系 [J]. 武汉体育学院学报,2013,47(9):46-49.
⑤ 刘文武,金龙,朱娜娜. "武术文化"的剖析与评价 [J]. 体育科学,2015,35(6):83-89.

呼吸融合一体。随着西方文化的涌入及社会的发展，中华武术甚至是中华传统文化的发展受到一定程度的影响。党的十八大以来，习近平总书记多次强调中华优秀传统文化的思想内涵、道德理念、现代价值和传承观念，形成系统的传统文化价值观[1]。文化作为一种软实力，在激烈的国际竞争中有重要的作用，文化传播过程中竞争伴随合作，我们应在文化强国战略指引下，实现与世界在知识、情感上的共享。武术作为一种民族传统体育文化，对于国家文化软实力的发展具有重要意义，发挥着重塑国家形象、振奋民族精神的作用。因此，对于当下中国武术的发展来说，面对外来的体育文化，一味地谦虚，甚至自我批评是不对的，应从其他艺术文化的发展中管窥其要，培养国民对本土文化的自信心，以及对中国武术的自豪感，这样人民才会自发地去了解中华武术，才能让武术在对外宣传、交流时，展现出较强的吸引力。

五、综合发展

中华武术作为我国历史上浓墨重彩的一笔，是中华民族对人类文明做出的重要贡献之一。从武术的萌芽、发展到成熟，历经漫长岁月，其发展形态并不是单一元素的发展，而是多种元素并行发展，且随着历史演进发展得更为异彩纷呈。从历史的演进来看，早期的武术萌芽是在人类谋生存的各种实践活动中得到的搏斗技术和搏击意识，以及对工具的改进和使用的基础上形成的；从历史的逻辑上看，早期人类在与兽斗的过程中所形成的搏击意识可用于与人斗的战争实践中，进而促进武术的萌芽。无论历史事实如何，我们都可以推断，武术萌芽的最初始价值是技击。随着历史的向前推进，以及人类社会的向前发展，武术的价值也在不断地发生变化，这些价值并非单一存在的，而是共同存在、综合发展。例如，两晋南北朝时期的武术发展，既有用于战争的军事武术，也有用于各民族之间武术技艺的交流，还有用于娱乐性表演的武术，更有"击有术、武有套、套有谱"的武术技术和理论体系。现代武术的发展，有用于搏击实践的技击体系，有具有健身功能的养生体系，有具有娱乐功能的表演体系，还有具有教育功能的教学体系等。

---

[1] 习近平总书记于2014年6月6日会见第七届世界华侨华人社团联谊大会代表、2018年8月21日至22日全国宣传思想工作会议、2019年5月15日亚洲文明对话大会开幕式主旨演讲、2010年9月28日中央政治局第十三次集体学习等重要场合发表。

从现代武术的发展来看，弱化技击、增强武术表演性是大众对武术的认知。这主要源于武术在套路运动上的变化。例如，增添新的内容，形式上更为优美；武术内容的再编排，方便锻炼人群记忆、掌握；武术套路结构的连贯性，更合乎各年龄段健身需求。这些改变都是为了使武术运动更好地为社会发展服务[1]。同时，推动"武术入奥"举措，也让武术在技术表现形式上向着"高难美新"的方向发展。此外，武术的健身性也得到了国内外受众的关注，尤其是太极拳因注重呼吸吐纳、缓慢柔和而极受欢迎。原因在于，随着社会经济的发展，人们对健康的需求不再局限于延长寿命，更希望在保证身体健康的同时提高生活质量。中国武术中松静自然、注重呼吸的运动理念，对调节人的身体、精神和心理状态有极大帮助。可以说，武术服务于时代发展的潮流，满足于不同人群的不同需求，在当代显示了强大的生命力。

第二节　中国武术传播形态演变的内驱力

一、人的需要

从社会学层面来看，需要是促进社会发展的一种机制，主要表现为人的欲望和需求的不断满足，不同时期、不同个体的需要不尽相同，因此，人的欲望和要求的具体内容具有无限的多样性。马克思认为，人的需要不仅体现在物质层面，也体现在精神层面，既有吃饱穿暖的最低物质需要，还有对美好生活的无限向往。从物质层面来讲，人们以往注重吃饱穿暖的最低物质需求，随着社会进步，人们对吃、穿、住、行的易得性、舒适性、满足感有着更高品质的追求；从精神层面上看，人们以往注重对书报信息的获取，以满足对信息的渴望，如今人们更加注重对公平正义的社会政治、文化繁荣的社会环境、和谐美丽的生态环境、自我尊严、享受与发展等方面的追求，因此，人的需要是一个复合体，是物质和精神的有机统一[2]。马斯洛认为人类的需要存在两种不同层次，其低级需要或生理需要是沿着生物谱系上升而逐渐减弱的本能，其高级需要则是沿着生物谱系的进化而逐渐显现的潜能。为了表述和研究的方便，马斯洛将人类需要层次分为基本

---

[1]程江陵．社会需要与武术的发展［J］．体育函授通讯，2002（3）：17-18.
[2]秦维红，张玉杰．马克思需要理论视域中"美好生活需要"探析［J］．马克思主义理论学科研究，2020，6（4）：41-48.

生理需要、安全需要、爱的需要、社会尊重需要、自我实现需要①五个层次。在不同的阶段、不同的时期、不同的生理状态下，人的五种不同层次的需要都潜藏在人体内部，但是各种需要的迫切程度不尽相同，而人体最迫切的需要是激励、促使人类采取行动的主要原因和动力。

人的需要是从低级向高级发展的，低级需要的满足是高级需要出现的前提。只有当一个人的低级需要得到满足后，高级需要才会表现出来。不同层次的需要对应不同的表达内容，同一层次上的需要也有程度和水平上的差异。除此之外，个人的成长环境、生活环境也会对个人的需求产生影响，这个变化可能是长期的、潜移默化的，在这个过程中主体的需要是随着自身能力的变化而变化的，但这种变化不是乱序的，它是一个螺旋式上升的过程。其中伴随着跳跃性、随意性，就像人对世界的认识是螺旋式上升的特性一样，需求伴随着认知的上升而上升。正是因为我们对上层的美好的事物有向往、有需求，才有了前进的动力。马克思强调在任何情况下，人总是从自己出发，因为需要就是人的本性②。不同的历史时期，武术呈现的形态各不相同，中国武术的演进史就是人类对于武术需要不断变化的过程，中国武术的发展演变与人类社会发展、人类需求呈现历时性共振。

在原始社会早期，人类为了食物、领地等方面的生存需要，为了在残酷的社会现实中"适者生存"，创造了武术。在武术从原始形态到初始形态的发展过程中，武术从与动物、野兽搏斗的生存技能演化为部落之间因掠夺资源而产生的技击技术，直至后来变为为保护部落、领土安全而衍生的大量军事格斗技能③。在部队出征之前，为了祈求战争的胜利，人们会举行一些祭祀或者表演鼓舞士兵士气的军事乐舞，这些乐舞既有征战的意蕴，也有娱乐、娱神的成分，而在战争胜利之后，部队也会举行一些庆祝活动，这些活动具有娱乐的成分、长期身居宫廷的达官贵族由于养尊处优，其力量、速度、耐力等身体素质均会不同程度下滑，一些在战场上司空见惯的难度动作难以完成，因此，宫廷乐舞会弱化武术的技击动作，以适应社会的实际需要。后期随着火器的出现，武术的技击功能退居次要，"详推用意终何在，延年益寿不老春"，中国武术的养生价值、健身价值走到历史的前台。同时，武术的表现形式也逐渐"文明化"，成为时代发展的主旋

---

①陈志尚，张维祥. 关于人的需要的几个问题 [J]. 人文杂志，1998（1）：20-26.
②周伟良. 中国武术史 [M]. 北京：高等教育出版社，2003.
③胡建飞，王海鸥. "人的需要"对武术形态变化的影响探究 [J]. 武术研究，2017，2（12）：24-26.

律。近代以来，随着社会变革，以及西方体育文化的涌入，官方及民间对于武术极为重视，将武术上升到"国术"的层次，并纳入教育体系，这直接导致传统武术与现代武术分裂。中华人民共和国成立之后，武术作为中国传统文化符号对外传播；随着受众需求的不断升华，武术在西方临床医学的实证下，大大丰富了武术内涵。由此可见，武术形态无论如何变化，都是随着人的需要的改变而改变的。

根据马斯洛的需求层次理论，人的需要推动了武术发展，为武术发展创造了新的机遇，武术因人而生，而人是具有自为性和创造性自觉意识的"类存在物"[1]、人类的这些特性使得武术文化生根发芽，并且在数千年的积累上不断进步、不断发展，满足人的需要[2]。面临新的千年，中国武术的发展将何去何从？在此我们可以借用习近平总书记于2016年5月17日在哲学社会科学工作座谈会上的讲话，"我国哲学社会科学要有所作为，就必须坚持以人民为中心的研究导向。脱离了人民，哲学主义科学就不会有吸引力、感染力、影响力、生命力。我国广大哲学社会科学工作者坚持人民是历史创造者的观点，树立为人民做学问的思想，尊重人民主体地位，聚焦人民实践创造，自觉把个人学术追求同国家和民族发展紧紧联系在一起，努力多出经得起实践、人民、历史检验的研究成果"。由是观之，中国武术同样需要明确"为谁立言"的根本性问题，把"人"作为中国武术发展的价值尺度。只有科学回答了武术"为谁发展""靠谁发展""发展成果由谁享用"这一关键命题，中国武术才能迎来更加灿烂的明天。

二、社会发展

传统并非一成不变、缺乏生命力的陈旧事物，而是一个不断演变、发展的过程，包含武术创新、变革的节点，其历史轨迹本身就是一个持续发展的链条，是从过去指向现在直至未来的动态过程。中华武术从历史中走来，一共经历了先秦、秦汉、魏晋南北朝、唐、五代十国、宋、元、明、清、民国等历史时期，因不同的历史背景和社会发展，武术的发展也有所不同。例如，先秦时期，在人与兽斗、人与人斗的过程中，武技得以形成和发展，此时的武技多为徒手格斗。随着社会的发展，冶炼技术和锻造工艺不断成熟，青铜冶炼技术被用于武术器械的

---

[1] 孙富林. 论马克思"需要理论"之意蕴要义 [J]. 南京政治学院学报, 2004 (20): 12-17.
[2] 胡建飞, 王海鸥. "人的需要"对武术形态变化的影响探究 [J]. 武术研究, 2017, 2 (12): 24-26.

生产制造中，刀枪剑戟等兵器逐渐用于军事格斗之中，极大地丰富了武术的技术边界和应用场景，促进了武术技术的丰富及体系的完备。各朝代宫廷和达官贵人的娱乐性需求，致使表演性武术出现。两宋时期城市文化的发展，使"大量以健身、娱乐为主要目的的结社组织"出现，"套子"武艺随之出现，这进一步促进了"花法"武术的兴盛。唐代兴起的武举制，历经一千二百多年的发展，在晚清时期正式退出历史舞台，武举制为民间武术的复兴、军事人才储备的增加、边疆的稳定等做出了巨大的贡献，也极大地促进了民间武术及尚武风气的形成与发展。

冷兵器时代的武术与军事结下了不解之缘，成为战争的必备工具和训练士兵的重要手段。在清朝末年包容不同政治派别"共识"的社会政治思潮——军国民主义运动，最具号召力的口号就是"尚武"。军国民主义提倡尚武精神，希望通过"全民皆兵"的战略思想，一改中国"文弱"之传统，甩掉"东亚病夫"的帽子，重振中华民族雄威，这使人们认识到武术在振奋民族精神、强健体魄等方面所具有的价值，因为"国家身体需要借助个人之力才能够强化自身，它是个人之力的聚集、表达和再现，只有个人身体得到强化，国家身体才能强化，这两者相互追逐，相互嬉戏，相互吸引，相互聚集"①。

军国民主义思潮诞生在清末民初的社会转型时期，当时内外交困的社会环境使国力衰败、国民孱弱，再加上中国封建社会几千年来"重文轻武"思想的影响，当时武术在中国的地位并没有得到根本性的转变，始终在主流社会外徘徊。一大批有志的爱国青年出国留学后无不感慨万分，梁启超在1903年3月所作的《新民说》一文"论尚武"一节中指出："彼日本区区之岛，兴立仅三十年耳，乃能一战胜我，取威定霸，屹然雄立于东洋之上也，曰惟尚武故。"② 正是这些言论加速了军国民主义思潮的确立，进而促进了中国"尚武精神"的广泛传播。武术作为土生土长的民族传统体育项目，作为保家卫国的手段和工具，本身就具有尚武的性质和功用，因此武术重新焕发生命活力，赢得了新的生机。尽管在火器逐渐盛行的时代，武术无法与西方列强的洋枪洋炮相抗衡，但是作为一种训练士兵的手段仍然具有较强的功效。人们思想观念的转变和"尚武精神"的快速传播，为武术的社会普及提供了有力的契机。这期间不能不提及的是由陈英士、

---

① 汪民安. 身体、空间与后现代性［M］南京：江苏人民出版社，2006：35.
② 梁启超. 新民说篇. 饮冰室专集之四［M］. 北京：商务印书馆，1930：1101.

霍元甲于1908年在上海创办的精武体操学校，其在1911年被改名为精武体操会，简称"精武会"，1916年精武体操会改名为精武体育会。精武体育会"以提倡武术，研究体育，铸造强毅之国民为宗旨"[1]，先后设立技击部、文事部、游艺部、兵操部等，其办会方针为"以技击为根本，兼重体育、德育、智育"[2]，并编撰教材和杂志。随后在全国各地及海外设立分会，这一系列的举措极大地促进了武术在海内外的普及与推广，为武术的发展赢得了更加广阔的空间。在军国民主义之前，无论是价值还是功能，武术都与军事密切相关，甚至成为个人追求仕途或者功名的手段，但是随着时代的发展和武举制的废除、冷兵器在战争中价值的削弱，武术与军事逐渐分野。基于清末民初中国的特殊社会环境和现实，中国迫切需要传统武术进行现代化转型，因此马良从1901年开始创编、传授"中华新武术"，编撰了《摔角》《拳脚》《棍术》《剑术》四科教材，各科均分上、下两编（下编实际未出版）。1916年当时的教育部派员考察了"新武术"，并组织审查了《摔角》《拳脚》两科。1918年当时教育部通令将"中华新武术"列为全国各大、中学堂正式体操的内容，1919年经民国政府国会辩论通过，"中华新武术"成为全国学校体操的正式内容。"中华新武术"实际上是从各种武术套路中抽取基本动作，归类整理，再编排连接成新的套路，其"教材及教授法，概受瑞典式体操之影响"。由于比较适合集体教学，"中华新武术"受到教育界的欢迎。在军国民主义思潮之前，武术主要以口传心授、师徒传承的方式教授，并不适用于大规模的集体教学。由于军国民主义时期德国兵式体操的引进和大量留学归国人员的回国任教，把西方的现代体育带到了中国，"中华新武术"在传统武术的基础上大胆吸收西方体育的精华，把口令式教学融合到武术教学中，并把武术按照西方体育的形式进行了现代化改造与转型，为武术后来成为一项体育项目奠定了良好的基础，使传统武术绽放出新的光彩，为武术进入学校奠定了良好的基础，同时促使了武术与现代体育的结合，在武术的体育化转变中起到了媒介的作用[3]。

无论社会如何发展、更迭，中国武术都服务于社会发展需要，而推动社会发展的政治、经济、文化同样也在推动中国武术不断进步，具体有以下三点。

---

[1]国家体委武术研究院. 中国武术史 [M] 北京：人民体育出版社，1997：333.
[2]国家体委武术研究院. 中国武术史 [M] 北京：人民体育出版社，1997：334.
[3]王林，虞定海. 军国民主义对武术发展的影响 [J]. 山西师大体育学院学报，2009，24（1）：51-53.

(一) 经济发展对传统武术的变革具有推动作用

经济发展，一方面使人的需求不断提高，另一方面促进了生产力的不断提升。就武术而言，生产力水平的发展、刀枪剑戟工艺的不断成熟及演进，催生了形形色色的武术器械，武术不再以单一拳法形式出现，而是衍生了不同表现形式的刀枪剑法等技艺。与此同时，经济发展使人们生活水平的提高，武术从先秦时期的防身自卫逐渐衍生出娱乐、健身、修身等功能，使人对武术的需求呈现多元化趋势。以杨氏太极拳的发展为例，杨露禅是河北永年人，学成回到故里后，他被请到清朝宫廷进行武术教学，为把陈式太极拳的武术套路从乡村传入城市，他特意将太极拳中的缠丝劲和蹲、蹦、跳、跃、发劲等一些难度较大的动作做了调整，使太极拳的练习动作更加柔和，姿势也更加简化。后来在其弟子和儿孙的发扬光大下，形成了杨氏太极拳武术流派[①]。杨氏太极拳的主要特征就是姿势形态更加舒展大方，速度更加均匀，轻沉兼备[②]。从杨氏太极拳动作表现形式的变化来看，其功能从注重技击逐渐向健身、审美化发展。可以说，随着社会的发展，人们对于太极拳的需求已逐渐从防身转向强身健体与娱乐。

(二) 文化发展促使武术内涵提升

众所周知，中国武术文化内涵博大精深，这与厚重的传统文化是分不开的。"拳起于易，理成于医"便是对中国武术蕴含的中国优秀传统文化的经典阐述，"易"作为群经之首、大道之源，对世间万事万物的变化通过一阴一阳进行了完美的解读，从一元到阴阳两分，再到天地人三才、四象、五行、六合、七星、八卦、九宫、十方，从混沌的状态到朗朗乾坤，其中蕴含着大量的优秀传统文化，而以"望闻问切"作为诊疗基础的中医更是对经络、穴位、脏腑、气血等纷繁复杂的人体奥秘进行了科学的解读。随着中国武术的发展，中国传统哲学、兵学、美学、伦理学等众多中国传统文化均在中国武术中留下了深深的烙印，彰显了中国文化的内涵。例如，中国武术练习中非常注重六合，尽管对六合有不同的解释，既有指东南西北四方与上下方位之说，要求练习武术时兼顾前后、左右、上下，力求做到手与眼合，步与身合，智与力合；也有指武术习练时的手、足、肘、膝、肩、胯六个部位之说，在练习武术时要求做到内外三合，"内三合"指

[①]李绍成，姜娟. 太极拳运动发展之研究 [J]. 体育文化导刊, 2006 (3): 64-66.
[②]周雯艳. 辨析太极拳起源及演变 [J]. 兰台世界, 2010 (13): 60-61.

"心、意、气"三者相合,即"心与意合,意与气合,气与力合","外三合"指"手脚、肘膝、肩胯"三者相合,即"手与脚合,肘与膝合,肩与胯合"。无论哪种对六合的解释,都要求在练习武术时全身的四肢百骸能够协调配合,对全身各部位的相对位置、发力的大小及方向、动作幅度及速度快慢都有要求,以实现刚柔相济、舒展大方、紧凑连贯、随机应变、攻守兼备为目的,这也是中国文化"中正平和"思想的良好体现。除此之外,中国武术讲求"形神合一""内外兼备",这与中国文化中注重事物整体性、强调矛盾双方的对立统一的观念息息相关。中国封建文化中的宗族制度对武术也有影响。例如,武当、少林、峨眉、崆峒、青城等传统武术派系带有深深的宗法烙印,明确规定各派系的武术功法不得外传,尽管这一做法极大地限制了武术流派之间的交流发展,但是也使各传统流派可以独立发展,极大地丰富了武术的内容体系[①]。

(三)政治需要推动武术转型

古代时期军事与政治总是分不开的,军事为政治服务。例如,先秦时期,"六艺"(礼、乐、射、御、书、数)是重要的学习内容,其中射、御都是与武术息息相关的重要内容。军旅武术的快速发展使民间武术的发展如虎添翼,并且军事战争兵器的充实、发展也使武术得到长足进步,民间武术始终与军旅武术的发展相辅相成,两者相得益彰。除此之外,明朝抗倭英雄戚继光为了当时国家东南沿海的安宁,长期带领士兵驻扎在辽东、山东到广东漫长的海岸线上,屡建战功,取得了抗倭斗争的伟大胜利,保卫了东南沿海各省人民的生命财产安全。

武术作为中国传统文化的杰出代表,自中华人民共和国成立以来,多次成为中国对外交流的体育项目。1960年,中国青年武术队随中国体育代表团赴捷克斯洛伐克参加捷克斯洛伐克第二届全运会"友谊晚会"的表演,这是中华人民共和国成立后,中国武术首次参加的对外交流活动,受到了当地人民的热烈欢迎。1960年底,中国武术队随同领导人访问缅甸,并在缅甸巡回表演,受到缅甸人民的热烈欢迎。从20世纪70年代开始,我国武术代表团先后应墨西哥、美国、英国等国邀请进行了交流访问[②],这些武术对外交流活动极大地提高了武术在国际上的影响力和地位,为新中国的外交工作做出了不可磨灭的贡献。

---

① 宁雅静. 中国传统文化对武术的影响 [J]. 体育时空, 2016 (8): 32-33.
② 雷鸣, 余多庆. 武术与跆拳道运动发展的政治环境比较研究 [J]. 首都体育学院学报, 2009, 21 (6): 721-723, 743.

进入21世纪之后，随着全球人民对人类命运的共同关注、对人类社会福祉的共同向往，中国传统文化逐渐得到大众重视。人们希望从中找寻和谐共赢的中国智慧，促进全球文化协调发展，构建人类命运共同体。我国大力发展、传承中华传统文化，太极拳受到了全世界人民的广泛关注。由丝路规划研究中心、国际武术联合会作为指导单位，云极（北京）文化有限公司、中体未来投资（北京）有限公司共同发起，中国驻外使领馆大力支持的"一带一路"中国太极文化世界行公益活动受到了"一带一路"沿线国家太极爱好者的追捧。2018年2月18日至2018年3月1日，"一带一路"中国太极文化世界行欧洲行在德国柏林、意大利威尼斯、奥地利维也纳、匈牙利布达佩斯拉开展，有力地促进了世界文化与中华文明的碰撞与交融。2019年2月7日至19日，"一带一路"中国太极文化美洲行活动在旧金山、拉斯维加斯、洛杉矶等城市开展，再次受到当地民众的追捧，彰显了中国传统文化的包容和谐精神，体现了太极中蕴含的人际和谐的文化理念，极大地传播了中国文化软实力，为促进全球文化协调发展和构建人类命运共同体做出积极贡献。可以预见的是，随着国家经济实力和政治地位的提升，中国武术作为中国文化对外交流的重要手段之一，必将大放异彩，必将为弘扬中华文明、传播中国文化软实力作出应有的贡献。

2016年7月1日，习近平总书记在庆祝中国共产党成立95周年大会上指出："坚持不忘初心、继续前进，就要坚持中国特色社会主义道路自信、理论自信、制度自信、文化自信，坚持党的基本路线不动摇，不断把中国特色社会主义伟大事业推向前进。"坚定文化自信，牢牢把握社会主义先进文化前进方向，激发全民族文化创造活力，更好构筑中国精神、中国价值、中国力量。中国武术作为一种优秀的民族传统文化，伴随中国历史一路走来，在不同的时代所承载的价值诉求不尽相同。随着社会的发展，武术所凝聚的文化、具有的功能也各不相同。无论社会如何发展，追求高品质和多样化的生活都是社会发展的主旋律，从生存性需要到发展性需要、从物质需要到精神需要、从单向度的需要到多向度的需要，人民对美好生活的向往越来越具有多维性、整体性[①]，无论是对物质生活的富足丰裕、政治生活的民主自由、社会生活的公正共享的追求，还是对精神生活的充实高贵、生态生活的自然和谐的追求，都是一个广度和深度不断发生变化的过

---

① 王晓虹. 深刻把握新时代"高品质生活"内涵［EB/OL］.（2021-04-10）［2022-05-11］. http://opinion.voc.com.cn/article/202104/2021041010 20426770.html.

程。总之，人民希望在政治、经济、文化、社会、生态各方面拥有更多的获得感、幸福感和安全感，希望国家更加富强。我们有理由相信，中国武术在人民追求美好生活的过程中会贡献自己的力量、彰显自身的光芒。在这一过程中，中国武术会迎来价值多维、功能多元、形式多样、内涵丰富的多元化发展时代。

三、全球化兴起

"全球化"（Globalization）一词于20世纪80年代在西方报纸上出现，此时"全球化"并没有引起足够的重视。20世纪90年代以后，时任联合国秘书长加利宣布"世界进入了全球化时代"，自此"全球化"一词被广泛地应用到各领域，并且产生了深刻的影响。"全球化"是与经济相关的一个概念，但是经济全球化只是一个躯壳，完成这一过程需要众多的载体，于是政治全球化、资本全球化、文化全球化等相伴而生。近代以来，全球化已成为一种左右世界的强大力量，深刻改变了世界各民族、国家的社会状况和文化结构。随着我国改革开放脚步的加快，我国在各方面融入全球化的速度也逐渐加快。然而，全球化是一把双刃剑。伴随全球化的进程，以科技、教育、商品、信息及大众娱乐等为主要内容的西方强势文化不断扩张，其他民族文化则处于这种强势文化的"笼罩"与"裹胁"下，并被日益消解[①]。1990年12月，社会学家费孝通在"人的研究在中国——个人的经历"主题演讲时，用十六字"箴言"深刻总结了处理不同文化关系的总体方针，"各美其美，美人之美，美美与共，天下大同"，这句话的大意就是世界各国人民要懂得欣赏自己民族创造的美，同时还要学会欣赏、包容其他民族创造的美，只有将本民族之美与他民族之美融合在一起，才会真正实现理想中的大同之美。对于世界文化而言，每个民族的文化都有其鲜明的民族特色，丰富了我们共同生活的世界，共同推动了人类文明的发展和繁荣，同时因生活、外部环境的同质性，每个民族的文化又具有交流的前提和基础，因此我们需要对每种文化都心存感恩、怀揣敬意。套用一句老套而不俗气的话语，"民族的就是世界的"，文化既是民族的又是世界的，我们既要承认世界文化的多样性，又要尊重不同民族的文化，唯有如此，我们才可以立于世界民族之林。

费孝通对文化全球化是这样描述的，"20世纪是一个世界性的战国世纪……未来的21世纪将是一个个分裂的文化集团联合起来，形成一个文化共同体，一

[①] 王林，虞定海. 全球化语境下武术发展的文化版图审视 [J]. 武汉体育学院学报，2008（5）：63-68，73.

个多元一体的国际社会。而我们现在的文化就处在这种形成的过程中"①。费孝通将这种形成的过程称为"文化全球化"。日本学者星野昭吉认为："文化全球化就是非西方文化被西方文化同质化与一体化的过程。"② 这无疑是对文化全球化的一种悲观看法，国外现代化问题研究专家奥康内尔（O'Connell）在论述世界各种文化之间的交流关系时指出："与世隔绝的文化必定会停滞不前。历史的坟场上就遍布着这种僵尸。伟大的文化总是从其他文化中学习思想观念，并受到这些思想的激励，同时，它们也惊讶地注视着他们的思想观念被其他的文化所借鉴，并在其他的文化中开始产生出新的生命。实际上，各种文化只有通过某种程度的比较才最有可能自觉，并且认识到自己与众不同。当两种伟大的文化力图以同情之心互相了解、诚恳地相互模仿时，它们各自都会得到成长，它们在相互接触之后能够更忠诚地各自保持其本身的全部特征。"③

　　总体来讲，任何一种文化都具有扩张性和渗透性、包容性和同化性，强势文化的表现更是如此。就扩张性和渗透性而言，就是本土文化对一切与之交流的异质文化施以影响或进行灌输，使这种价值观逐渐进入异质文化之中并成为其支配性的思想和观念。就包容性和同化性而言，强势文化对其他外来文化不但不加以拒斥，而且以宽容的甚至是漫不经心的态度加以对待，并且根据自己的需要（常常是统治阶层的需要）对其实施取舍，即要么将其有用部分与自身嫁接起来，要么将其整个融入自身之中。在这个过程中，外来文化逐渐消解了"异己"的面貌，根据强势文化的需求而本土化，成为强势文化的有机组成部分。因此，我们对于文化全球化应该有一个客观公正的心态，文化全球化对于任何一种文化的发展都是一件好事，关键看我们怎样对待和处理它。"出自不同文化体系的异类文化进入，固然难免有不服本土文化的'水土'，甚至会同本土文化产生碰撞冲击，但对它可能产生的积极作用和正面影响，应有足够重视和实事求是的评价。"④ 而不能一味地高呼"狼来了"，其实"狼来了"并不可怕，可怕的是我们看待"狼来了"的心态和采取的行动。如果我们对于"狼来了"采取不闻不问的态度，则势必会导致狼的嚣张和引来更多的狼；如果我们对于狼采取谨慎的态

---

① 费孝通. 从反思到文化自觉和交流 [J]. 读书, 1998 (11): 8.
② 胡惠林. 中国国家文化安全论 [M]. 上海: 上海人民出版社, 2005.
③ 张强. 追寻中华文化走向世界的历史脚步——评《中华文化海外传播史》[J]. 中国图书评论, 1999 (12): 19-20.
④ 童兵. 经济全球化、跨文化传播和本土传播政策的调适 [J]. 新闻爱好者, 2005 (12): 6-9.

度，则狼可能会偷袭我们的羊圈，甚至损失一两只羊，但是亡羊补牢，为时不晚，仍然可以改善和促进我们的发展。

第三节　中国武术海外传播的交换实践

对于中国武术的海外传播实践，根据现有文字资料记载来看，"中华武术有影响地被带入美国口岸是在 1847 年，由那些被加利福尼亚'淘金热'驱使的中国矿工带去的"①，这些在海外从事苦力和服务性工作的华人地位并不高，常常会受到歧视及不公正待遇，迫使他们不得不通过习练中国武术来强健体魄和防身自卫。这一现实为中国武术在海外的传播实践提供了有利的生存土壤。"在弗吉尼亚城的一次争端中，一个中国人不费吹灰之力就将白人对手打得落荒而逃，从此，当地的恶霸们再也不敢轻视中国人。"② 从这些有限的文字记载来看，中国武术在海外的传播时间并不久远，并且均是迫于生计。后期随着中华人民共和国成立，中国的国际地位、国际形象逐年提升，以中国功夫为素材的武侠影视文学逐渐风靡全球，当中新社《东西问》专栏记者问到"功夫何以在西方成为中国文化的鲜明符号？"时，意大利武术联合会负责人格诺菲·卢卡（Ghinolfi Luca）表示，中国武术在西方的广泛传播要归功于 20 世纪 70 年代开始流行的功夫电影，一些电影演员将中国武术带到了世界各地，使武术在西方找到了"土壤"③。2022 年 6 月 8 日，由中国旅游报社、中国社会科学院、中国舆情调查实验室等单位联合成立的文旅产业指数实验室发布《2022 年非物质文化遗产在海外短视频平台影响力报告》，报告显示，截至 2021 年 9 月，TikTok 全球月活跃用户超过 10 亿人，是海外最有影响力的短视频平台之一。该实验室以 TikTok 相关标签索引为提取依据（经智能语义聚合处理以确保内容指向的准确性），以影响力数据指标为基准（视频播放量不低于 3000 万次，视频数量不低于 50 个），以国家级非物质文化遗产项目名录中的非遗项目为来源，遴选出 10 项最具热度的中国物质文化遗产，其中"武术"热度最高，TikTok 上的武术视频播放次数达 222 亿次④。由此

---

① 王开文. 中华武术在美国的传播与发展 [J]. 体育文化导刊，2002（6）：69.
② 彼得·邝. 中国人在美国的发财史 [M]. 南京：江苏人民出版社，2012.
③ 赵旭. 功夫何以在西方成为中国文化的鲜明符号？[EB/OL].（2022-04-13）[2022-10-12] http://news.cnhubei.com/content/2022-04/13/content_ 14658718.html.
④ 陶然. 中国非物质文化遗产海外短视频平台影响力研究报告：短视频传递鲜活的中国传统文化 [N]. 中国旅游报，2022-06-10（005）.

可见，中国武术的海外影响力确实不可小觑。从人际传播、群体传播、大众传播等视角对中国武术的海外实践进行简单梳理与总结，可以瞥见其全貌。

一、中国武术海外传播的人际传播

武术传播者是武术传播的第一个环节，也是武术传播内容的发送者。传播者主要解决传播什么和如何传播的问题。因此，武术传播者不仅决定着传播过程的存在与发展，还决定着传播内容的数量和质量。任何一个传播者，都千方百计地使受众接受信息，并采取自己所期望的行为。武术传播者可以是个人，也可以是一个组织。在拉斯韦尔的"5W"模式中，传者是主动的，相对处于主导地位；受众则是被动的，容易接受影响（尽管他们可以选择或抵制媒介的信息）。目前，武术的传播者主要有国际武术联合会、中国武术协会、国家体育总局武术运动管理中心及其下属的省、市、县武术运动管理中心，以及一些民间武术团体、个人，这些组织或团体既有官方的也有民间的，由于官方传播者的权威身份，其传播效果明显优于民间传播者[1]。

人际传播作为日常生活中最常见的传播形式，因为传播者之间具有互相认知、互相吸引、互相作用的社会关系网络，所以人们实践的交流会在无形之中缩短距离，可以在自愿、合意的基础上使传播活动的效益最大化。总体来说，人际传播作为海外武术传播最常见、最有效的传播手段，对拓展海外武术受众起到了积极的作用，极大地提高了海外受众武术技艺参与的积极性。例如，很多埃及人民积极参与武术运动，仅在开罗就有 47 家俱乐部开设武术课程，约有 1.2 万名习武爱好者，在埃及全国范围内至少有 15 万人在学习中国武术；武术运动在摩洛哥日益普及，越来越多摩洛哥青少年通过学习武术技艺深入感知中华文化，并以此了解中国；菲律宾武术协会主席陈著远说："中国武术为菲律宾争光，成为（菲律宾）国家运动的一部分，在体育界和民间传播很快。武术协会有 3 个分会、20 多个会员单位，在马尼拉和外省也有一些武馆，它们在学校和社区推广武术。菲律宾教育部还将武术列为公立学校体育选修课的一个项目，让更多学生有机会练习这项能强身健体和提高国家竞技体育实力的运动项目。"[2] 2018 年启动的"一带一路"中国太极文化世界行活动更是借助国内太极拳领域的"明星人物"

---

[1] 王林. 武术国际化传播的传者研究[J]. 武汉体育学院学报，2007（8）：32-36.
[2] 李臣. 中国武术海外传播与价值反思[J]. 新华文摘，2019（20）：132.

推广太极拳,如国家级非物质文化遗产项目陈式太极拳传承人陈小旺、国家非物质文化遗产陈式太极拳项目代表性传承人王占海、国家非遗项目陈式太极拳代表性传承人陈正雷、中国国家武术研究院研究员康戈武、国际杨式太极拳协会主席杨军、杨式太极拳嫡传承人傅清泉,以及众多全运会、全国太极拳锦标赛冠军,这些太极拳名家理论深厚、技术精湛、功夫纯熟,他们一招一式的讲解、演练将活动推向高潮,极大地促进了太极文化的传播与推广。

我们不能否认人际传播为海外武术传播实践带来的巨大成就,但是要深刻认识到,任何一种传播实践都是双刃剑。我们也需要对这一传播实践保持清醒的认识。目前在境外传播武术的人员主要有前世界武术冠军、华人华侨、民间武术拳师、武术爱好者等。民间武术传播者身份的自由,不受组织的领导和管理,因而对其传播作用也应一分为二地看待。一些境外的民间武术爱好者利用自己在当地的影响力创办了一些武术组织,然后利用这个组织开展招生、教学、培训、对外交流等活动,这都对武术的国际化传播产生了积极的作用。例如,"武术在东南亚传播和发展的一个重要特征是会馆化,会馆化是东南亚华侨华人进行武术活动的重要阵地,它包括精武会、武馆、拳社和地缘会馆、业缘公会、血缘宗祠等两大类型"[1]。这些民间传播者促使了武术运动在东南亚的蓬勃开展。目前在国外有许多人从事这一工作,他们以武术的兴旺繁荣为己任,长期默默地工作着,这种行为当然是值得称道的。也有少数人自己不懂中国武术,仅仅学了几招几式就打着武术的幌子招摇撞骗、为自己谋利,根本没有把推广武术作为自己的首要任务,这种行为不仅没有推广中国武术,还玷污了中国武术,尤其应该唾弃。有些民间武术传播者的"思想和组织体系,以及教学方式仍然停留在过去那种门派、家传等单一拳种传授的旧模式"[2],并且在外国人眼中,功夫和武术是两码事,具体来说,"功夫是指如少林、峨眉、武当、太极、形意、八卦、鹰爪在内的各门各派的传统套路及练功和技击方式……武术是指由中国武术协会向世界推广的7项国际武术竞赛套路"。造成这一现象的原因有"受到大部分功夫师傅的抵制""对武术不真正了解""没有迎合其心理"等,这也是武术在国外难以传播的壁垒之一。中国武术历经几千年的发展演变,形成了无数的拳种、拳系和流派,因此各门各派都有自己的独特之处,这在国人眼中本来就眼花缭乱,在外国人眼中

---

[1]雷春斌.中华武术在东南亚的传播[J].八桂侨刊,2002(1):62-64.
[2]杨啸源.美国人眼中的功夫≠武术[J].中华武术,1997(5):10-11.

更是难以理解和接受，而各民间传播者作为"把关人"，自己所擅长的武术内容各不相同、教学条件参差不齐，在传播武术时只能根据自己的实际情况有选择地进行教学，导致同一个国家、城市或地区的人们所学习的武术内容、知识千差万别，即使同一内容也有不同的动作形式和方法，造成了国外武术"百花齐放"，这无形中为武术的国际化传播制造了障碍①。针对武术海外传播的这一状况，中国武术研究院院长高小军曾做过相关论述，即在武术国际推广过程中，尚存在组织和动作不统一、个人行为不规范、各自划界独自经营等现象。更有甚者，有些在国外进行武术教学的教师，"借助中国武术世界受宠的诱惑，在移居和留学之前，仅在国内进修两三个月，就跑到国外打着某某传人的旗号，招摇过市，严重损害了中国武术的声誉"。此类功利之举，俨然已成为当前中国武术深度国际化发展的障碍②。

二、中国武术海外传播的群体传播

唐人街是海外华人在国外聚居的地区，华人移居海外，在当地成为少数族群，在面对新的生存环境时移居海外的华人需要同舟共济，便群居在一个地带，即今日的"China Town"（中国城），"旧金山的中国城在当时被华人称为'华埠'，埠即城。华埠不仅为华人移民提供了经济机会，还使他们在这陌生而又充满敌意的社会中有了归属感"③。唐人街作为海外华人生活的居住地，依然保留明显的中国风俗，如茶馆、饮食、洗衣店、中文书店、学校、报社、古玩、华人社团，中国式庙宇、祠堂等，还有各种同乡会、俱乐部、影剧院等，成了富有中国民族特色的特殊街区。每逢春节，唐人街的居民都会耍龙灯、舞狮子，在爆竹声中除旧岁，他们保留着中国传统的种种风俗。在日常团结互助、休戚与共的生活中，唐人街形成了众多商会组织，同时也形成了宗亲会、会馆（同乡会）、堂会（帮会或商会）三大类社团组织，这些社团组织建立的最初目的是保障华人的商业利益，既"对外能够与外国资产互相抗衡，对内防止同行业之间的砍伤性争夺，并担当划定物价、调节商家之间的交涉与纠纷的职责，后来发展成兼具政

---

① 王林. 武术国际化传播的传者研究 [J]. 武汉体育学院学报，2007（8）：32-36.
② 李臣. 中国武术海外传播与价值反思 [J]. 新华文摘，2019（20）：132.
③ 陈勇. 华人的旧金山 [M]. 北京：北京大学出版社，2009.

治、民事多重功能的华人社区的政权性质的组织"[①]。为了获取共同的生活空间与生存权益，唐人街的宗亲会、会馆（同乡会）、堂会（帮会或商会）成为舞枪弄棒的极佳场所。依据笔者在海外考察的情形来看，唐人街的会馆、耆英会、宗亲会等均陈设了十八般武器及龙狮等设施，耄耋老人或者第三代、第四代华人幼子也会在休息时间或周末前来学习中文、武术等中国传统文化，这些活动无论是主动的还是被动的，对中国武术早期的海外传播都起到了不可忽视的作用，也使中国武术作为抵御外来文化入侵的一种方式在中国人的小圈子里传习。

随着中国文化在海外影响力的日渐增强，一些有识之士意识到单凭一己之力会受固有的思维误区和狭隘性的限制，难以形成传播合力，于是救亡图存的爱国人士组建了诸多武术组织，如民国时期在上海成立的"精武体育会""中华武术会""致柔拳社"等武术组织，这些武术组织为中国武术的海外传播提供了组织和人才保障，是当时推动中国武术海外发展的重要力量。中国精武体操会（精武体育会前身）作为中国第一个民间体育团体，于1910年创办于上海，以教学武术为主要活动，后来在绍兴、上海、武汉、广州、佛山、汕头、厦门等城市设立了分会；1916年4月6日，精武体操会迁入新会舍，并更名为"上海精武体育会"；1920年以后，又分别在东南亚各地，如新加坡、吉隆坡、雅加达、三宝垄、泗水、西贡、马六甲等华侨聚居的地方设立分会，采用武术传统教授方法，以师带徒，传授拳术。1920年7月3日，应国外华侨人士的邀请，上海精武体育会派陈公哲、黎惠生、罗啸敖、陈士超、叶书田5名骨干成员，前往香港、越南、新加坡、马来西亚和印度尼西亚等地，宣传精武体育会的武术事业并协助建会，这在精武体育会历史上称为"五使下南洋"，精武体育会发展到最高峰时，国内外分会达到42个，会员逾40万人。毫无疑问，这类武术团体是松散的民间爱好者团体，是由爱好者自发组织形成的业余民间团体，具有较强的自发性、松散性，其传播行为是非制度化、缺乏管理主体的，尽管对武术传播的宣传较为有利，但管理的松散导致其效能弱化，虽然增强了中国武术的海外知名度和美誉度，但使中国武术的国际化传播存在不规范、不统一、不团结等发展困境。这种状况既是参与武术群体传播的个人对中国武术国际化发展共同价值取向的应然表达，也是中华文化在"走出去"的过程中，联系松散与自发形成的传播群体为

---

① 孟涛，蔡仲林. 传播历程与文化线索：中华武术在美国传播的历史探骊 [J]. 体育科学，2013，33（10）：78-88.

追求自身利益或达到某种目的而产生的问题①。

目前，在国外从事武术传播与推广的主体主要来自两大阵营：一是个人或者民间力量，他们主要借助自己的武术特长弘扬中华武术，或者以此为谋生手段。二是官方，官方利用国家机器进行武术传播与推广，其宣传效应、示范效应、传播效应远优于民间组织。但是不可忽视的是，官方目前外推的武术技术体系主要是国际武术竞赛套路，这些竞赛套路是为了适应武术国际比赛需要而编创的，对参与者的力量、速度、耐力、柔韧等身体素质提出了较高的要求，如套路中的"腾空摆莲720°接跌竖叉""腾空正踢腿""旋风脚540°接提膝独立""后插腿低势平衡"等技术动作对人体的运动能力提出了极高的要求，远非一般人所能企及。除此之外，武术习练中往往强调动作的规范与标准，一些极为简单的动作也饱含了"手眼身法步，精神气力功"等专业要求，而"精气神"的体现离不开中国传统文化的浸染。"太极十年不出门"这一谚语告诉我们武术习练过程的漫长与艰辛，需要进行长期的武术专业训练，才能达到一定的水平。我们知道，目标的设置需要结合受众的自身实力，过低的目标会使受众感受不到压力，无须付出多大的努力便可轻松达成，这显然起不到激励的作用，而过高的目标会使受众看不到希望，无论付出多大的努力也无法实现，因此目标设置需要适度，既要让受众看到希望，也要使受众付出一定的努力。对于中国武术传播而言，以国际竞赛套路作为外推的国标内容，显然没有考虑国外受众的实际情况，过度的专业化使得大众望而生畏，难以将中国武术作为锻炼的"备选项"，这也使中国武术缺少受众②。

三、中国武术海外传播的大众传播

大众传媒作为中国文化海外传播的主力机构，在时间、空间上具有传播优势，同时采用一种"一对多"的传播模式，在同一时间将信息大量生产并分发给广大受众。现代科学技术为大量、快速、低廉地复制提供了技术保障，而批量制作和工业化的生产方式为内容规模化生产提供了极大的便利，这使大众传媒超越了其他媒介，成为当今最有效力的传播工具。

在中国武术的海外传播中，功夫影视的功劳不容小觑。1905年《定军山》中的"请缨""舞刀""交锋"三个武打动作片段将京剧和武术完美契合，可以

---

① 李臣. 中国武术海外传播与价值反思[J]. 新华文摘, 2019 (20): 132.
② 王林. 武术养生文化国际传播研究[M]. 北京: 中国书籍出版社, 2015.

看作武侠电影的影子。1928 年的《火烧红莲寺》则奠定了中国武术影视的基础，是中国武侠电影走向定型化、标准化的重要标志。20 世纪 60 年代，《龙门客栈》《侠女》《十三太保》《流星蝴蝶剑》《天涯明月刀》等一些家喻户晓的武术影视作品相继搬上荧屏，让人们对武术有了全新的认识。20 世纪 70 年代，我国文艺工作者摆脱了武术技术层面的羁绊，不再纠结于武术的本原问题，而是在文化上充分发挥电影讲故事的功能，将中国传统文化、武术文化等镶嵌于传统武术的影视表现中，实现了武术在国际上深层次的文化传播。这一时期不得不提及的就是功夫巨星李小龙，尽管李小龙已经离世多年，但是他所拍摄的 5 部功夫电影《唐山大兄》(1971 年 10 月 31 日香港首映)、《精武门》(1972 年 3 月 22 日香港首映)、《猛龙过江》(1972 年 12 月 30 日香港首映)、《龙争虎斗》(1973 年 7 月 26 日香港首映)、《死亡游戏》(1978 年 3 月 23 日香港首映)将功夫传播到全世界，让武术走出了东方文明的语境，获得了全球人民的广泛关注。

功夫片这一类型的影视作品形式被香港影视界发扬光大，《醉拳》《黄飞鸿》《精武英雄》等均是当时脍炙人口、票房不错的功夫影视作品，《醉拳 2》当年不仅票房口碑齐飞，还被《时代周刊》评为"1994 年世界十大佳片""全球史上百部最佳电影"。时至今日，不但中国功夫电影导演在利用武术元素进行拍摄，而且在国外电影中也有大量武术元素。例如，好莱坞大片《黑客帝国》、以熊猫+功夫为核心元素的《功夫熊猫》等。有资料显示，观众对《功夫熊猫》《功夫之王》《功夫梦》的认知率分别为 87.71%、68.33%、39.17%、21.25%；而将武打动作作为影片动作设计的电影则有《黑客帝国》《尖峰时刻》等，观众对其的认知率分别为 24.38% 和 22.71%。这些数据足以表明武术已经成为国外电影中不可或缺的元素或叙事主题。从中国人自己生产功夫影视作品到国外自主学习拍摄功夫影视作品，这一步极为难能可贵，表明武术已经获得了西方市场的青睐，可以从中挖掘武术带来的文化价值和经济效能，这一转变显示武术文化在国际传播上已不止于"走出去"，其正在不断实现"走进去"，焕发了新的生机与活力。"中国武术题材的影视作品向世界传播了中国武术、中国文化和民族精神，已成为海内外民众认识中国武术、了解中国文化的典型载体，成为中西方人文交流合作的桥梁，并为中国武术走向世界增添了强大助推力。"[①]

不可否认的是，以报刊、书籍、电视、电影等为代表的中国武术大众传播方

[①] 李臣. 中国武术海外传播与价值反思 [J]. 新华文摘, 2019 (20): 132.

式向全球展示了中国武术蕴含的天人合一的生存理念、中正平和的生活态度、亲仁善邻的处世之道、惠民利民的价值导向……收获了海外受众由衷的赞许，但是受大众传媒单向性传播机制的影响，受众只能在传媒组织提供的信息范围内进行选择和接触，具有一定的被动性，同时受制于缺乏灵活有效的反馈渠道，受众对大众传媒缺乏直接的信息反馈能力，这使受众对中国武术的认知存在"失真"。刘继南等对外国人脑海中的中国印象的调查表明，外国人浮现在脑海中的中国符号的前三位分别是长城/紫禁城/天安门、中国菜、中国功夫[1]，这表明中国功夫作为中国武术在西方世界的代名词已经具有了较深刻的影响，但是中国武术在海外"叫好不叫座"的种种现实又从另外一个侧面表明东方、西方之间存在印象错位，"大部分的美国人受到香港功夫片中'武林高手''空中飞人'的形象影响，他们觉得中华武术很神秘、很神奇。很多人想从现实社会中逃脱出来，幻想能成为功夫片中的神化人物。但在训练一段时间后，他们发现武术并不像他们想象中的那样神奇，因此有一些人开始转变观念，学习怎样可以防身，对只学习套路表示很失望；也有一些人只是为了体验一些新的东西而学习武术，并不在意技术水平的提高。一些人想学习硬气功，能使身体强壮；还有一些人只是想借武术来消遣生活，认识一些新的朋友。在美国，有很多人参加太极拳的练习，他们认为太极拳看起来像一种气功的练习，而他们从没意识到这是由古代的攻防动作演变而成的"[2]。

有报道称，南非人遇见中国人后甚至会问"你会不会功夫啊，你们平时是不是都在房顶上到处飞啊？"在他们眼中，似乎每个中国人都是武林高手。如果你忍住笑告诉他，在中国，每个人都会学功夫的，但不是所有人都会在房顶上飞，只有长期练功的人才会。此时，他们眼中会闪烁仰慕的光芒[3]。西方人对中国武术的认识基本源自中国功夫电影的输出。如"这些哥们儿对中国功夫的认识，基本上是从李小龙和成龙电影来的。"[4]

技击是武术的本质特征，但绝不是唯一的特征，如同书法不仅具有审美功

---

[1] 刘继南，何辉等．中国形象——中国国家形象的国际传播现状与对策［M］．北京：中国传媒大学出版社，2006．
[2] 陈磊．中国武术在海外［J］．中华武术，2000（12）：48-49．
[3] 王际凯．南非人最爱中国功夫 知晓成龙李小龙却不识姚明［EB/OL］．（2010-07-09）［2022-11-13］．http：//2010.sohu.com/20100709/n273382460.shtml．
[4] 王际凯．南非人最爱中国功夫 知晓成龙李小龙却不识姚明［EB/OL］．（2010-07-09）［2022-11-13］．http：//2010.sohu.com/20100709/n273382460.shtml．

能，还具有传达信息的作用，但是西方人对武术的认识更多来自"打"这一本质，这主要是功夫影视作品或武打片形象造成的"误读"，因此，能打与否成为大众关心的重要议题，这种现象在日常生活中极其普遍，一旦有人知道你学武术，说得最多的两句话就是"你一个人能打几个？""学会武术可以防身，不用害怕"。央视最近几年举办的武林大会、世界综合格斗联盟冠军赛（World Wide MMA Alliance，WMA）也强调一定规约之下的"打"，因此，"打"成为武术传播的焦点，也成为中国武术对外传播的"利器"。"能打"作为中国武术传播的隐形主线固然拓展了武术的疆界，但是也人为造成了中国武术传播的障碍。

"打打杀杀"已经成为很多海外民众对中国武术价值和功能的整体印象，而中国武术尚武强种、保家护园、行侠仗义、扶危济困的侠义精神，刚健有为、自强不息、天人合一的人生态度，道法自然、刚柔并济、调和脏腑、强筋健骨的调理功效在大众传媒的强势挤压下已经所剩无几，由此引发了海外受众对武术的认知偏差，其弊端便是消解了中国武术国际认同的前提与基础，为中国武术的国际化进程平添了障碍。

四、中国武术海外传播的新形态

2017年1月25日，中共中央办公厅、国务院办公厅颁布《关于实施中华优秀传统文化传承发展工程的意见》，指出"坚持辩证唯物主义和历史唯物主义，秉持客观、科学、礼敬的态度，取其精华、去其糟粕，扬弃继承、转化创新，不复古泥古，不简单否定，不断赋予新的时代内涵和现代表达形式，不断补充、拓展、完善，使中华民族最基本的文化基因与当代文化相适应、与现代社会相协调。""综合运用报纸、书刊、电台、电视台、互联网站等各类载体，融通多媒体资源，统筹宣传、文化、文物等各方力量，创新表达方式，大力彰显中华文化魅力"，这一文件为中国传统文化创新表达形式、彰显传统文化魅力指明了前进的方向。随着移动终端的普及和互联网的提速，短视频传播内容逐渐获得各大平台、粉丝和资本的青睐。短视频制作与微电影、直播的制作具有本质不同，无须特定的表达形式、专业团队配置要求，制作门槛相对较低，同时生产流程简单、参与性强，并且超短的制作周期和趣味化的内容使其传播效率和价值一骑绝尘，快速占据了视频传播的主战场。2020年10月13日，《2020中国网络视听发展研究报告》显示，网络视听用户规模突破9亿人，新增用户主要来自低线城市，其中五线城市用户增长33.6%。在这些用户里，看短视频的用户数量占比为

15.2%，网上看影视剧、综艺的用户数量占比为7.9%，看直播的用户数量占比为0.7%，网上听书/网络电台的用户数量占比为0.1%。短视频成为仅次于即时通信的第二大网络应用，短视频用户规模达到8.18亿人，有近九成网民观看短视频。2022年8月31日，中国互联网络信息中心（China Internet Network Information Center，CNNIC）发布的第50次《中国互联网络发展状况统计报告》显示，截至2022年6月，我国短视频用户规模增长最为明显，达到9.62亿人，较2021年12月增长2805万人，占网民整体的91.5%。即时通信用户规模达到10.27亿人，较2021年12月增长2042万人，占网民整体的97.7%。网络新闻用户规模达到7.88亿人，较2021年12月增长1698万人，占网民整体的75.0%。网络直播用户规模达到7.16亿人，较2021年12月增长1290万人，占网民整体的68.1%。在线医疗用户规模达3.00亿人，较2021年12月增长196万人，占网民整体的28.5%。

短视频传播内容转化相对容易，传播更为迅速，社交特性明显。短视频显示出蓬勃的生命力，逐渐成为人们生活不可缺少的一部分。海量的普通用户群体自发加入武术短视频创作的潮流中，形成了以用户生成内容（User Generated Content，UGC）为主的内容创作模式。有研究者对武术短视频传播主体的结构进行了研究，认为其主要为三类群体：以自我娱乐为目的分享日常生活的、未经受专业训练的武术爱好者；经受过系统、专业训练的习武者，武术专业学生，武术运动员等；中国武术协会、国际武术联合会等官方机构。上述三类武术短视频传播主体丰富了武术短视频传播的人才队伍，但部分非专业主体自身认知存在偏差，其制作水平、审美、价值观等良莠不齐，使部分作品内容粗制滥造，偏离武术精神，不利于武术的传播[1]。

无独有偶的是，在海外短视频传播上，作为非物质文化遗产重要载体的中国武术引起了海外受众的极大关注，TikTok上武术视频播放次数达222亿次，Kungfu话题的浏览量高达12亿次。TikTok上既有外国友人展示武术的片段，也有身怀绝技的中国武者展示的单手劈砖、头顶碎砖、红缨枪刺喉等动作，而曾经的武术专业运动员、吴彬老师的得意弟子梁长兴在TikTok展示的一段形意拳视频收获1790万次点赞量，成功圈粉150万人。2019年7月，梁长兴以近乎90°的

---

[1] 阴文彦，阴文慧，李龙飞. 武术短视频化传播策略研究——以抖音短视频为例［J］. 当代体育科技，2022，12（27）：130-136.

高扫腿，将三个瓶盖瞬间踢离瓶身的视频意外走红，如今这段视频在 TikTok 上播放量已经突破 800 万次。不仅如此，梁长兴还非常擅长将功夫元素融入各种生活场景，椅子、梯子、裙子、筷子、键盘甚至乐高积木都可以成为他展示武术动作的道具，以水管为剑，来一段花式耍剑；把拖把当棍，表演一段铿锵棍法；就连节日彩灯也能即兴来一段"九节鞭"表演。花园、客厅、走廊……几乎每个地方都能成为展现功夫拳脚的场所。不少外国网友甚至把他错认为成龙，"你是成龙吗？""你是成龙失散多年的兄弟吗？""你是成龙和李小龙的结合体吗？"而 YouTube 上一个博主上传了一段耍双节棍的短视频，收获了 4271 万次的播放量，而剪辑《功夫》电影片段的视频也能收获 1400 多万次的播放量。不可否认的是，通过这些武者的记录和分享，中国功夫的魅力被无限放大。短视频传播已经成为传统文化传播的重要渠道，中国武术理应抓住这一全新的传播形式和内容形态，在满足社交需求的同时满足用户碎片化娱乐的需求，拓展应用边界和场景，以流量、热点为抓手激活武术文化，为其传播注入新的活力。

2020 年 12 月，为展现黄河文化蕴含的时代价值，为实现中华民族伟大复兴的中国梦凝聚精神力量，在河南省体育局的指导下，由河南省武术运动管理中心主办，由少林与太极杂志社、河南广播电视台武术世界频道联合承办的"少林武术短视频征集展示活动"线上正式启动，活动启动后一个多月就收到了来自美国、澳大利亚、西班牙、俄罗斯、伊朗、乌拉圭、秘鲁等 50 多个国家和地区的武术爱好者通过电子邮件、即时通信软件、拷贝邮寄等方式发来的参赛作品，最终共征集到 3600 多件参赛作品[①]。这些参赛作品中有不同肤色与着装的参赛者、不同的语言和场景、不同的拍摄与展现方式，既有精心制作的精品佳作，也有饱含生活气息的随手拍；既有朴实无华的普通练习民众，也有包括玻利维亚前外交部部长瓦纳库尼（Huanaccuni）在内的一些"明星"人物。此次少林武术短视频征集活动突破了参赛人群类型、时空的限制和语言、信仰屏障，让全球五大洲的少林武术爱好者自主参加比赛，平等展示自己对少林武术的理解与认识，促进了国际友人对少林文化的了解和学习，深入挖掘了少林武术的当代价值，构筑人类共同价值和文化认同，助推世界和平与稳定发展。

可以预见的是，5G 技术的商业化运用必将丰富短视频的表现形态，使短视

---

① 网易．"少林武术短视频大赛"圆满收官［EB/OL］．（2021-04-23）［2023-08-15］．https：//www.163.com/dy/article/G8917M300525RSNB.html.

频制作与传输高速化、智能化；人工智能技术的普及必将使短视频素材选取、视频剪辑、特效制作等工序更加简化，降低视频制作门槛，为内容生产注入更多活力，而推荐算法的优化则将充分交融用户数据、内容数据与情景信息，实现短视频内容生产与用户需求的精准匹配，最大效率发挥内容与用户的价值；虚拟现实（Virtual Reality，VR）/增强现实（Augmented Reality，AR）技术的运用则将进一步提升短视频的趣味性，增强短视频的多样性；区块链技术的应用则使得短视频内容版权保护、确权追溯等环节更加高效。科学技术是第一生产力，短视频传播凭借日新月异的科学技术、健康完善的平台产业业态、强大的应用场景和发展空间，必将促进中国武术传播加速融合，推动武术传播升级换代，最终掀开中国武术高质量发展的新篇章。

第四节　中国武术海外传播的交换困境

中国武术海外传播属于典型的跨文化传播活动，跨文化传播的实质就是"谁在对谁行为？谁的文化在跨谁的文化？在汉语的解读中，跨有超越、跨骑、凌驾的意思，那么谁的文化可以超越、跨骑、凌驾谁的文化呢？或者换句话说，谁的文化在对谁的文化行为呢？"[1] 在文化全球化势不可当的今天，不同的文化会在不同范围通过各种形式、途径进行不同程度的交往与碰撞，在保持文化个性化、多样化、多元化的情况下，促进人类文化互相理解和彼此尊重，进而达成某种价值共识和价值共享，实现文化的繁荣。在这一文化相互交融的过程中，铭刻着民族血脉和精神的民族文化无疑会成为两种异质文化碰撞的焦点，一种文化想在"他者"开花结果，必须在两种异质文化之间互动，这就涉及跨文化交流与传播。

在跨文化交往中，"参与者不仅依赖自己的代码、习惯、观念和行为方式，还同时经历和了解对方的代码、习惯、观念和行为方式的所有关系。后者被认为是陌生新异的。因此，跨文化包括所有的自我特征和陌生新异性、认同感和奇特感、亲密随和性和危险性，正常事物和新事物一起对参与者的中心行为、观念、感情和理解力起作用。跨文化是指通过越过体系界限来经历文化的归属性的所有的人与人之间的关系"[2]。说得通俗些，"跨文化"交流是指跨越不同国家、不同

---

[1] 尹韵公. 谁在对谁行为？——跨文化传播的思考 [J]. 传媒观察，2005，22（3）：23-25.
[2] 马勒茨克. 跨文化交流 [M]. 潘亚玲，译. 北京：北京大学出版社，2001：31.

民族界线的文化交流。在人类文化不断进化的过程中，不同文化之间的交流随时随地在发生，只是在不同的文化圈之间、不同的民族国家之间进行的交流表现得较为剧烈，而且难度较大，而同一国家内部不同的地域、民族、文化群体、亚文化群体之间的交流则表现得比较平稳，更多的时候是一种"润物细无声"的潜移默化，而产生跨文化交流的前提是有这种交流的需要和相互的认同感。"不向世界开放，不经常与其他文化联系，就不可能有积极或产生好结果的认同感。"[①]全球文化正是在与其他文化的交流中不断进步的。"文化认同即人类对于某一特定文化的倾向性共识与认可。……而跨文化认同则是基于本民族文化并在超越本民族文化的基础上形成的对于人类普同文化的共识。"[②] 文化认同使不同国家、民族、地区的人们能够接受"他者"的文化并为己所用，促进相互间文化的进步与繁荣。

"一个民族或国度文化的进步，离不开文化传播的健康进行。'问渠哪得清如许，为有源头活水来。'没有交流的文化系统是没有生命力的静态系统；断绝与外来文化信息交流的民族不可能是朝气蓬勃的民族。"[③] 中国武术练习者在武术发展历程中秉承了祖先的包容心态，在与其他文化的对话中获得了新的思想资源，拓展了武术的外在表现形式，丰富了武术的内涵，使得中国武术不仅没有中断，还不断得到更新、丰富和发展。时过境迁，人事俱非，武术与"他者"交流的内外部环境早已今非昔比，信息技术和传媒技术的高速发展使人们每天能够获取和拥有的信息量剧增，各种信息之间的交流更加密切，并且随着文化热的兴起，文化研究受到了前所未有的关注。文化具有"终极竞争力"的作用，因此在和平环境下，各种不同文化间的竞争、渗透与演变成为一场没有硝烟的战争，作为中国传统文化杰出代表之一的武术，如何与异质文化实现良性互动并发挥先锋作用，将是武术跨文化交流必须面对的问题。

一、武术"误读"现象普遍

外国人对中国传统文化的了解主要源自中国饮食和中国功夫[④]。外国人对中

[①] 欧文·拉兹洛. 多种文化的星球 [M]. 北京：社会科学文献出版社，2001：205.
[②] 焦润明. 东北亚跨文化认同中的日本因素及其应对 [J]. 日本研究，2005，21（1）：79-85.
[③] 冯天瑜. 中华文化史 [M]. 上海：上海人民出版社，1990：77.
[④] 该观点源于 2007 年 9 月 24 日作者在加拿大卡尔加里 Jack Singer 音乐厅参加 "中加手拉手为奥运喝彩" 文艺晚会时主持人 Jan Walls（王健）的解说语。Jan Walls 为加拿大人，汉学博士。

国功夫的了解则主要源于 20 世纪 80 年代初的电影《少林寺》，该影片的全球热映带来了中国武术的全球热。不可否认的是，中国武术扶持了中国电影的发展，中国电影推动了中国武术的流传，但是作为艺术表现形式的电影通过夸张的艺术手法使得习练武术者可以飞檐走壁、腾云驾雾、排山倒海，大大突出了武术防身、攻防的一面，为武术包装了太多光怪陆离的"现代观念"和"新潮情感"，添加了神奇的特异功能。伪化的武术使西方人对武术充满了神秘的幻想，其最直接的后果是他们对武术产生了"误读"，等待"热"过之后无疑会有一种"上当受骗"的感觉。尽管是被武打片中夸张的拍摄手法骗了，与武术没有关系，但不明事理的人会将两者混为一谈，长此以往，必将会影响中国武术的良性发展。

生活中的武术是实实在在的，影视中的武术是加工后的艺术武术，是宣传武术的一种手段、途径。电影与武术的结合虽然给我们带来了视觉享受，宣传了文化，但是对于武术本身的发展是不利的。我们要透过虚幻的表面看到真实的武术本身。我们不能改变电影对武术的艺术创造，但是能通过喜欢武术的人们将武术的真实、武术的精神表达出来。中国传统武术包括术、技、理、意、道等含义，我们不能仅仅限于术与技的纠缠中，技击只是中华武术练习层面的有形表达，是中华武术中有迹可循的形而下的"筌蹄"，而强身健体是中华武术的外在依附和载体，其核心应该是形而上的对"道"的体悟，是对个人道德修养的不懈追求，这是一条永无止境的个人修炼过程，是中国人的文化方式，这赋予了中华武术无限的文化内涵和魅力。"我想直率地告诉国内的文化人，国际上并没有多少人痴迷中国的儒家和兵法、武打和变脸、权谋和唐装。中国文化必须找到在现代世界堂皇存身的支点，既不是经济支点，也不是地理支点，而是文化本身的支点。"[①]"还原真实武林，传承功夫精髓"的央视武林大会的举办揭开了传统武术的面纱，涤荡传统武术的污泥，让人们真正认识了中国武术，给武术发展创造了一个理性的空间，这条道路泥泞而艰辛，但是我们正在努力前行[②]。

二、武术发展的自卑情结

中国文化的自卑情结自乾隆年间实施"一口通商"政策开始，"下令除广州

[①] 申宏磊. 从审美此岸架设一座通向审智的桥梁——学者余秋雨谈跨文化传播 [J]. 对外大传播，2006（12）：3-4.
[②] 秦子来，王林. 影响武术跨文化传播的障碍 [J]. 体育学刊，2008，15（4）：96-100.

一地外，停止厦门、宁波等港口的对外贸易，这就是所谓的'一口通商'政策。这一命令标志着清政府彻底奉行闭关锁国的政策。两百多年来，乾隆的这道圣旨一直被视为是导致近代中国落后于世界的祸根"①。1840年魏源在《海国图志》中提出的"师夷长技以制夷"的理论成为洋务派的共同思想纲领，李鸿章认为"中国的文武制度，事事远在西人之上，独火器不能及"。张之洞同样强调："中国学术精致，纲常名教，以及经世大法无不毕具，但取西人制造之长，补我不逮足矣。"洋务派高举"师夷长技"的大旗，以"自强"与"求富"的口号，拉开了中国人学习西方的序幕。甲午战争的惨败和戊戌变法的夭亡，国人强烈主张政治改革；新文化运动对"德先生"和"赛先生"的推崇；"五四运动"倡导打倒"孔家店"和以现代眼光"重估"传统，"文化大革命"造成的一个时期内"文化断层"②，均不同程度地削弱了传统文化的根基。产生这一现象的原因"一方面是由于中国历来在'体用取向'上毫不动摇地坚持中学为体、西学为用的定规；另一方面则是由于'老师总是欺侮学生'的无数事实时时告诫国人，对于外来文化要十二倍地小心"③。这一规律也适用于中国武术的发展历程。

实行闭关锁国政策之前的中国武术与他国武技一直在平等对话中实现交流与融合，经济实力的衰退、落后使得中国在世界上丧失了话语权，西方世界的强势崛起使得中国不得不奋起直追，而"拿来主义"无疑是学习、赶超的有力武器，由此导致"拿来主义"在中国大行其道。中国武术作为饱受中国文化浸染的产物，有着自己固有的运行方式，而为了适应"拿来主义"的改造需要，中国武术开始在对同类项目的借鉴中寻求发展的"短、平、快"，因此失去了武术的特质和固有形式，无形中失去了武术本身，这在竞技武术的现代化发展中表现得尤为突出，通过舍本求末，谋求暂时的发展无疑是下策。在武术的跨文化交流中，我们应该摒弃自大与自卑情结，坚守自信，构筑武术跨文化交流的全新体系④。

三、传播渠道和内容单一

20世纪70年代初，功夫电影的拍摄、热播在全世界掀起一股中国功夫浪潮。

---

①杨红林.洋商违旨做生意 乾隆一怒封海关1757年：中国彻底闭关锁国[N].环球时报，2006-05-23（13）.
②中联部网站.第七章 十年"文化大革命"的内乱[EB/OL].（2011-05-09）[2023-08-15].https://www.gov.cn/18da/content.2247076.htm.
③童兵.经济全球化、跨文化传播和本土传播政策的调适[J].新闻爱好者，2005（12）：6-9.
④秦子来，王林.影响武术跨文化传播的障碍[J].体育学刊，2008，15（4）：96-100.

武术在国外的传播，不仅依靠中国电影的流传，还依靠众多武术表演团奔赴世界各地多次表演，以及基于国际中文教育机构（原孔子学院）的武术教学交流。这些传播方式在一定程度上促进了武术的海外发展，但无论是人际交流还是传统媒体传播，都受到地域、时间、空间的限制，且传播过程是一个信息单向流动的过程[①]，因此单纯地依靠一个人与其他人之间的信息传递与沟通，不但无法提高传播的效率，还可能会花费大量的时间和人力、物力。此外，使用与满足理论认为，受众并不是大众传播信息的消极的、被动的接受者，而是整个传播过程中有一定主动性和选择能力的参与者，他们总是主动地选择自己所喜爱和需要的媒介及内容。可见，受众为了满足自己的兴趣和需求在主动选择媒介和渠道。因此，在武术国际传播中，需要关注受众获取传播渠道的分类，以此来了解受众。近年来，有学者通过对 8 个国家的受众进行调查指出，在武术信息接触行为中，海外受众接触中国武术的渠道主要有两大类：传统媒介与网络新媒介。就传统媒介而言，受访者通常获取武术文化信息所采用的渠道种类有报纸杂志、书籍、电视、网络、广播、电影、广告；就网络新媒体种类而言，受访者通常获取武术文化信息所采用的渠道主要有社交媒体（如微博、QQ、微信、Facebook、Q-zone 等）、网络视频、广播网站（如 YouTubo、YouKu）、RSS 新闻订阅（如 News/Blog subscription）、维基百科、个人博客、本地搜索引擎、中国搜索引擎、电子图书馆。可见，海外受众对武术信息获取渠道的选择较为多样。但是，对受众武术文化信息获取途径的频次进行分析发现：目前海外受众的武术信息获取途径主要是功夫影视传媒及本国电视节目；如果把武术的国际赛事、中国文化中心、中国电视节目、中国语言文化网站和孔子课堂/学院定性为官方传播，而中国朋友交流是民间传播，那么中国武术官方传播的效度远不如民间传播[②]。当然，除了官方传播效度不如民间传播，从官方传播渠道分类来看，还存在渠道单一的问题。

  武术作为中华民族优秀传统运动，受中国传统文化的影响，其文化内涵深厚广博，蕴含丰富的中国传统哲学、医学、军事学、历史学知识，涉及武术的散打、套路、功法等多种运动方式。就目前武术海外传播的内容而言，既包含武术文化的传播，也包含技术的传播；就文化传播而言，包含了武术的历史文化、传统哲学、医学等内容；就技术传播而言，包含了竞技武术与传统武术两大类。其

---

① 朱琳，王林. 全媒体视域下武术海外传播策略研究 [J]. 哈尔滨体育学院学报，2016，34（5）：38-41.
② 马秀杰. 中国武术文化软实力综合指数的构建 [D]. 上海：上海体育学院，2020：152.

中，武术技术和文化存在"权重分配"不均的问题，偏重技术"体育竞技化"，忽略"文化主体性"[①]，尤其是对海外受众所感兴趣的武术健身养生文化呈现较少[②]。就目前来看，随着武术海外传播的日益推进，海外受众对武术的认知逐渐趋于多元化，随即而来的是对于武术传播渠道及内容的多元化，但是单一的传播内容与传播渠道在一定程度上妨碍了武术的海外发展，因此，关于传播渠道与内容的建设是当下武术海外传播的重点。

四、缺乏武术信息的整合

随着信息和网络时代的到来，武术传播迎来了新的契机。对于"信息"的释义主要有两个：音信，消息；通信系统传输和处理的对象，一般指事件或资料数据。由此可知武术信息是在数据化传播下，关于武术的一切资料数据。在网络发达的当下，我们经常见到的形式便是网络图文、数据库、多媒体出版、手机出版、社交网络平台、APP下载应用这些传播方式，但武术信息的网络传播是一把双刃剑，它的即时性、广泛性、高效性是我们的第一印象，但是，各类网站及平台中的武术信息庞杂也是问题所在。以"武术"为关键词进行搜索，弹出的信息各式各样，同时，在比较有名的武术类网站中总会夹杂着几个广告或是关于武术明星的娱乐新闻，这使得武术信息过于庞杂、质量难以提高。早期功夫电影风靡一时，很多国内外受众对武术的印象仅限于武术的技术表现，对于武术的文化内涵或者健身养生类知识知之甚少，加上武术信息在传播过程中并没有注重信息的全方位整合，武术的海外传播并没有树立一个立体化、全方位的武术项目形象，使很多海外受众在早期电影和部分新闻信息的影响下对武术的认识存在偏颇，无法全面了解武术项目的特点，导致武术的海外传播受到阻碍[③]。因此，在今后的武术信息传播中，首先，要注意对武术信息权威的树立，使正确的武术信息得以广泛流传；其次，武术信息的传播者要更专业；再次，要对当前已经存在的武术社团或大型的武术网站进行整合，加强交流[④]。

[①] 孙鸿志，王岗. 中国武术国际化传播的核心问题：理念的缺失 [J]. 中国体育科技，2011，47（3）：80-83，88.
[②] 黎在敏，赵斌. 中美报纸的中国武术形象表达异同研究——以《中国日报》和《纽约时报》为例 [J]. 体育学研究，2020，34（6）：86-94.
[③] 朱琳，王林. 全媒体视域下武术海外传播策略研究 [J]. 哈尔滨体育学院学报，2016，34（5）：38-41.
[④] 陈飞，樊国栋. 信息技术：武术信息网络传播途径分析 [J]. 武术研究，2019，4（10）：9-11.

五、忽视受众细分

受众细分理论是源自营销学范畴的理论。1956年，美国市场营销学家温德尔·史密斯（Wendell Smith）较早地提出了"受众细分"的概念[1]。这个概念的提出，使以往新闻传播领域中的"大众"逐步走向"分众""细众"。因此，把握受众细分理论，需要根据"受众数量众多、成员的集合性、地理因素、人口统计、心理倾向、生活方式和媒介使用类型这些概念与变量的研究中，才能准确地发现受众市场与这些因素的内在联系"[2]。托夫勒（Toffler）指出，当前新闻传播发展的趋势是面向社会公众的信息传播渠道数量倍增，而新闻传播媒介的服务对象逐步从广泛的整体大众分化为各具特殊兴趣和利益的群体[3]。可见，把握受众的细分与分化在传播学领域是一个必然的趋势。就武术的对外传播而言，受众是传播信息的最终接收者，要做到受众的细化，必须深入了解受众。由于武术海外传播的受众是一个极为复杂且庞大的群体，其文化背景、经济地位、受教育水平、年龄和兴趣爱好、武术文化价值取向、武术文化的喜爱度等均存在差异，因此受众对武术的需求各不相同[4]。现阶段的武术传播采用"一刀切"的方式，没有根据受众人群进行划分，采用相同的传播内容和传播方式，使得受众很难接收到与自身需要相匹配的信息，这就导致武术信息过于繁杂，受众查阅效率低，难以获得有用信息。因此，在海外传播实践中，需要以"分众""细众"的眼光对受众的特点进行研究及评估，从而根据各种不同人群的需求，深度挖掘高效、快捷的传播手段，为今后海外武术传播的发展奠定良好的基础。

---

[1] 曹旭平，黄湘萌，汪浩，等. 市场营销学 [M]. 北京：人民邮电出版社，2017.
[2] 约翰·勒文. 管理媒介组织 [M]. 伦敦：美国郎曼出版社，1988.
[3] 徐耀魁. 西方新闻理论评析 [M]. 北京：新华出版社，1998.
[4] 朱琳，王林. 全媒体视域下武术海外传播策略研究 [J]. 哈尔滨体育学院学报，2016，34（5）：38-41.

第四章 中国武术的当代价值追求

第一节 中国武术的多元价值

价值是用来揭示外部客观世界满足个体及其需求所产生的意义关系的一个范畴，是指具有特殊属性的个体对于客体所产生的需求。从价值的基本含义可以清楚地看出，价值由两个方面构成：一方面是价值主体的需求和利益；另一方面是客体的属性或者性能，价值就是在这二者之间的关系中产生并形成的。人作为主体对事物的需求是多层次的，并且同一个个体在不同时期对事物价值具有不同的认识，从而会形成不同的价值思考和判断，也导致作为主体的人会存在不同层面的需求。假设主体是人类，客体是武术，通过观察作为主体的人类和作为客体的武术，以及两者之间的相互影响和作用，就能发现武术对人类的生存发展及社会历史进程都具有举足轻重的意义和价值。

武术也被称为国术，注重"术德并重、内外兼修"，是一种健身、强身、防身的传统体育项目。尽管"国术""武术"本质上均指向中国武术，是中国武术在不同历史时期的不同称谓，但是"国术"与"武术"仍然有所区别。1927年由国民政法委员张之江发起，冯玉祥、于右任、蔡元培等呼吁，向国民政府申请将"武术"改名为"国术"，随后1928年创办"中央国术馆"，各地也纷纷设立国术馆，"国术"一词由此开始流行。此时的"国术"一词强调武术的民族性和强国强种的功能，"使之与国旗、国歌、国画、国徽齐名"[1]，此时的国术不仅包括拳械套路演练和格斗实战内容，还包括摔跤、射箭、踢毽子等内容，除了军事战阵内容，其余内容与《汉书·艺文志》中对武术内容的界定基本相似。1952

---

[1] 屈武. 中央国术馆史 [M]. 合肥：黄山书社，1996.

年，中国武术协会成立，"国术"的名称不再沿用，而是重新改称"武术"，此时武术的主要内容包括拳械套路和散打，而拳击、摔跤、射箭等内容不再包含在武术之中，武术的外延发生了根本性的变化，但是时至今日，香港、台湾等地区，以及东南亚等地仍然有"国术"的称谓，其内涵、外延与我们说的"武术"有一定的差异。2009年7月，国家体育总局武术研究院组织全国50余位专家在河南登封举办的"武术定义和礼仪标准化研讨会"上，对武术的定义进行充分讨论，做出以下界定：武术是以中华文化为理论基础，以技击方法为基本内容，以套路、格斗、功法为主要运动形式的传统体育①。"国术"与"武术"概念的变化，说明武术的内涵随着时代发展而不断变迁，同时也反映了人们在不同时期对武术的内涵与价值的不同理解。

武术的价值是指武术满足人的需要的属性②。武术在我国具有广泛的群众基础，是劳动人民在长期的社会实践中通过不断累积而丰富起来的一项宝贵文化遗产，同时也是中国优秀传统文化的代表性符号之一。在社会主义市场经济体制下，人们的需求与价值观逐渐走向多样化，而时代进步、社会发展也使当代武术价值体系逐渐多元化，以适应与满足不同年龄、性别、民族、职业、经济收入群体的需求。有研究指出，消费观可以从一个侧面反映人们的价值观。一般来说，人们的消费行为大致可以划分为两类：第一类是实用型消费，即从生活所需的消费品中直接得到满足，如食物可以抵抗饥饿，服装可以御寒、美化、掩饰身体，汽车可以提高交通出行的效率等；第二类是象征性消费，即消费者需要通过消费品表现自己的声誉、地位、身份、阶层等，如打高尔夫球、马术、赛车等，这些运动具有一定的进入门槛，长期从事这类运动需要坚实的经济基础作为后盾，此时的打高尔夫球、马术、赛车实际上起到了社会身份区隔的作用，成了一种炫耀性资本，更加注重象征价值，而不是使用价值。

武术作为中华民族独有的运动形式，蕴含丰富的传统文化内涵，这一传统文化样态延续千年而未曾衰落，表明中国武术具有独特的自身价值。"武术是以中华文化为理论基础，以技击方法为基本内容，以套路、格斗、功法为主要运动形式的传统体育。"③ 这一概念着重突出了武术的文化性，强调武术是吸收中华文

---

① 郑一帆. 深化体教融合背景下初级中学武术教学评价指标体系构建研究［D］. 上海：上海体育学院，2021.
② 陈光玖. 从马斯洛需要层次理论看武术价值［J］. 山西师大体育学院学报，2007（3）：77-79.
③ 王俊璞. 武术新定义诞生记［J］. 中华武术，2009（8）：32-33.

化而形成发展的,这是武术发展的内在规定性。这一概念表明中国武术具有文化价值、格斗价值、体育价值,武术的显性价值跃然纸上,隐含在这些显性价值背后的是武术的审美价值、经济价值、健身价值等,经济价值、健身价值是体育价值的进一步深化,而人文价值中同样隐含了审美价值、修养价值。武术价值是从人与武术之间的某种关系中产生的,这种关系在本质上就是武术对人有用或使人愉快的属性与人的需要的特定关系[1]。武术的多元价值共存于当今社会中,任何组织、机构与个人都不能强迫他人追求非自己所选定的价值和非自己所理解的幸福,雅斯贝尔斯(Jaspers)认为"技术仅是一种手段,它本身并无善恶。一切取决于人从中造出什么,它为什么目的而服务于人,人将其置于什么条件之下"[2]。武术价值总体呈"倒金字塔"状,其价值取向会随着现代社会的需要而产生改变,同时也会随着不同个体的需求而发生相应的变化。以技击为目的的学习者会重视技击而忽视其他;以健身养生为目的的学习者可能会忽视技击;以表演艺术为目的的学习者可能会忽视技击、健身养生。这都是个人学习追求不同的自然结果。

一、技击价值

生存竞争和原始战争是目前公认的武术起源,生存竞争中的人与动物的争斗、人与人的争斗,战争中的人与人的斗争都需要良好的身体素质和娴熟的格斗技术,而这也成为武术得以千年传承的秘诀。在这种你存我亡的生存实战中,来不得半点虚假,必须"真刀实枪"。因此,中国武术对于技击格外重视,在中华人民共和国成立后历次对于武术概念的讨论中,凸显技击的价值本位便是一个明证。人类的技击能力在生物性上与其他动物并无差异,而动物获得这种能力的途径是游戏或者嬉戏,在不断的游戏实践中积累了丰富的格斗能力,进而在与其他动物的生存竞赛中获胜。因此,荷兰学者赫伊津哈(Huizinga)认为游戏与竞赛具有本质同一性[3]。由此可以想到,各种动物的生存技能是在游戏中获得的,在学习的初期是不具有功利性价值的,同时获得这些技能的过程也是极其愉悦和快乐的,仅通过这种技能的学习为日后的生存做准备,除此之外,动物不但要学习

---

[1]陈光玖. 从马斯洛需要层次理论看武术价值[J]. 山西师大体育学院学报, 2007 (3): 77-79.
[2]雅斯贝尔斯. 历史的起源和目标[M]. 北京: 华夏出版社, 1989: 142.
[3]赫伊津哈. 人: 游戏者[M]. 成穷, 译. 贵阳: 贵州人民出版社, 2007.

这种技能，如快速转弯、寻找猎物、撕咬等，而且要锻炼自己的身体素质，如让自己比猎物跑得更快、比猎物更加有力量等身体素质在生存之战或者格斗竞赛中非常重要。我们可以假设两个体重相差悬殊的人"对垒"，一个人具有较为丰富的技击技巧，另一个人没有技击技巧，谁胜谁负可能是一个问号。武术技击仅是教会习练者技击的策略和方法，而最后效果的取得往往依赖身体素质和策略的共同作用，单方面有时候并不能起到决定性的作用。从追求武术的技击价值来说，截拳道并不拘泥于一招一式，打败对手，就是"道"。

按照现代汉语构词法规律，"技击"是一个偏正结构的复合词。我们崇尚和追求的是富有"技巧"的"击"，这是武术技击的终极追求，这一追求与现代汉语构词法中偏正结构复合词的构词规律不谋而合。由此可见，个人对于技击的追求具有多层含义。首先，对于技击的追求要求个体具有击打的技能和身体活动能力，只有具备了这种客观条件才能追求"击"。其次，追求"击"，利用肢体动作实现"击"的目的。最后，武术技击的最高阶段，即"技"是"击"的重要条件和手段，是实现完美"击"的必要条件，但具有"技"不一定"击"，"击"并非充分条件。因此武术的"技击"追求的是一个宽泛的概念，并非一味地强调"打"。"用来搏斗是技击的本质属性。身体活动能力是技击的大众属性。技击首先是熟练的身体活动能力，只有满足进行搏斗的条件，才能成为技击。就像商品是劳动产品，只有满足了'用来交换'才能称为商品。"[①]

传统武术的技击价值作为一种工具理性，并没有随着时代发展而达到无以复加的境地，这主要得益于儒家伦理道德的制约。在中国传统社会中，道德伦理纲常支配或影响着任何一个文化领域，体现在武术圈中则是武德，"未曾习武先习德"，武德成为约束和制约习武、交手的规范，两两较技试力时崇尚"点到为止"，即交手时要做到"实战"而不"敌对"，只要使对方真正体悟到技艺不如人即可。尽管武术技击在其外在表现形式上产生了一定的异化，但是本质仍然是对人体"击"的能力的提升和对"击"的技术的感悟。热兵器的盛行使得武术技击逐渐走向没落，中华人民共和国成立后，由于当时特定的社会环境和条件，实用性的武术技击和武术"唯技击论"一度遭到人们的质疑，因而纳入体育范畴的武术的技击功能进一步衰落，而"击"的艺术性则逐渐占了上风，成为技击的"艺术化"表征，是一种"对手缺席"的技击想象。"因为无论是体育的武

---

① 姚建军，刘宇峰，尹天安，等. 技击概念辨析 [J]. 体育文化导刊，2006，27（2）：55-57.

术还是艺术的武术，乃至文化的武术，都追求公平、公正、文明，即使带有格斗性质的散打也是在佩戴护具和约规制约下的对抗。"① 总体而言，武术技击的表现形式存在以下三种样态：真打、悟打、演打。无论是何种技击展演形式，都是我们理解、感悟、领略武术技击的途径，"对于传统武术中技击的认识仅仅局限在能'打'不能'打'的形而下的层面，似乎'打'成为评价技击的唯一标准，这无疑是对武术技击本质的解构……对于技击的理解是我们修'道'、求'道'的过程与途径，而非仅仅是目的"②。

二、竞技价值

将武术纳入体育部门管理后其竞技属性成为主要部分，但是作为全民健身项目而言，习练者并不追求、也不研究武术深奥的文化价值，他们只关注武术的"使用价值"，只关注武术能够带来的利益，无论是健身还是防身，由此需要从体育的角度对武术的价值进行阐述。从"体育"的词源构成来看，"体育"是指"对身体的教育"，但是在体育理论界，体育的本质究竟是"对身体的教育"还是"通过身体的教育"并没有达成共识，实质上我们认为"体育概念是一个关系概念。体育作用于人的独特价值在于体育能促进人的自然属性的发展。'运动'是体育的'关键加入者'。体育是以发展人的自然属性为目的的身体活动"③。但是随着社会的进步和时代的发展，体育的本质不断异化，以娱乐欣赏为目的的竞技体育在现代社会大放异彩，成为社会生活中不可忽视的一个重要方面，如奥运会、世锦赛、世界杯等各种大型体育赛事的申办热便是一个明证。武术的本质特征是"搏杀格斗的方法或技巧"，这一活动显然离不开身体，通过身体的"运动"达到和完成对人体的自然属性和社会属性的教育，而体育作为以"发展人的自然属性为目的的身体活动"，同样需要以肢体为载体进行活动，其本质是对外在的"器"的追求。武术、体育同时需要身体的参与才能完成，又同时能够增进作为自然属性的人的某些功能，这也是武术能够实现体育转化的前提和内因。

---

① 王林，晋会峰，徐刚. 非物质文化遗产视域下传统武术"原生态"传承之悖论 [J]. 天津体育学院学报，2009，24（2）：158-161.
② 王林，虞定海. 全球化语境下武术发展的文化版图审视 [J]. 武汉体育学院学报，2008，42（5）：63-68，73.
③ 唐炎，宋会君. 体育本质新论 [J]. 天津体育学院学报，2004，19（2）：36-38.

"说'古代无体育',主要是指中国古代没有较完整的体育思想观念、知识体系、传承制度和运行机制。健康、长寿等养生思想,射、御等礼仪教育,舞狮舞龙等节庆民俗,搏击武艺等杀人之术,只能称为体育的萌芽。"[1] 尽管如此,中国古代的身体活动中仍然显露出竞技的因子,"凡有血气者,皆有争心。"(《晏子春秋》)"争者,人之所本也。"(《淮南子·道应》)在武术的发展中也出现过竞技较力的雏形,如"凡执技论力,适四方,嬴股肱,决御射。"(《礼记·王制》)"晋侯梦与楚子搏,楚子伏己而盬其脑。"(《左传》)"僖公二十八年,鲁国公子季友俘房莒拏,却提出要与莒拏徒手搏斗,一决雌雄。"(《春秋》)需要注意的是,上述竞技成分并不具备体育的属性,此时的武术竞技是以击败对手为目的的,完全没有脱离真打实斗的实战,仍然是一种十分野蛮的活动,缺乏体育要求的公平、公正、公开等基本精神。《庄子·说剑》中记载:"庶人之剑,曼胡之缨,短后之衣,瞋目而语难。相击于前,上斩颈领,下决肝肺。"庄子视此"无异于鸡斗"便是对这一时期武术竞技不能称为"体育"活动的生动贴切描述。汉代以后,以体育运动形式出现的武术较技活动大大增加。《汉书·淮南王刘安传》中记载:"安太子学用剑,自以为人莫及,闻郎中雷被巧,召以戏,被一再辞让,误中太子。"这里的"召""戏""误中"等表述方法,说明武术竞技已经具有了一定的体育比赛性质。《典论·自序》中记载的剑法较技可以看作现代击剑运动的雏形,"求与余对,时酒酣耳热,方食芋蔗,便以为仗,下殿数交,三中其臂,左右大笑,展意不平,求更为之,余言吾法急属难相中面,故齐臂耳。展言愿复一交,余知其欲突以取中也,因伪深进,展果寻前,余部脚勒,正截其颡"。其中的"三中其臂""因伪深进"等便是个人技术与战术的综合体现。

中国武术自汉代起就有体系思想的萌芽,如东汉名医华佗创编的五禽戏,"亦以除疾,兼利蹏(蹄)足",这一时期也出现了用于娱乐与表演的角抵手搏、相扑等运动形式,这些内容为武术体系的丰富及后期武举制考试奠定了良好的基础,此时的武术具有了现代体育的部分功能,但没有成为一项独立的运动。文艺复兴和启蒙运动使西方的自然科学和人文精神爆发出巨大的威力,中国自古"以弧矢定天下"的传统被彻底打破,中国武术被迫卷入现代化转型的滚滚洪流之中,19世纪末期,"民间武术家在一定程度上仍然偏重于格斗技能的应用,以武

---

[1] 胡小明.一种基于现实的当代体育理论眺望[J].体育文化导刊,2003(12):18-20.

术为体育的旗号尚无树立的条件"。① 1901 年"武举制"退出历史舞台使中国武术的体育化进程进一步加速，而德国、日本军国民主义思潮的涌入为中国武术的"操化"范式奠定了前提条件，蔡元培说"（中国）拳术决不可废"，于是分属两套话语体系的西方体育、中国武术开始了融合之旅。霍元甲于1909年在上海创办的"精武体操学校"便是中国武术与西方体操进行结合的首次尝试②，其宗旨是"以提倡武术，研究体育，铸造强毅之国民"，打破门户畛域，传授、推广武术；此外，还开展球类、体操和田径运动等西方体育内容，这是中国武术向西方体育积极借鉴的表现。1911 年，马良邀集部分武术名家编辑的《中华新武术》，是武术成为"中国式体操"的典型代表，在传统武术的基础上大胆吸收西方体育的精华，把口令式教学嫁接到了武术教学中，并把武术按照西方体育的形式进行了现代化改造与转型，对武术后来成为一项体育项目奠定了良好的基础，同时促进了武术与现代体育的结合，对武术的体育化转变起到了媒介的作用③。1928年成立的中央国术馆将中国武术与西方体育进行了深度融合，大胆采用了西方体育的教学模式和竞赛评判方法。张之江指出："若提倡国术而不使之竞技化，则此种单纯之演习，既乏攻守之经验，无裨自卫之实用。"④ 其获准批文云："吾国技击诸法，渊源久远，传习寖微，设馆研究，具见提倡精神，裨益青年体育。"⑤

1923 年 4 月在上海举行的"中华全国武术运动会"、1924—1933 年举办的四届中华民国全国运动会、1934 年 10 月在天津举行的第十八届华北运动会、1953 年 11 月在天津举行的全国民族形式体育表演及竞赛大会等比赛的举办在武术竞技上做出了积极的探索，是中国武术向近代竞技体育迈进的有益尝试。1959 年颁布实施的第一部《武术竞赛规则》标志着脱胎于传统武术的竞技武术正式诞生，随后对《武术竞赛规则》的多次修改彰显了中国武术的竞技价值。围绕北京申奥提出的中国武术奥运之旅更是借鉴难美性项目的评分标准，对中国武术的竞赛体系做了大胆改革，至此中国武术成为一个彻头彻尾的表现难美性竞技体育项目。中国武术在与西方体育的数次融合之后，西方的体育文化或"身体技术"

---

①林伯原. 中国近代前期武术家向城市的移动以及对武术流派分化的影响 [J]. 体育文史，1996（3）：14-17.
②郭志禹. 竞技武术国际化综论 [J]. 上海体育学院学报，2002，26（4）：27-31.
③王林，虞定海. 军国民主义对武术发展的影响研究 [J]. 山西师大体育学院学报，2009，24（1）：51-53.
④国家体委武术研究院编. 中国武术史 [M]. 北京：人民体育出版社，1997：353.
⑤王岗. 武术走向奥运的方略：保留与割舍 [J]. 武术科学，2004（4）：扉页.

形态已经影响并解构了中国原生态的体育文化模式，中国武术转型成为中国本土的体育项目，与西方体育项目共同在体育统一语境下进行博弈和互动[①]。

尽管目前大众对武术的竞技化旅程褒贬不一，但是武术的竞技价值并不会因此而消亡或停滞不前，我们可以将这一过程称为中国武术的西方异化，异化并不一定是坏事，"一种文化的意义生成和确立，关键在于社会主导意识形态对它的理解和阐释方式，以及阐释者的立场和角度"[②]。对于竞技武术，我们必须按照竞技的规律来办事，不能以传统的眼光和要求加以衡量，否则将会产生一个不伦不类的怪胎。不可否认的是，目前竞技武术的发展存在问题，这是不可避免的。因此，我们对竞技武术首先应该持有辩证唯物主义的基本立场，而不能直接"乱棍打死"；其次应该坚决反对指责竞技武术的"百害"却无法提出建设性建议的人；最后应该警惕那些鼓吹竞技武术"去竞技化""弱竞技化"[③]的观点，积极为武术的竞技转型献计献策。

三、健身养生价值

健康是人类社会发展的永恒主题，随着人类社会的快速发展，人类的健康问题越来越受到关注。健康最简单的定义是身体、精神和心灵的健全。世界卫生组织于1948年在其宪章中将健康定义为"不但没有疾病和不虚弱，而且保持生理、心理和社会适应的完美状态"，1978年又在《阿拉木图宣言》中重申了这一观念。健康概念从过去一维的身体健康发展成为三维健康，20世纪90年代又有人提出了"道德健康或伦理健康"和"情感健康"，成为五维健康，可以说健康的定义在不断地泛化，几乎涵盖了医学、心理学、社会学、社会心理学、伦理学、教育学、体育学等各种学科。现如今人们正在努力达到最理想的健康状态，即整体健康状态（Wellness）。整体健康是指积极的、有目的、有意义的生活，即以主动、负责、最大限度地提高躯体、精神和心灵的健康为特征的生活方式。"健康不仅意味着没有疾病，还意味着主动采取实际步骤预防疾病，并努力生活得更加丰富、平衡和满足"[④]。"生活方式是人们的行为方式，其实质是人们的生活行

[①] 刘治，刘庠. 武术体育化：重生与尴尬 [J]. 武汉体育学院学报，2010，44（8）：43-48.
[②] 张柠，张闳. 2004 文化中国 [M]. 广州：花城出版社，2005：1.
[③] 文善恬. 竞技武术，歧路之羊？——武术发展要警惕一种"去竞技化"倾向的回潮 [J]. 体育科学，2008，28（11）：87-92.
[④] 尚保春. 健康需求对高校体育产业的影响 [J]. 商场现代化（下旬刊），2006（5）：176-177.

为选择。人类的健康水平与体质状况越来越受这一因素的影响。健康是现代人类社会最重要的目标之一。生活条件和生活方式是影响人类健康的最主要因素"①。

人类对健康具有不竭的需求，因而一切可以增进健康的手段都成为人类关注的焦点。最近几年与健康、养生相关的书籍大量出版，各大实体书店也专门开辟此类书籍销售的专区，人们在此阅读、享受养生文化盛宴成为一道亮丽的风景线，而在网络图书销售中，与健康、养生有关的书籍占据新书排行榜、畅销书排行榜也是司空见惯的。这一事实从一个侧面说明了健康对于人类的重要性和人类对于健康的关注程度。人类对于健康如此关注，是因为健康对于人类具有极大的价值，并且是"某些回报的唯一可信的来源，而人们对于这些回报有一个一般的无尽的需求"②。

现代医学和体育科学研究表明，适宜的体育锻炼对健康的益处主要表现在以下几个方面：改善心情和刺激大脑；提高呼吸能力；改善血液循环，降低患心血管病的危险；促进消化，加快脂肪代谢；加固骨骼，提高关节柔韧性；改善神经系统，提高肌肉力量和耐久力；延年益寿。适宜的体育运动是实现健康的有效途径，体育锻炼能延缓人的衰老，即减缓肌肉组织的萎缩、身体脂肪的增加、工作能力的下降等；另外，还能降低心脏病和脑血管病的发生率，使人更长久地保持健康活力③。健身养生价值是指武术作为一种身体活动方式，可以满足人们"增强自身身体质量"的价值需求，是生物学意义上的功利需求，其对人体"五脏六腑"的生理功效和"筋骨皮"效果，遵循自然身体活动的规律和"天人合一"的整体锻炼思想，对人的身体自然属性所产生的积极作用包括技击、观赏和健身养性等价值④。

武术练习是通过人类的肢体运动得以实现的，武术练习中极其重视对人体精、气、神的锻炼，追求炼精化气、炼气化神、炼神还虚，以"三调"（调身、调心、调息）贯彻始终。任意武术流派与拳种对外均强调手眼身法步的训练，对内则强调精神气力功的培养，内与外同时要坚持"中、正、平、圆、松、静、柔、和"八字兼修，注重阴阳虚实的运化，通过对人体全方位的锻炼增强人的生

---

① 于德法. 关于经济发展与体育消费需求的思考 [J]. 商场现代化（下旬刊），2008（7）：246.
② 罗德尼·斯达克，罗杰尔·芬克. 信仰的法则——解释宗教之人的方面 [M]. 杨凤岚，译. 北京：中国人民大学出版社，2004：103.
③ 尚保春. 健康需求对高校体育产业的影响 [J]. 商场现代化（下旬刊），2006（5）：176-177.
④ 胡小明. 体育的价值区域与探索路径 [J]. 体育科学，2007（11）：9-14.

命活力，取得祛病益寿之效。即使是在以武术为技击手段的古代，人们也没有忽略它的健身价值，孙武曾经指出"搏刺强士体"，这无形中告诉了我们这样两个事实：一是通过"搏刺"这种练习形式可以增强"士体"，二是为了更好地"搏刺"需要强壮的"士体"。由此看出，"搏刺"和"强士体"两者是相互依存、相互促进的。戚继光的《纪效新书·比较武艺赏罚篇》中记载，"凡兵平时所用器械，轻重分量当重于交锋所用之器。重则既熟，则临阵用轻者，自然手捷，不为器所败矣，是谓练手之力。凡平时，各兵须学趋跑，一气跑得一里，不气喘才好。如古人足囊以沙，渐渐加之，临敌去沙，自然轻便，是练足之力。凡平时习战，人必重甲，荷以重物，勉强加之，庶临战身轻，进退自速，是谓练身之力"。戚继光通过士兵"手之力""足之力""身之力"的训练满足士兵"临阵""临敌""临战"的实际需要，这也进一步说明健身与技击的相互依赖与相互促进关系。"详推用意终何在？益寿延年不老春。"王宗岳的《十三势歌》更是将太极拳的主体价值转向了延年益寿，这标志着武术的价值自火器逐渐兴起之后因社会需要而逐渐改变。武术练习讲究"内练一口气，外练筋骨皮"，筋、骨、皮是维持人体正常生存的必要生理支撑，是看得见、摸得着的显性存在，但是内练的"精气神"是中国武术、养生学所独有的，通过呼吸将外在之气运送到五脏六腑，进而起到不同程度的摩搓和挤压作用，这是西方体育难以望其项背的。

全球老龄化的蔓延及随之而来的慢性疾病和生活无法自理等问题加大了全球的经济负担，因此大众对太极拳的兴趣与日俱增。在中国武术的众多拳种门类中，太极拳已经作为一种体育活动和康复方式传播到国外，它对于人体的健康效果引发了国外的研究兴趣。太极拳目前是世界上被研究最多的拳种，现有科学研究表明，太极拳在神经控制、免疫系统、心肺功能、平衡、稳定性和力量等方面对人体健康具有良好的促进作用。遗憾的是，上述研究大部分都是通过短期的实验研究（8~16周）得出的结论，长期锻炼太极拳的效果尚不清楚，并且太极拳的健身机制也不是十分清楚。我们深信，随着对武术、太极拳科学研究的逐步深入，其健身机制和健身价值将大白于天下，这对武术传播会起到事半功倍的效果。

第二节　健康传播：中国武术海外传播的价值选择

技击是武术的核心价值，健身养生价值最初只是作为武术防身自卫过程中的附加属性而存在。随着冷兵器的衰弱、火器的盛行，武术的技击价值逐渐走向衰落，直到清末时期，由于武术军事价值的弱化，武术逐渐从战场走向民间。"详推用意终何在？益寿延年不老春"，说明武术的价值属性开始由技击转向以强身健体为导向的健身养生价值。这一转向与具有全球普适价值和人文关怀的健康概念可谓一脉相承，遗憾的是在武术传播中我们有意或无意地回避了这一价值，这是中国武术国际化传播的一大憾事。

一、健康的重要性

我们每天把获得的健康知识应用于日常生活中，每个人都是健康知识的实践者和传播者，因而健康与每个生命个体如影随形，并且在如社会学、政治学、心理学、文学、神学和传播学等学科中，关于身体的理论都占核心地位。但是"我们仍不了解身体，它是来自我们自己的'其他'，同时，因为它与我们的亲密性使得身体不可避免地成为永远焕发生机的写作对象"[1]。一旦健康脱离我们的身体，如患病、疼痛时，我们就会真切感受到健康的重要。"在身体的一切功能正常时，它就似乎是不存在的；在功能失调时，它会强烈地抓住我们的注意力；那么，我们对身体的感觉就像一种很缺乏的渴望，或是正常的状态，或是自我的对立。"[2] 我们迫切地需要健康，并为之付出不懈的努力，希望通过种种自然或不自然的方式最大限度地减少疾病的发生，但是只有健康失去时我们才会有切肤之痛。人类对健康的此种态度使得健康教育、健康促进、健康传播逐渐得到重视，人类寄希望通过外界的干预达到"关怀与治疗同等重要""关注人而不是疾病本身[3]"。

健康是人们永恒的话题，被视为人生的第一需要。随着人们物质生活水平的不断提高，越来越多的人开始关注自身的健康问题，健康已经成为21世纪人们的基本目标。同时，现代人对健康有了更科学、更全面的认识，这与传统的健康观——"无病即健康"的理念有很大差异。世界卫生组织1978年对健康的定义如下：健康是指一种身体上、心理上和社会适应方面的良好状态，而不仅仅是没有疾病和不虚弱。这种新的健康观使医学模式从单一的生物医学模式转变为生

---

[1] BROOKS. Body work：Objects of desire in modern narrative [M]. Boston：Harvard University Press，1993：286.
[2] LEADER, DREW. The absent body [M]. Chicago：University of Chicago Press，1990：4.
[3] 帕特丽夏·盖斯特-马丁，艾琳·伯林·雷，芭芭拉·F. 沙夫. 健康传播：个人文化与政治的综合视角 [M]. 李利群，龚文庠，译. 北京：北京大学出版社，2006：13.

物—心理—社会医学模式。其中，现代健康观中的心理健康和社会健康是对生物医学模式下健康的有力补充和发展，它既兼顾了人的自然属性，又兼顾了人的社会属性，从而摆脱了人们对健康的片面认识。

随着经济的发展，医疗设施的发达只能保障人们生理上的健康，而人们的心理健康和社会健康需要通过坚持自我锻炼、保持身心愉悦等方式进行干预和预防，健康是人类生活的正常状态，是社会进步、经济发展和国家繁荣的保障。我国宪法明确规定，维护全体公民的健康，提高各族人民的健康水平，是社会主义的重要任务之一。由此可见，健康是国家发展、民族富强的重要标志。2016年8月，《"健康中国2030"规划纲要》正式出台，为我国今后15年的建设与发展指明了方向。健康对国民、社会、经济、国家发展极为重要，对于个体来说，拥有强健的体魄才可以保持良好的情绪和稳定的心理状态，才可以提高工作效率和生产力；对国家和社会来说，才可以保证各项工作顺利开展，促进健康中国落到实处。健康已经上升为国家战略，武术的健身养生价值凸显，健康中国理念的提出为武术的传播和发展带来了新的机遇和挑战。

二、健康传播的兴起

健康传播是健康教育和健康促进的重要手段和策略，是健康信息传递和流动的过程，同时也是研究健康信息传播过程中各种传播要素之间的关系，以及传播技能、传播效果与影响传播效果等各种因素之间关系的一门科学。健康传播是基于利用各种媒体渠道和信息传递方式保护和促进人类健康而产生、传递、传播和共享健康信息的过程，同时也是医学领域一般传播行为的具体化和深入化，有其自身的特点和规律。

始于1971年的"斯坦福心脏病预防计划"（Stanford Heart Disease Prevention Program，SHDPP）被学术界公认为健康传播的滥觞，这一计划是医学学者和传播学学者的首次合作，前后共历时5年，旨在借助斯坦福大学心脏病学专家的科研成果，结合西方传播学奠基人威尔伯·施拉姆（Wilbur Schramm）领导的斯坦福大学传播研究所的研究，在社区开展的一项健康促进计划，其目的是通过传授健康知识、改变生活方式、利用运动加以干预，以降低心脏病的发病概率。1972年，在一批对健康传播感兴趣的学者的倡导和努力下，"治疗性传播兴趣小组"（Therapeutic Communication Interest Group）成立，该组织隶属"国际传播学会"（International Communication Association，ICA），而"国际传播学会"是研究广播电视和传播事业现状和未来的国际性学术团体,因此这一组织的建立奠定了治疗性传播(健康传播的前身)研究在学术领域的"合法"地位[1]。治疗性传播刚开始主要研究与疾病治疗和预防有关的医学议题,后来随着研究议题的深入和领域的拓展,一些无法涵盖在治疗性传播中的重要议题产生,如避孕、吸毒、延长寿命等。迫于这一现实,在1975年国际传播学会芝加哥年会上,"健康传播"正式取代了"治疗性传播",而"治疗传播兴趣小组"也正式更名为国际传播学会下属的"健康传播学会"(Health Communication Division)[2],由此健康传播正式成为一个独立的学术研究领域。后来随着艾滋病、药物滥用等危害美国民众健康因素的泛滥,美国政府在预防性健康促进上加大了财政投入力度,这使健康传播的专门人才越显匮乏,部分高等院校中的传播学院(系)开始着手培养健康传播方面的专门人才[3]。不完全统计,目前整个美国高校可授予健康传播博士学位的有20余个项目,而可授予健康传播硕士学位的有40个项目[4],由此可见,健康传播在美国已经形成了全面的人才培养体系和广泛的运用空间。

与健康传播有关的行为在我国也较为常见,如卫生防疫部门开展的疾病、卫生防疫及健康教育,大众传媒利用广播、报纸、电视、网络等媒介普及健康知识。但是此类行为侧重宣传与教育,而非传播,因此与健康教育相关的成果主要刊登在中国卫生宣传教育协会创办的《中国健康教育》上,而在传播学类刊物上尚未出现相关成果[5]。在1987年召开的全国首届健康教育理论学习研讨会上,首次提出了传播学在健康教育中的应用,并就教育、宣传与传播的内在关系首次进行了探讨。随后在1989—1993年中国政府与联合国儿童基金会(United Nations International Children's Emergency Fund,UNICEF)开展的第四期卫生合作项目中,就健康信息的传播及传播技巧等问题开展了专门的培训[6],由此来看,

---

[1] 张自力. 健康传播研究的发展、现状与趋势 [C] //中国科技新闻学会,中国科学研究所,广州市纵横集团有限公司. 第六届亚太地区媒体与科技和社会发展研讨会论文集. 北京:中国科技新闻学会、中国科普研究所,2008.

[2] KREPS, G L, BonaguroE W, Query, Jr, et al. The historyand development of the field of health communication. [M] //L. D. Jackson, B. K. Duffy (Eds.). Health communication research: A guide to developments and directions. West port, CT: Greenwood, 1998: 1-15.

[3] EVERETT M. ROGERS. The field of health communication today [J]. American behavioral scientist, 1994, 38 (2): 208-214.

[4] 王迪. 健康传播研究回顾与前瞻 [J]. 国外社会科学,2006 (5):49-52.

[5] 韩纲. 传播学者的缺席:中国大陆健康传播研究十二年——一种历史视角 [J]. 新闻与传播研究,2004, 11 (1): 64-70, 96.

[6] 米光明,王官仁. 健康传播学原理与实践 [M]. 长沙:湖南科技出版社,1996.

健康传播在我国的萌芽是在外力推动下、在项目执行过程中逐渐得到完善的，但是这一完善仅是行为与概念的完善，尚不能上升到与国际接轨的程度。2001年复旦大学新闻传播学核心期刊《新闻大学》（秋季号）的"卷首语"中有这样一段话颇耐人寻味，"健康传播在国外是一个比较热门的研究课题，但在我们这儿似乎还闻所未闻……"。该期刊同期刊登了张自力的学术论文《论健康传播兼及对中国健康传播的展望》，这是国内传播学界从传播学视角第一次系统研究健康传播，此时健康传播对国内传播学界来说依然处于"鲜为人知"的边缘状态。随着经济发展和社会进步，大众对健康素质、保健水平和生活质量的要求越来越高，因此应利用传播学的知识将医学研究成果转化为大众的健康知识储备，并通过改变公众理念、态度和生活方式，利用运动干预降低疾病的发生风险，真正做到预防、治疗、康复三位一体。

三、中国实施健康传播的现实表征

自健康传播2001年首次出现在复旦大学新闻传播学核心期刊《新闻大学》（秋季号）的"卷首语"中，已经过去了20余年，健康传播在我国从无到有、从有到强。一系列学术组织的成立、大量活动的召开、课程培训的实施、成果的发表等均促进了健康传播的兴起。下面先看几则新闻报道，以了解健康传播的大体态势。

中国健康传播大会是国家卫生和计划生育委员会（原卫生部）与清华大学于2006年共同发起举办的，至2022年已成功举办十七届，成为公共健康领域最具权威的品牌盛会，其宗旨为"倡导健康行为、共创健康社会"。

2010年6月28日至7月14日，中国人民大学与美国宾夕法尼亚大学安妮伯格传媒学院共同主办的"2010中国人民大学健康传播与新闻传播学前沿问题研究暑期学校"如期举行。

2017年北京大学新闻传播学院首届健康传播专业硕士研究生开始招生，这一专业是由北京大学医学部与新闻传播学院合办的一个新兴专业，以该专业名称命名的硕士方向目前在中国大陆是首次设置。

2021年8月，中国新闻史学会健康传播专业委员会在复旦大学新闻学院成立，凸显了健康传播在中国新闻传播学科中的重要性。

2022年11月19日至20日，由中国医师协会、中国医师协会健康传播工作委员会和南通大学附属医院共同主办的第三届健康中国创新传播大会暨第八届中国健康品牌建设大会顺利召开，会议的主题是"传播健康，赋能品牌"，詹启敏、马丁、王琦等21名中国科学院、中国工程院院士联名发起"守护人民生命健康传播时代健康强音"倡议。

此类与健康传播相关的新闻事件不胜枚举。上述新闻事件无疑表明与健康有关的传播行为已经引起了国内相关领域的专家学者的高度关注，健康传播的兴起显然是社会转型的客观现实、大众的内在需求、卫生教育和传播学界纵深发展等因素共同导致的结果，也是中国社会进步的一个重要标志。

传播学者罗杰斯（Rogers）将健康传播定义为一种将医学研究成果转化为大众的健康知识，并通过态度和行为的改变，降低疾病的患病率和死亡率，同时可以有效提高一个国家居民的健康水平和生活质量为目的的行为[1]。健康传播是工业革命以来人类社会最重要的公共事务之一，它作为科技进步的直接产物和矫正机制得到发展。健康传播是知识普及、信息分享、社会协商，归根结底是指涉及人类价值观和命运感的文化运动。遗憾的是，包括武术在内的体育运动作为维持健康、增进健康的重要手段，在健康传播来临的时代仍然处于"缺位"状态，其外在表现大致有以下两个方面：一是从健康传播视角阐述武术、体育运动项目发展的研究成果较为罕见；二是无论医学界、传播界或其他部门在研究健康传播时均有意或无意地忽视了体育运动[2]，尽管在有些研究中提及了体育运动对健康的价值，但是关于在健康传播中如何使受众对体育运动产生"知""信""行"的转变，进而促进健康传播的研究较少。这一现象与关于健康传播的研究开始不无关系，随着后期研究的深入，这一现象会得到根本的改观。

我国早期的健康传播研究是为适应危机管理的需要而诞生的，关注的是信息传播与政府对公共卫生危机事件的管理之间的关系。在公共卫生领域，"健康教育"主导"健康传播"，强调对公众的宣传教育，由于公众普遍缺乏对传播要素的整合，健康传播的实施显得尤为重要。20世纪末，随着人类社会的进步、生活质量的提高，特别是大众传播技术的日益发展，政府和学者开始关注和研究利用大众传播的优势，从而提高广大公众的健康意识，塑造健康的社会环境，提高广大人民群众的健康水平。因此，健康传播作为一个具有重要社会意义的研究领

---

[1] E M ROGERS. The field of health communication today [J]. American behavioral scientist, 1994, 38 (2)：208-214.

[2] 张自力. 健康传播研究什么——论健康传播研究的9个方向 [J]. 新闻与传播研究，2005（3）：42-48，96.

域，逐渐成为人们关注的焦点。

新媒体的出现增强了健康传播信息受众的互动性和参与性。与传统媒体不同的是，它可以实时采集图片、声音甚至图像，形成"直播"，比传统媒体的传播速度更快，信息的更新速度也更及时，同时大大降低了成本、提高了时效性。众多互动的新媒体平台使健康信息的传播方式逐渐多样化，在一定程度上扩大了健康信息的传播范围。

四、健康成为中国武术海外传播的价值选择

价值作为人类的一种自主选择，体现了自然存在物与人类主体之间的动态关系。人类的选择创造了价值，主体根据自己的价值尺度，对客体的属性、功能及其对主体可能产生的效应进行分析、比较，以求用最小的代价获得最大的价值[1]。当今社会各种文化百家争鸣，哪种文化能更好地满足当代社会人们的生活需要和日益增长的文化需求，哪种文化就能取胜。随着社会的不断发展和生活水平的不断提高，21世纪人们最关注的问题是健康。健康在国家发展、社会进步、人民生活中的地位和作用日显突出，健康所具有的特殊价值和重要性已经被大多数人认可。

根据世界卫生组织1989年对健康的定义可知，健康是指人不仅躯体没有疾病，还要具备心理健康、良好的社会适应能力和道德品质。如今，发达的医疗水平和精确的各项设备可以治疗人们的身体疾病，但社会的快速发展、工作生活环境的变动、人际交往范围的扩大，使一些人在精神、思想、心理等方面受到越来越多的影响，心理健康的问题越来越突出。武术蕴含着中华民族几千年积淀的智慧经验和文化精髓，传承了东方文明特有的健康文化、健康方式、健康理念和健康价值，健身养生价值一直内蕴于武术的各招式中，通过坚持练习可以潜移默化的影响人们的健康。单从健康价值的角度看，中国武术作为中国传统身体文化的经典代表，是多种体育运动中蕴含健身养生理念最多的项目之一。中国武术有着强烈的养生文化倾向，其内涵不仅囊括与西方同道共有的身体技能训练、肢体康复和机体保健等内涵，还突出了生理机能的协调、生命意义的实现、生命能量的涵养等多种诉求[2]。武术不仅能有效地促进人们的身体健康、丰富人们的生活，

---

[1]王林. 武术传播论纲[M]. 武汉：湖北人民出版社，2011：3.
[2]阮纪正. 传统武术养生体系的文化学分析[J]. 少林与太极（中州体育），2015（7）：1-9.

还能增强人们社会交往的能力,在一定程度上缓解心理压力,从而促进身心健康。武术作为世界上最受欢迎的健康运动之一,其健康文化、健康方式和健康理念受到世界各国人民的认可和喜爱,由此可见,武术的健康价值是中国武术海外传播的必然选择,也是武术海外传播的切入点之一。

(一) 武术自身具有的健康价值

顺天法地、追求生命健康长久一直是中国先民的不懈追求,他们以天人合一为价值取向,在日常生活实践中摸索出各种祛病强身的养生方法。在人们的日常生活中,动物的"超人类能力"成为先民竭力模仿和探究的对象,从动物的生活行为到人类的模仿图腾崇拜行为,从单纯的拟形取意的无意识健身行为发展到有意识注重形神统一的养生行为,形成了中国武术发展的雏形,众多的象形拳正是人类模仿动物的结果。中国传统文化的意象式思维模式要求我们在探研宇宙的基本规律时"观物取象,立象尽意""立天之道以定人道""尚象制器,以道论器",这种特定的思维方式产生了特定的中国传统文化样态,其总体表现就是以时为正、直观性、模糊性、直接性,反映在武术中就是蕴含了道家外丹、内丹学说和养生体系,产生了十二时辰养生法、四季养生法、二十四节气养生法,形成了太极、三才、五行、八卦、九宫等理论思想,丰富了阴阳学说、经络学说、藏象学说、气血学说、津液学说,这些正是中国武术产生的学理基础和理论渊源,"拳起于易,理成于医"便是对其的精辟概括。《周易·系辞》中记载"是故易有太极,是生两仪,两仪生四象,四象生八卦"。这一原则体现在太极中就是将人作为一个整体,以腹部为中枢,以两腰为两仪,以两手两足为四象,以四肢各有两关节为八卦,腹部一动,上下皆动,"牵一发而动全身"。形意拳拳理将阴阳、五行学说作为自己存身的基础,将五行生克制化之理运用到武术上,故有连绵不绝之理,其拳理中的动静、开合、虚实、现藏、攻防等也是根据阴阳学说发展来。这些是武术养生整体观、辩证观的生动写照。除此之外,中国武术也深受儒家、道家、释家等传统哲学思想的浸润,儒家倡导以人与社会为核心,以礼制心,注重内心的修养与社会实践;道家的柔静、凝神静气,提倡以人与自然为核心,以无为、虚静、自然为主旨,注重人与天的和谐;佛家讲究调心、调身、调息,主张明心见性,重在顿悟。这些哲学思想被中国武术所融摄,丰富和发展了武术的理论内涵,形成了"内练一口气,外练筋骨皮""内外兼修""形神合一"的武术炼养理论。重视内练精气,导引形体,讲究动静结合,传统武术的这些养生理论与实践最终成为中国养生文化的重要组成部分。

武术是中华民族优秀的传统体育项目,从古至今深深扎根于各族人民的劳动和生活中,已成为人们喜爱的健身方式之一。武术不仅蕴含着健身价值,还包含健心价值,而身心健康是构建良好社会秩序的"载体"。武术的健身养生价值在全面建成小康社会、迈向新的历史征程中具有提高民众获得感、幸福感、满意度的重要作用。武术作为一项民族传统体育项目,有诸多区分于其他体育项目的健身养生价值,而这些价值随着社会的发展越来越凸显,已逐渐成为全民健身的重要内容之一①。中国武术具有浓厚的身体语言,是中国优秀传统文化的代表性符号之一,也是中国人的一种生活态度和人生哲学,身心一统、知行合一、抱元守一、天人合一,是对中国养生智慧的经典总结。明朝杰出思想家、文学家、教育家王阳明认为心是一切的本体,是身的主宰,养身必得有益于养心,"大抵养德养身只是一事",此处的"德"即精神性、道德性的存在,即"养心",只有实现德行的养护才能有益于身,"克己方能成己"。他还提出了"四直"与"六心"的原则,"四直"即"直心,无妄念;直口,无杂语;直耳,无邪闻;直眼,无错识";"六心"即"闹时炼心,静时养心,坐时守心,行时验心,言时省心,动时制心"。这些修炼身心的方法时至今日仍然具有重要的实践价值。武术练习中非常讲究"手眼身法步、精神气力功"的协调配合,通过调身、调心、调息的密切配合,在习练的过程中实现身心并练。快节奏的生活、生活缺乏规律、经常熬夜加班、工作压力剧增等使得身体机能紊乱、机体功能失调、免疫力低下,影响了神经系统的正常功能。紧张、焦虑、抑郁等负性情绪渐增,使躯体产生不适,如心悸、心慌、胸闷、气短、出汗、肠胃不适、周身肌肉酸麻胀痛等,久而久之,人体就处于亚健康状态。中国武术对身心健康的调节作用如下:①练习中强调动静结合,动中有静、静中有动、以动为用、以静为养;②练习中强调形意合一,形随心动,以意带形、以形达意;③练习中强调内外合一,即精、气、神与筋、骨、皮的统一,也有内三合与外三合统一的说法;④练习中强调整体,身体各部分及内在精神均要协调配合,全面提高力量、速度、耐力、灵敏性、柔韧性等身体素质,同时调养气血、平衡阴阳,全面改善身体机能。

---

① 孔祥明. 现代大众武术健身开展的普及与提升路径 [J]. 赤峰学院学报(自然科学版),2016,32(10):103-104.

(二) 武术的健康价值得到大众认可

"生命在于运动"是古希腊伟大的思想家亚里士多德（Aristotian）在公元前300年提出的观点，它深刻地揭示出运动对于身体健康的重要作用。美国心血管专家肯尼斯·库珀（Kenneth Cooper）博士指出，只要参加运动就一定会受益，这一规则对脑力劳动者的影响更显著[1]。据统计，1968年美国有24%的成年人开始自觉地参加运动，在此后的15年里，美国心肌梗死的死亡率下降了37%，高血压的死亡率下降了60%，人们的平均寿命从70岁增加至75岁，由此可见，运动是身体健康的有效推进剂。82%的德国公民承认，保持身材和使健康处在最佳状态在他们的休闲活动中占据主导地位，同时，将近75%的德国人坦诚，"至少会偶尔性地进行运动"[2]。大众对于运动和体育活动的认识已经趋向合理，无论人们从事何种运动和体育活动，其开展运动的很大一部分动力源自自身对健康和舒适感的追求，"人们不再只一心关注于提高自己的运动成绩或者战胜他人，人们重视的焦点集中在健康层面、舒适感、放松及其他社会性角度"[3]，这也表达出人们对于体育运动和健康促进之间的内在认知。

体育活动是人们保持身体机能和维持最佳状态的基础手段，那么大众倾向于采取何种类型的运动方式就成为我们关注的焦点。近几年，节奏相对缓慢、较容易坚持的有氧运动越来越受到人们的关注和喜爱，其中慢跑、快走、骑自行车等都属于这一类型，也是大多数人会选择的运动方式。从运动学角度来看，上述运动形式属于中低强度、不断重复的有氧运动。武术在运动形式上与之具有异曲同工之处，但是武术对于身、心、息的整体要求使得其健身养生效果更好。近年来，国外科研机构和卫生部门对武术尤其是太极拳进行了医学、生理、生化、解剖、心理、力学等多学科的研究，结果表明太极拳对防治老年摔跤、高血压、心脏病、肺病、肝炎、关节病、胃肠病，神经衰弱等慢性病有很好的疗效[4]，这可能也是西方人认同武术的主要原因之一。除此之外，西方工业革命和信息革命在极大地推动科学技术进步和物质文明丰富的同时，存在"尽物性而损人性的倾

---

[1] 常宇. 石学敏：运动让我特别受益 [N]. 中国中医药报，2015-01-05 (006).
[2] 贝恩德·埃贝勒. 健康产业的商机 [M]. 王宇芳，译. 北京：中国人民大学出版社，2010：58.
[3] 贝恩德·埃贝勒. 健康产业的商机 [M]. 王宇芳，译. 北京：中国人民大学出版社，2010：17-18.
[4] 王林，淳再清. 中国武术实施健康传播的理论逻辑与现实思路 [J]. 武汉体育学院学报，2013 (4)：62-67.

向"①，西方人迫切需要心灵的安抚和整治，而西方的传统文化对此无能为力，"东方的价值观引起了他们的关注和崇拜，特别是强调人与自然、人与人和谐的中国传统文化犹如一副缓解和消除这一场矛盾的'良药'和'清心剂'""东方的信念、哲学、修性养生的方法特别吸引教育水平较高的西方人，也适应那种寻找个人信仰的人"②。由此可见，武术自身具有的文化内涵和健身养生价值是大众认同武术的重要原因。现有研究已经证实，韩国人对武术的认知主要有以下几个方面，"韩国人认为武术的价值在于健身的占53.85%、认为其价值在于技击的占30.35%、认为其价值在于教育的占9.06%"③。无独有偶，有研究发现"85.22%的人练习武术的首要原因是为了健康，习练者对太极拳等相关武术项目的健身养生价值非常认可"④。武术受众不仅对中国武术感兴趣，还对中国文化产生极大的兴趣，他们认为通过学习和习练武术可以更好地了解和感受中国传统文化，在身心并练和文化的熏陶下，能真正实现武术修身养性、缓解压力、陶冶情操的价值。

（三）武术传播需要新的"支点"

武术国际化发展目标提出之后，各项政策的制定为武术的传播和发展带来了新的机遇，但武术的传播效果不容乐观。由于受到中西方文化差异的影响，以往的武术海外传播受到很多限制。例如，过度依赖竞技比赛和套路表演，导致很多海外受众只对武术"高难美"的特点印象深刻，对武术的认知仅停留在观赏层面，同时普遍认为其不适合日常学习和锻炼，这种刻板印象在一定程度上限制了武术的发展，导致武术的海外传播效果并不显著。在武术海外传播陷入困境的同时，国内武术的传播也面临异域体育的冲击和中国当代社会转型的现实问题，由于受到西方文化和竞技体育的影响，国内武术传播依然处于"叫好不叫座"的尴尬境地，"传而不播"现象严重。面对武术国内外传播的困境，中国武术如何解决"心有余而力不足"的尴尬传播境地，如何实现国内外传播的互动共赢，是近年来中国武术界一直思考的问题。因此，找寻恰当的武术传播支点、提高传

---

①钱穆．中国文化史导论［M］．北京：商务印书馆，2000：223．
②罗玲娜．中西文化比较视角下的中西武技及中华武术的西方推广［D］．上海：上海体育学院，2009．
③崔秉珍．论中国武术的国际化发展——从韩国跆拳道推广模式的角度分析［D］．上海：上海体育学院，2011．
④罗玲娜．中西文化比较视角下的中西武技及中华武术的西方推广［D］．上海：上海体育学院，2009：135．

播效率是解决中国武术海内外传播困境的关键之处。

20世纪70年代末期,趋势预言专家费丝·波普科恩(Faith Popcon)在纽约创立了智库行销顾问公司(BrainReserve),该机构曾经提出17种将决定未来社会的大趋势,其中之一就是"健康且长寿"。无独有偶,德国未来研究学家马蒂亚斯·霍克斯(Matthias Horx)在主持的未来研究中也得出了相似的结论。毋庸置疑的是健康已经成为当今社会人们关注的焦点和热点问题,难怪比尔·盖茨(Bill Gates)说,下一个能够超过我的人,一定出现在健康产业里。中国武术练养相间、协调统一、"不治已病治未病"的养生理念与西方健身思想形成了良性互补,同时符合绿色健身的社会发展理念。我们有充分的理由相信,以健康为支点可以撬动武术传播,因为"意识的改变导致一系列新市场的诞生"[1],我们期待着这一天的到来。

---

[1]贝恩德.埃贝勒.健康产业的商机[M].王宇芳,译.北京:中国人民大学出版社,2010:4.

第五章
中国武术传播的交换动力

第一节 原生动力：自我呈现

文化动力是一种渗透于人类生活中的以价值为中心、以创新为动力、在社会活动中整合而构成的综合能量[1]。文化动力的形成能促进人们思想观念、生活方式和行为习惯的演进和改变，从而激发人们身上所蕴含的潜能，使其在现实中焕发蓬勃的生命力，可以极大地促进经济社会的和谐发展[2]。"文化是贯穿于人类社会发展始终的动力因素"[3]。我们知道，促进事物发展的动力是多元的，首先，事物发展受到事物自身的限制。美国西北大学乔尔·莫尔（Joel Mokyr）教授认为"每一个进化系统都由那些要素组成。在生物学中，底层结构是基因，在技术创新进化中，底层结构是知识和信息"[4]。对于中国武术来说，武术自身的特点、大众认知是中国武术发展的前提条件，也是中国武术发展的原生动力，只有符合全人类普遍价值的文化，才有可能在生产力存在代差时仍可以在不同语境畅通无阻。例如，赞颂爱情、揭示资本主义阶级分化的《泰坦尼克号》和《罗马假日》等电影；表现对弱者的同情关怀，对不公、压迫、强权的抗争的电影，如中国的武侠电影。"丧失了自由意志（主要是求'善'）、反思（主要是求'真'）、批判（主要是求'美'）的精神和能力，丢弃了对真、善、美的不懈追求，则文化动力将无从谈起。因为，无论时代如何变迁，求真、求善、求美都是永恒的

---

[1] 吴福平. 文化原动力及其传导机制研究 [D]. 杭州：浙江大学，2018：5.
[2] 李长健，伍文辉. 和谐与发展新农村文化动力机制建构研究 [J]. 长白学刊，2007（1）：123-127.
[3] 李云智. 当代社会发展的文化动力 [J]. 北京工业大学学报（社会科学版），2013（1）：7-17.
[4] MOKYR J. Evolutionary phenomena in technological change [M] //Ziman J. Technological Innovation as an Evolutionary Process. London：Cambridge University Press，2000.

主题。因此，一般性的文化初因或基因，并非都能成为文化原动力，而只有那些具有自由意志（求善）、反思（求真）、批判（求美）精神的初因或基因，才有可能成为真正的文化原动力或其核心要素，并进而发挥出文化动力的功能和效用。"[1] 因此，我们认为中国武术自身的特点与魅力是中国武术海外传播的原生交换动力，只有厘清其内在特点与知识体系，才可以在广大受众心中建立正确的认知，才可以为中国武术的海外传播奠定良好基础。

一、天人合一

"天人合一"在中国的儒家、道家、释家等思想中均有相应的阐述，其基本思想是人类的生理、伦理、政治等社会现象在自然的直接反映。总体来说，天指天空、天道、自然之道，人是自然界的一部分，是一个完整的小天地，但是人和自然在本质上是相通的，一切人事均应顺应自然规律，"人法地，地法天，天法道，道法自然"，唯有如此，才可以达到人与自然和谐，即天人合一。中国传统文化历来讲究"天人合一"，追求人与自然的和谐共存，而这一境界的达成是在人与自然的双向互动中实现自然的人化和人的自然化，辩证地认识人自身与其所在的宇宙的自然融合，即主体与客体的整体关系，努力寻求对自我命运的主动掌握，从而实现对人生价值独特而深刻的思考与探索。人与自然是息息相通的整体，既要对天地与自然持有敬畏之心，又要顺应自然规律，与大自然和谐相处。人类只是天地万物中的一个组成部分，天人合一的思想不仅指出了人与自然的辩证统一关系，还体现了中华民族的世界观和价值观。

老子说："人法地，地法天，天法道，道法自然。"董仲舒则明确提出："天人之际，合而为一。"这些观点均是对天人合一思想的直接描述。天人合一思想在武术动作的设计及习练要求中得到体现，其核心思想是习练者通过后天的人为调整，达到人与自然的统一，故中国武术中的天人合一既有社会精神的普遍性内涵，又有中国武术训练的特殊要求。例如，桩功练习时要求百会上领、尾闾内裹，以达到天地阴阳在人体的相通与平衡；选择清静优美的自然环境作为练习的场所，从而使个人的身心融于自然之中；根据季节变换、气候、地理环境、自身条件等，选择适合自己的练习内容与方法等，只有顺应天时、利用地利，才可以达到"人和"的状态。除此之外，师法自然要求习武者从大自然中汲取营养，

---

[1] 吴福平. 文化原动力及其传导机制研究 [D]. 杭州：浙江大学，2018：IV.

象天法地，模拟自然界中各种事物的神情、动作、姿态。例如，南拳中的虎鹤观形拳、形意拳的十二形、鹰爪拳、螳螂拳、猴拳等，此类拳种不胜枚举；而以动物的形象命名的动作也不在少数，如白鹤亮翅、青龙献爪、燕子穿林、白蛇吐信等；长拳更是通过以形喻势的方式，以"十二形"对长拳演练的动作要求进行生动形象的比拟。

清代《杨氏传抄太极拳谱》中记载："乾坤为一大天地，人为一小天地也"，"所谓人身生成一小天地者，天也、性也、地也、命也、人也、虚灵也、神也、若不明之者，乌能配天地为三乎"，"要知天人同体之理，自得日月流行之气"。天人合一思想在中国武术练习中还表现为动作的合，即要求动作和谐、协调，"内三合"要求心与意合、意与气合、气与力合，"外三合"要求肩与胯合、肘与膝合、手与足合。只有内三合、外三合形成一个"六合"的整劲，才会有意识地放松关节肌肉，进而卸掉局部的拙力，形成整体劲。另外，中国武术习练时还要求德艺双馨，习练者既要勤学苦练、努力提高自己的技艺水平，又要遵守社会行为规范，将对技术精益求精的研习作为道德修养的手段、修身养性的重要载体。因此，在练习武术的过程中，要求人们顺应自然规律，求得物我、内外的阴阳平衡，进而提高练习效果。

二、阴阳之辩

阴阳学说作为中国古代哲学思想的重要组成部分，自诞生之日起就融入人们的日常生活、思想和行动之中，它不仅指引中国传统哲学、文化、中医和社会的发展，还渗透到中国人日常生活的各领域中，如日常语言、行为、饮食、锻炼等。生命在于运动是至理名言，但是运动也要适度，否则过犹不及。胡适认为它是用来"解释宇宙、范围历史、整理常识、笼罩人生的"[1]。史学家顾颉刚认为"它是中国人的思想律，是中国人对宇宙系统的信仰"[2]，由此可见阴阳学说对中国文化影响之深远。

《说文解字》中对"阴"的解释是"阴，暗也。水之南，山之北也""山北水南，日所不及"；对"阳"的解释是"阳，高明也""高者，天也；明者，日也"。这一解释本意是指日光的向背，其阐释的基点是天地，这与华夏民族的农

---

[1] 胡适. 中国中古思想史长编 [M]. 北京：北京大学出版社，1998：430.
[2] 顾颉刚. 五德始终说下的政治和历史 [M]. 上海：上海古籍出版社，1982：404.

耕生活方式具有一定的联系。华夏先民在狩猎、农耕的生活过程中离不开阳光，因为有阳光的地方总是一片光明，所以人们择阳而居、向阳而耕，形成了最初的向日为阳、背日为阴的原始观念，并以此引申出山南为阳、山北为阴的方位观念，并将之视为对立的两面。通过这种"仰观天象，俯察地理"的朴素观察方式，人们逐渐发现任何事物均具有对立统一的两面，如天地、日月、昼夜、寒暑、冷暖、动静、进退等，于是阴阳概念逐渐成为描述事物正反对立两面性的抽象概念，而不再是简单的日光的向背，此时的阴阳已经具有一定的哲学意蕴。在"群经之首"的《易经》中更是通过阴爻（--）与阳爻（—）两个简单的符号排列组合形成了"乾、兑、离、震、巽、坎、艮、坤"八种卦象，以象征天、泽、火、雷、风、水、山、地八种自然现象，这就是我们常说的八卦。后来此八种卦象进一步两两重叠形成了六十四卦，以六爻卦作为"宇宙"符号，解释自然界间纷繁复杂的关系，反映了人类社会发展中天地一体、矛盾对立统一的辩证关系，也象征着古人思维的进步与发展。

　　阴阳学说作为中国古人对于世界的朴素辩证认识，深刻地影响着万事万物的外在演化，而人体作为自然存在之一，自然也受到阴阳学说的影响。"生之本，本于阴阳"，因此中国古人认为人体的健康与疾病是阴阳矛盾的具体体现。人体阴阳二气的平衡与和谐是健康状态的基本表现，也是健康长寿和古代养生的基本要求，人体功能优化态即人体阴阳平衡态，只有达到阴阳平衡，人才可以健康长寿。为了达到人体阴阳平衡的健康状态，中国武术将人体视为一个整体，通过动作的上下、内外、刚柔、动静、虚实、开合等矛盾运动规律，同时辅以拳械运动、功法练习等手段与形式，实现人体身心内外的和谐与统一、人与大自然的和谐统一。

　　《素问·四时调神大论》中记载："夫四时阴阳者，万物之根本也"，这一对阴阳基本原则的论述，确立了阴阳在中国武术乃至中国文化中的地位。例如，《吴越春秋·勾践阴谋外传》中记载："手战之道，亦有阴阳，开门闭户，阴衰阳兴。"《拳经拳法备要·二则》中记载："若不明阴阳，则无变化之妙。"这些论述均是阴阳学说在中国武术中的具体体现，为中国武术的习练构建了基本框架。内家拳代表的太极拳是阴阳学说的直接体现，而以八卦学说为理论基础的八卦掌和以五行学说为理论基础的形意拳，则是阴阳学说的变体。武术习练中讲究的"内练精气神，外练筋骨皮"是对内外和谐的强调，本质是为了追求阴阳平衡。武术技击中则通过战略和战术的有机组合，最终达到"知己知彼，百战不殆"。以健康养生为旨归的太极拳更是处处践行着阴阳平衡这一核心原则,"太极行功,功在调和阴阳""在动静之中寻太极三益,于八卦五行之中求生克之理",这些论述对太极拳练习中的阴阳规律做了纲领性论述,而对太极拳练习的具体要求更是十分精妙,如太极拳练习预备势中要求"十趾抓地头顶天,舌顶上腭垂两肩,尾闾中正松腰胯,提肛运气扫丹田"。太极拳练习中时刻要求保持人体内外阴阳平衡,为了达到阴阳平衡状态,要求动静结合、形神合一、内外相合、虚实分明,动练形、静练神,内练一口气,外练筋骨皮,从而达到天人相应,精神内守,气运丹田,力贯全身[1]。同时,通过动作与呼吸的密切配合,以张五脏、通经络、通过上步、转身、后坐等虚实变化进一步推动气血的运行,从而产生强大的"内劲"[2]。

阴阳之道是中国武术发展变化的基石,在武术套路编排中,为了人为求得阴阳平衡,在练习中非常注意对立统一动作的编排,如套路练习时注意动作上下的阴阳对称练习,掌法练习时注意覆掌与仰掌的阴阳交替使用,全套练习时注意四肢外形与内部脏器的阴阳结合练习等,这些原则均是阴阳学说的体现,同时也为历代武术习练者所验证。中国古人认为"人体自身的阴阳相互依存,如果自身的阴阳失调就会导致疾病的产生。因此,内向性的调节各功能之间的和谐,便可达到防病治病的效果"[3]。《春秋繁露·循天之道》中记载"能以中和养其身者,其寿极命""中和养其身",这实际上就是追求人体内部的阴阳动态平衡,进而达到中和的健康状态。因此,中国武术在不断的实践中确立了以自我康复为主的养生体系,以达到传统养生追求的"不治已病治未病"的养生效果。

动则生阳,动可以改善身体健康状态,因此有"生命在于运动"的健康格言,但是不可一直处于极动、盲动的状态,否则人体就会阴阳失调。研究表明,寿命与呼吸频率成反比,呼吸频率越慢、呼吸越深沉,则寿命越长,因此深呼吸、慢消耗的生命状态可以保护阳气和阴精,达到延缓衰老的目的。动则生阳,阳虚者应以动养为主,但不可过于剧烈;静则生阴,阴虚者应以静养为主,但也必须配合动养。为了实现健康养生的价值追求,中国武术崇尚动静相兼、刚柔相济、亦动亦静、缺一不可,静可以使心神安定自如,内气自然协调,动则如同行

---

[1] 冯振旗. 太极拳练功法则[J]. 中华武术, 2007 (5): 34-35.
[2] 冯振旗. 中国传统养生文化与太极拳[J]. 华北水利水电学院学报(社科版), 2008, 24 (1): 129-131.
[3] 徐伯然, 沈贤. 武术养生与东方哲学[J]. 山东体育科技, 1999, 21 (3): 99-101.

云流水、连绵不断、变化万千。静乃动之源，动乃静之用，如此有动有静，动静不息，方可阴阳交、动静合，全身四肢百骸气血周流畅通，不黏不滞，达到养生健身的终极效果。

虚实变换是武术运动中的一大特色，也是唯物辩证法的生动体现。中国武术中的虚实变换是指身体重心的变化，这一状态在太极拳的习练中表现得尤为明显，当身体重心全部落在前腿时，前腿为实，后腿为虚，反之亦然。实际上这种虚实关系在武术运动中主要体现在重心倒换的一刹那，因为只有支撑腿支撑全部身体重量、移动腿除自重之外没有其他重量时方可实现迈步移动，这一状态的实是完全的实、虚是完全的虚。在身体重心虚实转换之际的虚实分明可以更好地保持身体平衡，从而更好地做到立身中正、不偏不倚，有迈步如猫行的轻灵感。当移动腿落地支撑之后，支撑腿承担了身体的大部分重量，此时支撑腿处于实中有虚的状态，而移动腿由于承担了小部分的身体重量，此时的虚为虚中有实，由于支撑腿与移动腿处于不断地调整、变换之中，两者相互依存与转化，这既符合唯物辩证法的哲学原理，又符合太极拳实虚转换灵活的客观实际。如此一来，武术运动中的上下、大小、左右、前后、快慢、曲伸、开合等矛盾运动规律也就很好理解了，这是唯物辩证思维在武术运动中的生动体现，如太极图中阴阳鱼的虚实变换。但是需要注意的是，在中国武术的交手实战中，虚实交换极为重要，支撑腿与攻击腿是虚实分明的，只有支撑腿承担全部身体重量，才能为攻击腿做好准备，向前踢、蹬、踹，向后勾、掛、带，可以做出连续多变的攻击动作。相反，如果攻击腿承担一定的身体重量，则攻击动作必然慢、笨、直、单，不能连续、灵活地进行动作转换，会给对手可乘之机。由此可见，武术套路中的虚实变换都是服务于武术套路特点和运动形式的，不同的套路演练和运动形式的虚实转换也有所不同。

中国武术将阴阳作为基本的理论架构，通过"内练一口气，外练筋骨皮"的内外兼修、"动中有静"与"静中有动"的动静结合，有意识地将锻炼与静养相结合，达到"练"中有"养"和"养"中有"练"、形体的养护与精神的调摄相结合的形神结合，由单一的技击之术向养生之术、健身之术、修身之术演化，形成具有健身养生功能的身体活动，同时成为中国优秀传统文化的重要组成部分。

三、意蕴之美

武术在中华民族传统文化的总体氛围中孕育、产生和发展，深受中国传统文化的影响，饱含中国哲学的智慧、美学的意境，艺术的神韵，文化的精神。武术之美，是东方古老文明之美的缩影①。无论是东方国家还是西方国家，武术都能够满足个体的审美需要。越来越多的人将美育与人自身完善联系起来，美育被视为追求个体人格完善的基本需要。美可以激发良好的情感，同时还可以优化"灵魂"。起源于人类生存实践的中国武术蕴含丰富的攻防格斗技能，具有防卫实用价值。但是自从宋代出现"套子武艺"之后，中国武术逐渐向"表现性技击"武术套路靠拢，至此，中国武术已不再是单纯地表现攻防技巧，其展现出贯通的气势、飞扬的神采、生动的韵律，创造出一种气势不断的战斗意境，具有了美学的价值。武术家蔡龙云提出，把自己置身于一个充满战斗的场合里，才能完美地表现套路运动②。因此，武术套路中蕴含了中国传统文化及中国的传统美学思想。

中国武术中蕴含丰富的审美思想和审美实践，这一价值主要与人们当时的原始战争和宗教活动紧密相连，如原始时期的战舞。《淮南子·缪称训》中记载，尧舜时期三苗族反叛，舜三次打败他们，但他们仍不降服，后来禹"执干戚，舞于两阶之间，而三苗服"。这种武舞不但是一种武艺表演，而且起到"发扬蹈厉以示勇"的作用，以后的历朝历代不仅没有使这一价值消失，反而将武术的这种价值发扬光大。2012年由教育部大学生体育协会主办的首届全国大学生竞艺武术大赛在华东理工大学圆满举行，该赛事以武术元素为基础，充分汲取武术攻防技术和技巧，融合舞台艺术、造型艺术、文学作品等元素，形成以舞台表演为载体的一种新型竞赛形式，此次竞艺比赛为中国武术创新发展带来新的思路与启迪。

唐代诗人杜甫的《观公孙大娘弟子舞剑器行》中描绘了观看临颍李十二娘跳剑器舞的场景，对其高超舞技表达了由衷的赞叹。这首诗堪称体现武术艺术审美价值的文字典范。该诗节选具体如下。

观公孙大娘弟子舞剑器行（节选）

昔有佳人公孙氏，一舞剑器动四方。
观者如山色沮丧，天地为之久低昂。
霍如羿射九日落，矫如群帝骖龙翔。

---

①陈青山，王宏. 中华武术美的本质［J］. 武汉体育学院学报，2003（1）：148-151.
②邱玉相，中国武术文化散论［M］. 上海：上海人民出版社，2007：246.

来如雷霆收震怒，罢如江海凝清光。
绛唇珠袖两寂寞，晚有弟子传芬芳。
临颍美人在白帝，妙舞此曲神扬扬。

与余问答既有以，感时抚事增惋伤。
先帝侍女八千人，公孙剑器初第一。
五十年间似反掌，风尘澒洞昏王室。
梨园弟子散如烟，女乐馀姿映寒日。
金粟堆南木已拱，瞿塘石城草萧瑟。
玳建急管曲复终，乐极哀来月东出。
老夫不知其所往，足茧荒山转愁疾。

该诗生动描写了剑的声光，但似闻若见，体现了公孙大娘剑器技术超群，展现了当时惊心动魄的气势和感染力。当时这种"剑舞"可能是武术套路的发展或舞蹈的素材，"剑器舞为武舞一种，剑为武之代称"①。公孙大娘把用于军事的剑器，用于中国传统的舞蹈中，融合武术之威武刚健、舞蹈之温婉柔美的特点，给人以优美矫健、刚劲英武的形象，是古人武术和艺术上的独特创造。类似的剑舞在唐代段成式的《酉阳杂俎》中也有记载，"紫衣朱鞶，拥剑长短七口，舞于中庭。迭跃挥霍，撩光电激。或横若裂帛，旋若规尺"。以上诗句便是对兰陵老人舞剑的精彩描述。唐代开元年间，将军裴旻在家守母丧，请吴道子为他在东都洛阳的天宫寺绘制几幅状写神鬼的壁画。吴道子回答，我已经很久不作画了，如果将军真的有意请我作画，为我缠绸结作彩饰，请舞一曲剑，或许因为你剑舞的勇猛凌厉，能让我的画重新跟阴界相通。裴旻听后立即脱去丧服，换上平常穿的衣裳，骑在马上奔跑如飞，左右舞剑，将剑一下掷入空中，高几十丈，然后剑向电光一样射下来，裴旻伸手拿着剑鞘接着从高空坠落下来的宝剑，穿透了剑鞘。几千人围观，没有一个人不被这种惊险的场面所震撼。吴道子挥笔在墙壁上作画，随着笔墨挥舞飒飒地刮起了大风。裴将军的剑舞既有左旋右抽的技巧，又有舞蹈动作，还有掷接兵器的技艺，说明其剑舞的水平相当高。

除此类剑舞外，中国武术中以"健舞"形式进行表演的还有矛舞、武舞、大面舞、狮舞等。唐代陆龟蒙的《吴俞儿舞歌·矛俞》中记载"手盘风，头者

---

①国家体委武术研究院. 中国武术史 [M]. 北京：人民体育出版社，1997：180.

分，电光战扇，欲刺敲心留半线。缠肩绕脰，襦合眩旋。卓植赴列，夺避中节。前冲函礼穴，上指字慧灭，与君一用来有截"。唐代苏鹗在《杜阳杂编》中记载了石火胡到京城给唐敬宗表演的经过，"上（敬宗）降日，大张音乐，集天下百戏于殿前。有伎女石火胡，本幽州人也。偕养女五人，才八、九岁，于百尺竿上张弓弦五条，令五女各一条之上，着五色衣，执戟执戈，舞破阵乐曲……观者目眩心快"。"大面舞"即假面舞，据《旧唐书·音乐志》中记载："兰陵王者，才武而面美，常著假面以对敌。尝击周师金墉城下，勇冠三军，齐人壮之。为此舞效其指麾击刺之容，谓之《兰陵王入阵曲》。"《新唐书·音乐志》中记载："设五方狮子，高丈余，饰以方色，每狮子有十二人。画衣执红拂，首加红袜，谓之狮子郎。"白居易的《西凉伎》中详细描绘了狮舞道具狮子的模样，以及舞动时的情况。这些资料记载的是中国武舞的原型，也是中国武术审美艺术的杰出代表。

公孙大娘的剑舞是舞蹈，需要高度的艺术化加工，自然与军事武艺完全不同，即使裴旻表演的剑术也与实战技术不同，这与后来按照技击为要素，按照攻守进退、动静疾徐、刚柔虚实等矛盾运动变化规律编排而成的武术套路也有明显的区别。唐朝开元年间政治清明、经济空前繁荣、文化昌盛、对外交往频繁，故其表演艺术高度发达，武舞达到了一个高峰，这也为后来武术套路的编排提供了重要的素材。"武术套路是武术，但接近或者就是——艺术。它接近诗，接近画，更接近书法，最接近的或者就是——舞蹈。武术套路是中国的舞蹈，书法是中国传统的平面造型艺术，套路是中国传统的身体造型艺术，中国人缺乏身体艺术表达方式，因此在武术中得到了满足。"[1] 武术套路的审美价值总体来说体现在三个方面：首先是表现战斗的"生活"，武术的动作素材来源于生活，又高于生活，是日常生活经验的总结，将人类战斗的实践予以总结提炼而成；其次是"距离"美，尽管我们欣赏到的武术来源于日常生活实践，但与日常生活实践还是有较大距离的，并非生活的原生态临摹，同时，我们欣赏时与演练者也存在一定的距离；最后是感染力、震撼力，欣赏武术内容可以对人的心灵产生潜移默化的影响，进而产生"移情"作用，对人的身心起到熏陶作用。

目前，国内对于武舞的探索已经取得了一定的经验，《少林雄风》《功夫传奇》《江南武魂》《功夫禅武》等众多武舞表演均取得了不错的市场口碑和反响，但首屈一指的当属《风中少林》，该剧以舞蹈为主要语言，完整地实现武术与舞

---

[1]程大力.套路武术 中国舞蹈——论竞技套路来自何方去向何方［J］.体育学刊，2013，20（1）：6-13.

蹈的结合,在舞蹈化的对决中加入了武术打斗,而在少林真功夫中又加入了优美的舞蹈动作,这在中国舞剧史上尚属首次。除此之外,《风中少林》还艺术化地展示了少林医术之精妙,使少林文化的禅、武、医在剧中得到完整呈现,巧妙、深刻地展现了少林文化意蕴。《风中少林》在音乐编排上增添了如民歌、小调、戏曲、器乐、三弦、唢呐等中国传统音乐元素,在舞台布景中有高大厚重的山门、巍峨耸立的崖壁、视觉壮观的大佛……给观众极大的视觉冲击,同时将声、光、电等高科技技术运用于现场表演中,给观众带来一场视听享受的"大餐"。舞蹈家汪曙云说自己"被深深震撼了,《风中少林》把武术和舞蹈融合在一起,艺术效果非常震撼人"。美国蓝马克娱乐集团以800万美元"买断"《风中少林》约两年800场的演出权,这体现了武术审美蕴含的巨大经济价值。

中国武术审美是人的主观意识对中国武术外在形态和内在意蕴的结合形成的独特心理体验,要形成这种审美体验需要对中国武术的客观背景有适度了解,更需要对其背后蕴含的中国传统文化有一定的了解,才可以建立中国武术的审美基础,达成中国武术的审美认知。但是从中国武术审美境界的基本认知到形成气韵生动的中国武术的审美境界,这一过程需要很长的时间,而这一过程正是中国文化对外传播的良机。因此,中国武术蕴含的审美价值是中国文化对外宣传的重要载体,对构建良好中国形象具有积极推动作用。

四、文化自信

2014年全国两会期间,习近平总书记在参加贵州代表团审议时指出:"我们要坚持道路自信、理论自信、制度自信,最根本的还有一个文化自信。"2016年11月30日,习近平总书记在中国文学艺术界联合会第十次全国代表大会、中国作家协会第九次全国代表大会开幕式上指出:"文化自信,是更基础、更广泛、更深厚的自信,是更基本、更深沉、更持久的力量。坚定文化自信,是事关国运兴衰、事关文化安全、事关民族精神独立性的大问题。"文化自信是一个民族、一个国家及一个政党对自身文化价值的充分肯定和积极践行,是对其文化的生命力持有的坚定信心。文化自信,来自文化的积淀、传承与创新、发展,我们有优秀传统文化的底蕴,这种底蕴夯实了文化建设的根基,奠定了文化自信的强大底气。为什么在坚持"三个自信"的基础之上还要强调文化自信?为何一个国家的繁荣离不开文化的发展?中共中央党校林小波研究员指出,文化是民族生存和发展的重要力量,文化的兴盛是实现中国梦的重要保证;中国优秀传统文化是中华民族的"根"与"魂";中国特色社会主义植根于中华文化的沃土①。中国优秀传统文化中蕴含的哲学思想、人文精神、教化思想、道德理念等可以为新时期思想道德建设提供有益支持,可以为治国理政方略提供思想引领,可以为推进与弘扬社会主义核心价值观汇聚强大的力量。只有坚持从历史走向未来、在延续民族文化血脉中开拓前进,我们才能做好今天的事业。因此,没有文明的继承和发展、没有文化的弘扬和繁荣,就没有中国梦的实现②。

"文化自信,是更基础、更广泛、更深厚的自信,是更基本、更深沉、更持久的力量"③,作为一种特殊的"自信",文化自信是一种内容更丰富、内蕴更深厚的自信,它不是一成不变的,需要不断创造、创新。中华民族优秀传统文化中最具典型性和代表性的中国武术,历经几千年的传承发展与演变,凝结着中华民族的优秀传统文化,是中国优秀传统文化的全息缩影,在发展过程中更应该坚持"文化自信",只有坚持文化自信,才能有效应对中华武术文化发展中遇到的各种危机,才能实现中华武术文化的繁荣发展④。文化自信不仅是文化强国建设过程中的关键指导思想,还是抵御外来文化干扰的定海神针;既是促进中国文化保持旺盛生命力的内驱动力,也是中国武术海内外传播的精神动力。中国武术作为一种蕴含着中华民族基因的文化名片,通过独特的肢体动作、身体符号来诠释中国文化与古老文明,是一种生动的文化载体和输出形式⑤。随着全球各领域竞争越来越激烈,文化自信对一个国家走向世界和提升文化软实力尤为重要。武术作为中国文化符号的典型代表之一,不仅具有西方竞技体育"更高、更快、更强"的特征,还蕴含了东方文明元素,包含了天人合一、身心合一、刚健有为、中庸中和、以民为本、以生命为中心等思想观念,同时与诸多中国古典文学、诗词歌赋双璧合一,共同构筑中华民族文化的根基。武术在中国全球化发展进程中,具有成为文化大使的条件与优势,它通过自身独特鲜明的民族文化特性,在国际传播中提供"民族理念、民族精神、民族自信"⑥。由此可见,中国武术的文化价

---

① 林小波. 坚定"四个自信"是当代中国共产党人最核心的使命 [J]. 瞭望, 2016 (47): 29-33.
② 新华社. 文化自信——习近平提出的时代课题 [EB/OL]. (2016-08-05) [2022-12-05]. http://www.xinhuanet.com/politics/2016-08/05/c_1119330939.htm.
③ 求是编辑部. 文化自信是更基本更深沉更持久的力量 [J]. 求是, 2019 (12): 13-20.
④ 马义国. 文化社会学视角下中华武术文化自信的重构机制 [J]. 西安体育学院学报, 2021, 38 (5): 604-609.
⑤ 王岗, 陈保学, 马文杰. 新时代"文化自信"与中国武术的"再出发" [J]. 北京体育大学学报, 2018, 41 (8): 9-16.
⑥ 冉学东, 刘帅兵. 从国家文化软实力视角看中国武术的价值使命 [J]. 天津体育学院学报, 2012, 27 (3): 251-253.

值不仅是其赖以生存的根基,还是未来创新发展的精神支柱,更是中国武术海外传播的特有标签,也是人类的精神家园。

面对西方体育的挤压和中国武术现代化发展转型的内在需要,武术努力向现代竞技体育转型。为了让全世界了解武术、认识武术,我们尝试将武术加入奥运会项目,但至今还没有实现。人们开始为武术的发展寻找新的方向,与此同时,武术入奥对武术的发展是否有百利而无一害也值得反思。有专家提出,即使武术进入了奥运会,它也会成为一种竞技运动和体育模式,武术本身独特的文化内涵会因注重客观竞赛规则标准而逐渐消亡①。也有专家提出"我们不要懊悔武术没有抓住(北京奥运会)这个机会,我们应该庆幸武术有了更长的时间去完善,以便在不久的将来贡献给世界一个更加成熟的体育项目"②。综合来看,武术入奥对武术的发展是一把双刃剑,我们应该秉承十年磨一剑的精神,杜绝急功近利的浮躁心态,兼顾眼前利益和长远利益,从当下做起,着眼未来,不断沉淀和挖掘,将内蕴于武术中的民族文化推向世界,丰富、完善全球体育文化内涵,向全世界展示中华民族优秀传统文化,彰显中国文化自信,助力伟大中国梦的实现。

第二节 核心动力:利益满足

一、何谓利益

利益伴随着生活工作,每个人都在为实现自己的某一利益而采取一系列行动并付诸一定的努力。在日常生活中,人类动机的产生、行为付出与变化,以及大部分情感的宣泄与抑制都与利益的得失密切相关。那么什么是利益呢?《史记》中有这样一段话:"天下熙熙,皆为利来;天下攘攘,皆为利往。"③ 马克思也指出:"人们奋斗所争取的一切,都同他们的利益有关。"④ 由此可见,人们生活在世上所追求的一切均离不开"利益"二字。"利益"一词本是佛教用语,是指利生益世的功德。《法华文句记》中写道:"功德利益,一而无异,若分别者,自益名功德,益他名利益。"利益作为现今的日常用语,虽然包含一定的佛教用语

---

① 王岗. 人文奥运与文化自尊 [J]. 体育文化导刊, 2005 (12): 18-20.
② 庹继光,刘海贵. 武术文化"走出去"与进军奥运辨析 [J]. 新闻界, 2013 (6): 38-42.
③ 司马迁. 史记·货殖列传 [M]. 北京: 中华书局, 1982: 3274.
④ 卡尔·马克思,弗里德里希·恩格斯. 马克思恩格斯全集(第1卷)[M]. 中共中央马克思恩格斯列宁斯大林著作编译局,译. 北京: 人民出版社, 1956: 82.

的寓意，但其自身的含义早已泛化，其中"利"对应"弊"、"益"对应"害"，把"利"和"益"结合起来的"利益"是指"好处"，与"坏处"相对应。"好处"与"坏处"是利益问题中最具代表性的形式。什么是好处，什么是坏处？这是一个仁者见仁、智者见智的问题，并且取决于主体看待问题的视角与出发点。例如，随着科技的发展与进步，人类创造出了汽车，这为人类的出行提供了极大的便利。与此同时，出现驾驶汽车造成的大气污染、能源消耗及人类因过度依赖汽车出行而造成的身体活动不足等问题。有研究指出，身体活动不足已经成为全球范围内造成死亡的主要危险因素之一，并且身体活动不足是众多慢性病（如心脑血管疾病、癌症、慢性呼吸系统疾病、糖尿病等）的共同致病因素，会对骨骼健康、睡眠质量、心理状况及认知等产生影响。

如果仅把利益解释为"好处"，则似乎不能体现利益的本质含义，也没有准确地回答利益对于人类活动的真正意义。对"利益"一词进行深入研究后发现，利益是一个社会性名词，是指能够满足人类自身需求的各种物质、精神的产品，利益涉及的维度较为广泛，如金钱、权势、色欲、情感、荣誉、声望、国家地位、领土、主权等，能满足自身欲望的一切事物，都可称为利益。利益涉及经济学、政治学、伦理学、心理学、法学、管理学、社会学、行为学等多种学科领域。例如，经济学研究生产、交换、分配和消费等诸多环节的物质利益实现过程；政治学则研究各阶级的政治利益及政治利益与经济利益的辩证统一关系；伦理学研究利益与道德的关系，即如何以一定的道德规范来反映物质利益和政治利益；心理学则研究利益与心理、利益与动机、利益与情感等之间的关系。由此可见，不同学科对利益研究的侧重点也有所不同。在日常生活中，人们普遍以不同程度的成败、得失、是非、灾福、善恶等作为标准，形成相当丰富的利益观念系统[1]。因此，不同的领域存在不同的利益关系，人们对利益的认识也各不相同。

所谓利益，就是人们受社会客观规律限制，为了满足自身的生存与发展而必然产生的对于一定对象的各种客观需要[2]。利益依附欲望，而人的基因确定了欲望的存在，组成社会的基本元素是人，因此不可避免地出现了既得利益者、阶级、阶级矛盾、政治、战争，利益冲突决定着一切。人类的客观需要是与生俱来的，它是人们进行生产生活的最初动力，并最终促进人类文明的发展与进步。

---

[1] 朱奎保. 利益论[M]. 上海：华东师范大学出版社，1991：17.
[2] 付子堂. 法律功能论[M] 北京：中国政法大学出版社，1999.

马克思认为人的需要是与生俱来的"内在规定性"。需要是体现人们生命活动的一种表现,"同时就是需要有完整的人的生命表现的人,在这样的人身上,他自己的实现表现为内在的必然性、表现为需要"①。人作为一个有生命、有活力的个体,只要生活在这个世界上,就必然会有各种需要,因此人的需要决定着人的利益。

马斯洛曾说过:"人是一种不断产生需求的动物,除了短暂的时间,极少达到完全满足的状况,一个欲望满足后,往往又会迅速地被另外一个欲望所占领。人几乎整个一生都总是在希望着什么,因而也引发了一切……"② 马斯洛将人的需要从低到高分五个层次:生理需要、安全需要、社交需要、尊重需要、自我实现需要(图5-1),他认为当一种比较低层次的需要得到满足后,比其更高一级的、新的需要就会出现,依次类推,这种需要的升级揭示了人类需要的发展规律。随着人类生活水平的提高,人类不再单纯地满足于最基本的生理需要,而是不断有更高层次的需要。因此,马斯洛认为,需要这个因子是促进人全面发展的催化剂,它刺激人充分挖掘自己的内在潜力,从而促使人全面发展③。这五种需要也对应五种利益,即生存利益、安全利益、社交利益、尊重利益、自我实现利益。总之,各式各样的需要形成各式各样的利益,并且人的需要对于利益而言都具有一定的导向性。马克思和恩格斯指出:"饥饿是自然的需要;因而为了使自己得到满足、得到温饱,他需要在他之外的自然界、在他之外的对象。"

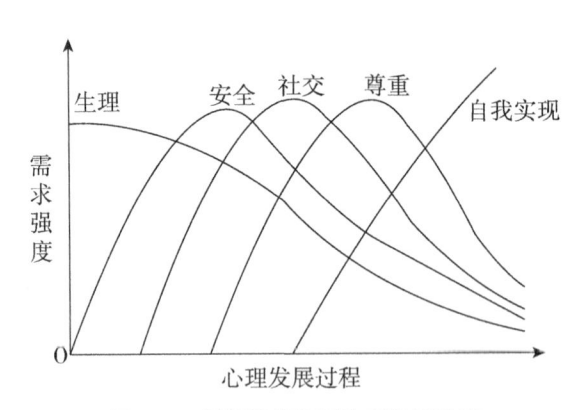

图5-1 马斯洛需要层次理论演进图

①卡尔·马克思,弗里德里希·恩格斯. 马克思恩格斯全集(第42卷)[M]. 中共中央马克思恩格斯列宁斯大林著作编译局,译. 北京:人民出版社,1979:129.
②亚伯拉罕·哈罗德·马斯洛. 动机与人格[M]. 北京:中国社会科学出版社,1999:50-55.
③罗道友. 需要——人的发展的内在动力——从马斯洛需要理论看人的发展[D]. 湘潭:湘潭大学,2007:21.

马斯洛提出的需要层次理论同样适用于受众对武术的不同需求。随着时代的发展和社会的进步，武术早已不是冷兵器时代需要满足人类生存需求的技能之一，人类生活水平的提高使人类对武术有了更高层次的需求，如健身养生、休闲娱乐、文化传承等。因此，武术推广者需要与时俱进、推陈出新，认真思考当今的武术传播内容是否与大众的需求吻合，不能拘泥于传统，应从内容和形式上开发出新的武术表现形式，从展现途径上开发出新的载体，切实满足大众的多维需求。

历经几代国家领导人的共同努力，2020年是决胜全面建成小康社会关键之年。健康的身体是建设小康社会的重要保障与有力支撑，大众已经充分认识到健康的重要性，"运动是良药"的理念已经深入人心，大众希望通过参与体育锻炼、健身活动保持良好的状态。为了积极应对工业化、城镇化、人口老龄化和生态环境、生活行为方式变化带来的影响，积极应对当前突出的健康问题，努力使群众不生病、少生病，提高生活质量，延长健康寿命，党的十八届五中全会上首次提出推进健康中国建设，并且于2019年7月9日颁布《健康中国行动（2019—2030年）》。"健康中国"目前已经上升为国家战略，要求大幅提升全民健康素养水平、普及健康生活方式、有效控制居民主要健康影响因素、降低重大慢性病导致的过早死亡率、提高人均健康预期寿命、促进健康公平基本实现。

以习近平同志为核心的党中央领导集体，把人民的身体健康作为全面建成小康社会的重要抓手，从维护全民健康和实现国家长远发展出发，身体力行、率先垂范，正在铺设一条以人民为中心的"健康之路"。与此同时，很多发达国家也非常重视健康和体育运动。

体育运动是人们维持身体机能和保持最佳状态的基本方式，那么人们更倾向于哪种运动项目？有研究指出，"节奏相对缓慢，运动的同时还能够体验自然并且获得感受的持久性运动形式越来越受到人们的关注，属于这一类型的运动形式包括慢跑、长时间散步及骑自行车等"。武术作为一种特殊的文化形态，将技击、养生、修身养性三者相结合，体现出独特的核心价值，吸引着大众。上海体育学院德国籍留学生罗玲娜博士通过对习武的西方人调查得知，"85.22%的人将习武为了健康放在首位，对太极拳、功夫评价的调查体验显示研究对象对其健身价值的肯定"。"习武的研究对象对武术修身养性的教育价值亦趋于认同。表现在他们不仅对中国文化感兴趣，还认为武术的学习和训练可以帮助他们学习和了解中国文化。武术训练可以使人提高控制能力、集中思想、增进智力、达到修身养性、陶冶情操的效果"。因此，习练中华武术，体验中华武术文化，促进身心健康，无疑是满足受众需求的最好方式。

二、利益满足的主体

一谈及利益，就会不自觉地涉及利益的主体，那么究竟谁是利益的主体呢？从宏观来看，无论是谁的利益或者代表谁的利益，都属于人的利益。康德曾说："人能够具有自己的我的观念的那种情况，使他比地球上其他一切生物在本质上无比优越。"正是因为人类本身特有的"内在规定性"，人类才能够成为利益的主体。利益的主体可以小到一个独立个体，大到一些群体或组织。根据实现利益的主体和层次性不同，大致可以将利益划分为个人利益、国家利益、全人类利益等。个人利益是利益主体中最基本、最直接的形式，因为无论是国家利益主体还是全人类利益主体，都是由无数个个人利益主体共同组成的，与个人利益有着十分密切的关联。在当今社会，在社会和人类的利益需求表现出多元化的过程中，我们可以从武术的功能和价值中看出，武术从古至今以不同形式满足人类的利益需求。

（一）个人利益

所谓个人利益是指个人生活和发展的各种需要的总和，个人利益一般包括三个方面：生存需要的满足、享受需要的满足和发展需要的满足。马克思曾在《自然辩证法》中提到"生存斗争不再单纯围绕着生存资料进行，而是围绕着享受资料和发展资料进行"[1]。人类的需要是根据社会生产水平的不断提高逐步晋升的，遵循生存需要、享受需要、发展需要的阶梯层层递进。生存需要是个体及其家庭维持生命的存在和延续子孙后代的需要；享受需要是在生活中每个人改善自己生活品位的需要；发展需要是个人的精神、智力和身体发育等各方面得到完善的需要。

1. 生存需要

生存需要是人类赖以生存的低层次、最基本的生命需要。人类生存的首要条件是环境（包括社会环境和自然环境等），主观上，人们拥有一个健康的身体来

---

[1] 卡尔·马克思，弗里德里希·恩格斯. 马克思恩格斯全集（第4卷）[M]. 中共中央马克思恩格斯列宁斯大林著作编译局，译. 北京：人民出版社，1995：372

获得需求，从而达到生存的目的；客观上，人们能够满足衣、食、住、行的最基本的生活需要。孙中山的民生史观是三民主义的重要内容，他把人的生存需要作为社会发展动力，"归结到历史的中心是民生，不是物质"。孙中山敏锐地洞察到"民生"对社会历史发展的主要支撑作用。章韶华认为"无论是对自然的改造，还是对社会形式的选择，都是以人类自身的需要——生存的需要或发展的需要为标准的"[1]。武术自产生以来，就体现出十分明显的生存手段的性质。早在武术萌芽之际，人类为了生存，既要面对不可避免的自然灾害，又要抵抗野兽的侵袭，最终演化为人与人的对抗与斗争。"在原始人群的生存竞争中，人与兽斗是技击萌生的因素之一，而人与人斗则与武术的萌芽有更为直接的联系。如原始人群之间为争夺食物、领地而发生的争斗。"[2] 由此可见，原始社会时期的人类为了生存，通过创造并发展的武技来自卫。封建社会时期，以战争为主体，用于搏斗的技击之术和民间众多拳法套路相伴而生、共同存在。一个国家或一个民族为了能够在战争中战胜对手，会通过武术去培养和训练自己的士兵，提高士兵的战斗力；而在民间，人们在兵荒马乱中流离失所，武术成为保障自身生命和财产安全的重要工具。在战争年代，习武者大概有以下几条出路：参军打仗，卫国戍边，攻城杀敌；开馆收徒；走镖护院。即使到了近现代，也有一些富裕人家去请私人保镖来保护自己的人身、财产安全。生存本就是一种伟大的目标，每个人都会有强烈的生存欲望，人类的攻击性本身就是一种潜在本能，它是人类满足生存欲望的基本手段。武术的价值满足了战争及民间武者防身自卫的需求，成为满足人类生存需要的基本手段之一。每个时代的个体都有生存需要，并且生存需要伴随人的一生，现在同样如此，只不过对武术的生存需要转变成了安全需求、健康需要，不再是生存的基本形式。易剑东曾指出"最高水平的搏击竞赛永远属于少数人，而万千大众需要的是与他们的生活贴近的搏击技术和搏击意识，是那种遭遇劫财歹徒敢于反抗的胆魄和善于对抗的能力"[3]。由此可见，武术正随着社会的发展而不断变革，以不同的形式满足人类的生存需要。

2. 享受需要

享受需要是指满足人的生存需要之后，产生的一种精神层次的需要。当人们

---

[1]章韶华.需要-创造论-马克思主义人类观研究[M].北京：中国广播电视出版社，1992：67
[2]国家体委武术研究院.中国武术史[M].北京：人民体育出版社，1997：2-3.
[3]易剑东.我们需要什么样的搏击[J].搏击，2001（12）：1-4.

基础的物质需要得到满足后，就会产生更高层次的需求。生存需要得到满足的标志是人们的物质生活资料得到极大的丰富，而享受需要得到满足的标志是人们物质条件的改善和精神感官的满足同时存在。例如，服饰不仅可以御寒避暑，还有美化造型和装饰人体的功能，以实现遮羞、炫耀、伪装、表现等心理需要的满足。享受需要是随着人类生产力的发展而逐步得到满足的，在原始社会时期生产力极其低下的情况下，人类是无法实现享受需要的，但随着生产力的发展，人们对于享受和娱乐的需要越来越多，并逐渐成为每个人的必然需要。

在封建社会时期，武术的作用主要是满足人类的生存需要，随着时代进步和经济发展，武术为了适应社会发展的需要，其功能也在不断发生变化，以满足人们的多元需要。例如，宋朝作为中国古代封建王朝经济发展的巅峰，城市繁华、经济繁荣，当时的城市中出现了勾栏瓦舍，所谓"勾栏"，是指在贸易市场旁边建立的戏台、戏坊、戏棚等规模较大的演出场所，主要用于表演百戏杂剧；所谓"瓦舍"，也叫"瓦子""瓦肆"，即在商业城市中常见的、将各种商业活动集中在一个区域内的一种贸易、娱乐场所。在宋代的"勾栏瓦舍"中，蹴鞠、相扑、套子武艺均是当时的休闲娱乐方式，在"勾栏瓦舍"中还出现了大量以武卖艺为职业的民间艺人，其表演形式既有单练也有对练，极大地促进了套子武艺的发展，同时宋代出现了以民间结社组织为主体的民间习武活动，如"英略社""弓箭社""相扑社"等，为民间武术传授、交流、发展创造了有利条件。这些活动极大地促进了武术娱乐形式和娱乐功能的发展，创造出了许多富有游戏性、趣味性、表演性、艺术观赏性的项目。人们通过习练或观赏武术活动，获得了精神享受和心理满足。

3. 发展需要

"发展"一词本身是指一切事物由小到大、由低级到高级、由简单到复杂的变化和演进过程。发展需要位于人的需要体系中最顶层，是在满足人的生存需要、享受需要之后表现出人的本性和才能的需要。人与动物之间的区别在于是否进行有意识的生命活动。人类自诞生以来，人的生命活动不局限于满足生存需要，而是在基本的需要得到满足后不断地创造性地开展活动，因为每个个体都有想要充分发挥自己才能的需要，所以发展需要也是人的重要需要形式，但只有在生存需要和享受需要获得极大满足时，发展需要才会逐渐占据需要的主导地位。发展需要位于需要层次的最顶端，同样伴随着每个人的日常生活，它能够使人们将个人需要和社会需要巧妙结合,并及时调整自己的需要,以便更好地适应社会的发展方向,这与马克思所阐述的"任何人的职责、使命、任务就是全面地发展自己的一切能力"① 的理念不谋而合。

  流星虽短暂,但它用光照亮了茫茫黑暗的宇宙;人的生命也短暂,但也要在短短的岁月里绽放出璀璨的光芒,这是生命的需要,也是社会的需要,更是创造自身价值的需要。随着人类社会不断进步、生产力不断发展,武术逐渐退出了战争的舞台,武术的技击价值已不再是其主要价值。人们在满足基础的物质需要之后,就会注重追求精神享受的需要,需要也从基础的生存需要转向追求自我实现的需要。正如马斯洛需要层次理论提出的,人们有一个稳定的物质生活基础之后,会出现一套崭新的、更高级的需要,也就是社会交往需要、被尊重的需要、自我实现的需要。通过分析马斯洛的需要层次理论发现,武术既可以满足人们的社会交往需要,又可以满足被尊重的需要和自我实现的需要,因此,武术早已融入并且成为社会体育活动、学校体育活动的一部分。武术在发展的历程中受到了儒家、道家、释家等思想的熏陶,不仅能够达到防身自卫、强健体魄的目的,还能起到一定的教化作用,传承优秀传统文化,提高自身的精神修养,从而达到自我完善、实现"德与行"的统一的目的。自古以来中华民族就非常注重对传统文化的追求,武术作为中华民族优秀的传统文化之一,不仅是一种健身手段,还是中华文化的象征,更是中华文化走向世界的符号之一,尤其是在当今全球化的大趋势下,许多国外友人习练武术,不单单是为了达到强身健体的目的,更多的是为了体验中国文化的博大精深、感悟蕴含其中的中国智慧,为实现自身发展掌舵、加油、护航。

  (二) 国家利益

  国家利益是指"为满足国家全体人民合法的物质和精神需要的东西。在物质上国家需要安全与发展,在精神上国家需要国际社会承认与尊重"②。《孙子兵法·计篇》中写道:"兵者,国之大事,死生之地,存亡之道,不可不察也。"在冷兵器时代,武术是保家卫国的有力手段,武术对国家的军事需要起着决定性

---

① 中共中央马克思恩格斯列宁斯大林著作编译局. 马克思恩格斯全集(第2卷)[M]. 北京:人民出版社,2005:61.
② 王逸舟. 中国学者看世界·国家利益卷[M]. 北京:新世界出版社,2007:8.

的作用①。1840年鸦片战争爆发，西方国家利用船舰利炮打开了中国的大门，这一事实打破了国人对传统战争观念和形式的认识，从此以后，清政府开始引进西方先进军事武器，而军事武器的引入大大削弱了武术在军事战争中的地位和作用。随着时代的发展，武术已经远远不能满足军事战争的需求，并且逐渐退出了军事舞台，仅在军警训练中还保留大量技击实战技能。清末民初，社会动荡不安，平民为了自保，纷纷习练武术，一些有钱有势的达官显贵、豪门富商也开始雇用习武之人护宅守院、运款送货，武术的技击实战价值满足了社会大众对自身安全的需要。民国时期，为了唤醒民众、铸造强毅之国民、振奋民族精神，中华民国国民政府开始号召人民习武强身健体，"以挽末世之浇风，召垂丧之英魂"，将武术改为"国术"，一批又一批的武术社团先后创建。1918年，中华民国国民政府教育部明确指出"各学校应添授中国旧有武技，此项教员于各师范学校养成之"，并且在召开的全国中学校长会议上通过决议：全国中学一律添习武术。这一决议标志着源远流长的中国武术正式回归学校，成为学校体育课程中的一项教学内容②，以强健之体魄，共筑强健之中国。中华人民共和国成立后，1953年11月在天津举办的全国民族形式体育表演及竞赛大会中，竞赛、表演和特邀表演三部分内容均不同程度地涉及武术内容。武术赛事的成功举办增加了武术习练者之间的交流，丰富了人们的业余生活，同时在一定程度上促进了武术发展。由此可见，武术在不同的时代背景下，满足了国家不同的需要，兴于九州而不衰③。

一个民族的文化，浓缩着这个民族对世界及人类生命的历史认知和现实感受，积淀着这个民族最深层次的信仰追求和行为准则，是整个民族所认同的文化观念和价值取向、共同理想和精神支柱。现如今，文化在综合国力的竞争中占据越来越重要的地位，谁占据了文化发展的制高点，谁就能够在激烈的国际竞争中掌握主动权。古往今来，每个伟大民族都有自己博大精深的文化，这是其生存发展和繁荣振兴的力量源泉。中华武术源远流长、博大精深、内涵丰富，长期以来在世界文化舞台上独领风骚，一直是中华民族优秀文化最具代表性的符号之一，也是中华民族优秀文化走向世界的重要载体，在全球化趋势日渐深入的今天，随着世界各国文化交流的深入推进，曾经光辉灿烂的中华传统文化正以独特的魅力

---

① 温力. 尚武精神及其对武术发展的影响 [J]. 武汉体育学院学报，2009，43（8）：5-10.
② 姜丙刚，马文国. 民国时期武术之探析 [J]. 搏击（武术科学），2013，10（4）：13-15.
③ 侯志涛，黄银华，金宁. 近代武术发展之启示 [J]. 山东体育科技，2017，39（2）：27-30.

为世界上越来越多的国家和人民所感知①。

武术经过一代又一代人的传承与发展，积淀了丰富的文化底蕴，是中华民族文化符号和民族生命力的体现方式，也是民族文化中极为典型的生活现象和文化行为，折射出中华民族的精神风貌和生活趣味。随着西方文化的不断渗入，人们的生活方式、价值观念、思维习惯均不同程度地发生了变化，进而造成传统文化的生存状况每况愈下。面对西方国家"文化殖民"的威胁，积极维护国家"文化安全"成为国民教育中不可忽视的重要组成部分，基础教育是培养国家公民、塑造国民性格的重要阶段，更是培养学生民族性的关键时期。我们有责任、有义务在孩子幼小的心灵中播下民族文化的种子，加强传统文化的传承和增强民族认同感。

在此情形之下，对学生进行传统文化教育势在必行，但不应该以成人的眼光刻意强求，而应该对民族文化中有意义且符合需要的内容进行整理归纳，通过特定的形式展示给学生，让他们根据自己的需要自由选择。"只有他们自己选择的东西，他们才会去感受、去想象、去发扬和创造。"因此，武术传播的意义就是要以武术为载体，通过武术的学习和习练，潜移默化地对学生产生影响，在其心中播下民族文化的种子，以培养他们强烈的民族自信心和民族认同感。

（三）全人类利益

所谓全人类利益，是指整个人类社会所有的阶级、集团、群体共同具有的利益，就当今人类历史变迁和发展过程而言，是指不同时代的利益之间有着共同的或相一致的地方；就同一时代或不同时代的阶级社会来讲，是指不同阶级或对立阶级的利益之间有着共同的或相一致的地方②。武术是中华民族优秀传统文化的重要组成部分，不仅有强身健体、愉悦身心的功效，还能弘扬传统文化、振奋民族精神。随着社会发展，人类文明正以不可逆转的趋势迈向全球化。现如今，中华武术应当为全人类所享有，承担造福全人类的文化职责。随着西方社会工业文明的持续推进，工业文明表现出强大的实力和强劲的扩张力，向全世界扩散，其带来的直接后果就是"文明冲突"的加剧。经济、文化、政治、行为礼仪、价值观念之间的交汇、渗透、竞争与合作，不可避免地发生一定程度的冲突，这使西方社会不得不重新思考东西方文化之间的差异与价值，而中国武术中蕴含的整

---

① 沈壮海. 软文化·真实力——为什么要提高文化软实力 [M]. 北京：人民出版社，2008：106.
② 周世中. 论全人类利益与阶级利益 [J]. 社会科学家，1992（6）：68-71，67.

体观、辩证观、合和观、哲学观等正是西方文化中所欠缺的，可以弥补西方社会当今的焦虑与不安，为西方社会的发展注入一针"强心剂"。与此同时，中华武术应当积极汲取世界文明的优秀成果，与世界其他地区体育文化交流互鉴。文明因交流而多彩，文明因互鉴而丰富，"草木知春不久归，百般红紫斗芳菲。"通过中华武术文化与世界不同文化的对话与交流，实现"各美其美，美人之美，美美与共，天下大同"的理想目标，以此更好地传播中国文化，推动武术早日进入奥运会，为服务我国体育外交大局、提高国家文化软实力做贡献，为构建人类命运共同体贡献力量。

三、利益满足的形式

人类利益满足的形式是多种多样的，但归纳起来无非两个方面：物质满足和精神满足。物质满足是指为了满足人类自身生存和发展，产生的对各种物质资料的需要。物质满足的对象代表着物质对人的使用价值，任何人都不能脱离物质的需要，它是人类所有需要的基础，也是人类社会持续发展的先决条件。物质资料是看得见、摸得着的实物，它既包括大自然直接提供的物质财富，又包括生产加工得来的劳动产品。随着社会生产力的进步，物质资源得到了极大丰富，人们从只能满足维持、延续生命所需要的空气、阳光、水、食物等，发展到今天需要得到社会加工产品、科技产品等的满足。精神满足是指人们对求知、审美、道德、理想、信仰等精神生活的需要，精神满足同物质满足一样，也是人的基本需要。"人不可没有精神需要，'人需要美正如人的饮食需要钙一样'不可或缺。完全可以说，人的精神需要就像人体需要维生素一样，没有意识、理性、意志等精神活动的生命就是缺乏人性的动物的生命。"[1] 人类具有精神需要，才能探索深奥的科学、创作别出心裁的文学、雕琢精益求精的艺术品等，正是人类在精神上有强烈的追求和欲望，才能推动社会进步、发展，因此时代在不断进步，人类文明也在大步向前迈进。即使精神需要不能够像物质需要那样以实体物质存在，也能够感性而直观地满足人的客观需要，马克思认为："精神需要和物质需要一样，是人不可或缺的，并且会随着人类物质的丰富地位愈加凸显，特别是共产主义社会，那些自由施展才华、体现人的智慧创造和人的全面发展等精神上的满足，会成为人最主要的需要。"

---

[1] 袁贵仁. 人的哲学 [M]. 北京：工人出版社，1988：102.

物质需要和精神需要是相互渗透、交错相融的。首先，物质需要是实现人的精神需要的前提和基础，在人类早期的生活中，物质需要是满足人类需要的首要条件，只有人类在物质上获得极大的满足，才会向精神领域延伸，追求精神上的满足，这与《管子·牧民》中提到的"仓廪实而知礼节，衣食足而知荣辱"的哲理不谋而合。然而，精神需要并不完全取决于物质，它具有相对独立性，即使在物质需要没有得到满足之前，也完全可能获得精神需要，精神需要得到满足和发展的同时也会促进物质需要的发展，物质基础为精神需要的满足提供载体。当我们想要欣赏艺术、净化心灵时，便会欣赏诗歌、画展或者音乐，这时就需要借助实实在在的物体，如书籍、音乐厅、画廊等去实现。另外，人的物质需要和精神需要是相互结合渗透的，人在创造物质财富、满足物质需要的同时，也会按照追求"美"的需要去创造美的物体，以实现物质需要和精神需要的满足。当今社会，越来越多的精神需要和物质需要一同展现出来，如衣物，它最原始的功能是遮羞蔽体、御寒保暖，但是现在，人们更加追求舒适、时尚和美观，并逐渐发展成服装设计，将整体色彩、花纹图案、材料搭配、服装造型与款式等进行构思设计，通过线条、色调、质感等的组合与处理，提升穿着者的形象与气质。习近平总书记在党的十九大报告中强调"我国社会的主要矛盾已经转化为人民日益增长的美好生活需要和不平衡、不充分的发展之间的矛盾"。美好的生活不仅需要物质层面的高度发展，更需要满足人民大众精神层面的需要。对于个人而言，物质需要和精神需要是相辅相成的。事实上，只有同时兼顾物质需要和精神需要，才能实现个人自由和全面发展，才能构建和谐社会。

武术是以中华文化为理论基础，以技击为主要内容，以套路、格斗、功法为主要运动形式的传统体育[①]。武术的起源可以追溯到原始社会时期，历经几千年的传承、发展和演变，一直被沿用至今。这直观地说明武术随着社会发展不断演进、变更、发展，它没有因冷兵器、热兵器的更迭而停滞不前，相反，武术也在时代的更迭中不断改革、创新，以不同的形式和内容满足人们新时代的新需要。随着小康社会的到来，人们的必要劳动时间越来越短，闲暇时间逐步增多，闲暇领域不断拓展，闲暇活动日趋频繁，因此人们对生活质量的要求、精神生活的满足越发重视。"人类生活的追求从满足现实的基本生活需要转向对精神生活的向往与渴求，人们进入了从有限的发展转向全面地发展自我的新阶段。时代要求我

---

①王俊璞. 武术新定义诞生记 [J]. 中华武术，2009（8）：32-33.

们，在温饱问题解决之后必须认识到，人类生活质量的全面提升不仅局限在物质层面，还应更加注重精神文化层面的追求，只有丰富的物质生活与高尚的精神生活相和谐才能达到完美的人生境界，也才能体验到生活的真正乐趣，才能真正领略到人生的意义与价值。"① 在此情形之下，武术的健身养生价值、休闲娱乐功能必将迎来全新的发展，我们有理由相信，只有人们积极、全身心地投入健身和休闲娱乐活动，才可以真正消除身心的紧张与拘束，才可以欣赏、体验运动带来的乐趣，在情感宣泄中获得补偿，提高生活质量，提升幸福感、获得感和满足感。

随着国家的发展和社会的进步，如今的社会早已变得广泛而多元。人们的追求已经从单一性、共同性的束缚中彻底解脱出来，转移或者定位在更高阶段的精神领域。武术运动既能使个体强身健体、延年益寿、减缓生活压力，又能满足人们提高生活质量的愿望，同时，武术运动具有浓郁的民族文化特征，能满足人们崇尚和追求文化时尚的心理，使个体在精神上感到愉快和满足②。有学者认为，生活质量主要用来反映人类为了提高自己生存机会而进行的各种活动的能力和活动的效率，决定我国居民生活水平和质量的主要影响因素有经济、教育、健康和环境等，其中，健康和教育是生活质量的两个最主要的影响因素。习练武术可以真正地塑造一个人的德与行，树立正确的人生观和价值观，培养民族使命感，由此观之，武术可以满足人们的健身养生需求，在保证健康的同时还具有一定的教化功能和教育价值，不仅能够满足健康生存的基本需求，还能提高人们的生活质量。同时，通过武术练习中由身到心、由外到内的一系列修习，习练者可以获得身心全面发展，成就健全的人格；通过对真、善、美的不懈追求，习练者可以了解人与人、人与社会、人与自然的关系，轻松应对社会乃至人生过程中的万般变化。"上武得道，平天下；中武入喆，安身心；下武精技，防侵害"是对中国武术教化功能的经典概括。

第三节 发展动力：外部环境

伴随人类社会的发展，全球化已经成为当今世界发展的必然趋势，以及形塑世界和加速世界秩序重构的重要力量。全球化不会停止，但是全球化发展进入深

---

①邱丕相，马文国. 关于中国武术发展战略的几点思考 [J]. 西安体育学院学报，2005（6）：1-3，7.
②雷鸣. 武术文化的个体享用功能及实现途径 [J]. 体育学刊，2007（9）：75-77.

度调整期已成共识，数字化、区域性将是未来发展的主旋律。中国社会进入21世纪后，政治、经济、文化和综合国力不断增强，我国的国内生产总值GDP，总量位居世界第二，成为全球第二大经济体，国际地位逐渐攀升，引起全世界的广泛关注。越来越多的国家和外国友人对中国产生了浓厚的兴趣，特别是对中国的传统文化表现出极大的热情。在这样的时代背景下，中国武术作为中国传统文化的典型代表，在国际上受到外国人的青睐和追捧，这无疑为中国武术的国际化传播提供了广阔的发展前景[1]。为了不断拓宽武术的生存、发展空间，自1982年起，中国武术一直在不遗余力地推进国际化道路，中国武术"十三五"发展规划中依然将中国武术国际化传播作为重要工作之一，"中国武术的跨文化传播需要源文化所在社会的社会安定、经济繁荣、政府的外交政策开明"[2]，毫不夸张地说，这是中国武术发展最好的时代，中国武术迎来了千载难逢的机遇，"乘风破浪潮头立，扬帆起航正当时"。

一、全球化

全球化已经成为当今世界发展的潮流，是当代社会变革与转型的重要推动力。目前，人们对全球化的认知还未达成共识。例如，社会学者主要是从人类互动意义的维度来解释全球化，把全球化看作不同国家和地域的人们随着社会发展形成日益密切联系的过程；在经济学家眼里，全球化多指经济活动的跨国化和相互依赖的加深；政治学家往往认为全球化是指民族国家世界体系的最后形成，以及世界新格局的战略体现；文化学者则认为全球化多指不同文化间的相互渗透和融合、不同文明的全球整合和知识体系的全球传播，或指人类利用高科技成果，为克服自然界造成的客观限制而进行的全球信息传递和交换……[3]全球化是当今世界经济和科学技术不断发展的产物，是不同国家、文明之间交流和碰撞的结果，即"当代人类社会生活跨越国家和地区界限，在全球化范围内展现的全方位的沟通、联系、相互影响的客观历史进程与趋势"[4]，其本质是人类不断消除

---

[1] 孙鸿志，王岗. 中国武术国际化传播的核心问题：理念的缺失 [J]. 中国体育科技，2011，47（3）：80-83，88.
[2] 王岗，刘帅兵. 中国武术跨文化传播的研究 [J]. 南京体育学院学报（社会科学版），2012，26（3）：13-17.
[3] 倪世雄. 当代西方国际关系理论 [M]. 上海：复旦大学出版社，2001：476.
[4] 董海琳，陈俊玉. 全球化背景下的文化碰撞与交融 [J]. 河北青年管理干部学院学报，2007（3）：59-62.

基于受众交换的中国武术海外传播应用框架研究

文化差异、制度差异、地理差异等带来的种种障碍，在全球范围内达成更多共识。马克思认为，随着生产力的蓬勃发展，人们有了普遍的交往，地域性的个人就为世界历史性的个人所代替，因而，全球化是人类社会发展的必然趋势[①]。在全球化的大背景下，文化交流和沟通早已跨越了民族和国家疆域的界限，出现了跨越国家、民族、地域的跨文化交流活动，这一交流为一个民族能够吸收和借鉴其他文化、创新自身文化提供了有利条件。以中华文化为代表的武术应多与其他文化交流，借鉴如跆拳道、NBA、瑜伽等项目的国际化传播经验，为武术海外传播提供参考，以实现中国武术的创造性转化、创新性发展。

受全球化的影响，大量外来文化进入中国，外来文化对中国本土文化带来巨大冲击，中国传统文化面临着严峻的考验。当我们的传统文化逐渐被部分国人忽视时，西方国家已经开始消费我们的文化资源，试图将中国文化变为西方社会的文化资产，为其文化增值加持。例如，美国迪士尼公司制作的电影《花木兰》，通过中国民间花木兰女扮男装代父从军的故事，成功地塑造了一位活泼好强、机智勇敢的巾帼英雄形象。整个电影的人物造型、服饰兼顾古风又不失现代感，情景转换自然流畅，融入了中国水墨画的特色和意蕴，影片的表现形式和艺术风格也颇具中国特色，但在价值观念、女权意识、幽默文化等方面又体现出美国影视的特点和美国文化特征，这是东西方文化高度融合、继承与创新并重的一部影视作品，既是对中国文化的消费，也是传播中国文化的一次实践。电影播出后，围绕"花木兰"出版的各种书籍、画册、练习本、文创产品、纪念品等有10多种，在美国各地的书店、百货公司、玩具店占据重要的位置。从知识产权角度来看，迪士尼公司制作的电影《花木兰》属于美国迪士尼公司，但中国人都知道花木兰是中国南北朝时期极具传说色彩的巾帼英雄，这一现象给我们的警示是：若再不高度重视和保护中国文化知识产权、进一步深入挖掘和保护中国的文化资源，任凭其他国家随意抢占，则中国的文化资源迟早会被外国消费。面对蜂拥而至的外来文化的冲击，想要做到维护文化安全就得"以其人之道还治其人之身"，就必须让我国的传统文化主动"走出去"，而不是坐以待毙。美国一位社会学家认为，全球化把世界的每个国家变成了一个车站，在这些车站中间穿梭着全球化的列车，你要想人们在你的车站下车，你的车站就必须有足够吸引力，即你的车站要有特色，这个特色就是民族文化的独特性和差异性，如果民族文化都开始相似

---

① 蔡拓. 全球化与当代国际关系 [J]. 马克思主义与现实, 1998 (4): 19-21.

了,那么你的车站和别人的车站一样没有吸引力可言[①]。

中国武术的海外传播是弘扬、传承中国优秀传统文化的重要方法,也是中华民族优秀传统文化主动走向世界的重要途径,不仅有利于武术自身的可持续发展,还可以让世界更加了解中国文化,同时也为武术的发展提供了新的契机。但是面对全球化进程不断深入这一背景,中国武术海外传播首先需要坚定文化自信,把中华优秀传统文化作为海外传播的源头活水,其次需要放下包袱,充分挖掘传统文化中的普适价值,实现文化资源、文化资本、文化产业三者的良性循环,推动中国武术高质量发展。

二、经济发展

党的十八大以来,我国经济实力、科技实力、综合国力、国际影响力持续增强,经济总量由2012年的53.9万亿元上升到2021年的114.4万亿元,占世界经济比重从11.3%上升到超过18%,人均国内生产总值从6300美元上升到超过1.2万美元[②],为全球社会发展提供了可借鉴的"中国模式"。与之相应的是人民社会文化生活日益丰富,基本文化权益得到切实保障,覆盖城乡的基本医疗保障制度全面建立,社会保障体系逐步形成,教育、医药卫生、保障性住房等各项社会事业快速发展,这些翻天覆地的变化都源于我国经济飞速发展。全球化一方面推动世界加速发展,另一方面使得"全球地缘政治和世界经济从未像今天这样缺乏稳定性、延续性和可预测性:疫情仍在肆虐,边境冲突仍在继续,大国对抗持续加剧"[③]这一全球发展格局虽然使得中国未来发展道路仍然坎坷、布满荆棘,但是我们已经用自己的实践向全世界证明了"中国模式"的价值,一个全新的社会主义中国正在崛起,其未来的发展态势已经越来越清晰地展现在世人面前。中国经济高速发展为全球带来巨大机遇,创造了广阔的市场空间、无限的商业机会,因此全球将目光转向了亚洲、转向了中国,了解中国、了解中国文化、学习中国语言、了解中国传统文化艺术,已经逐渐成为一种潮流。不仅亚洲国家纷纷把学习中文、中国文化、艺术作为教育的重要方面,即使是一些西方国家,也把

[①]郑国华,丁世勇.北京奥运会对中国文化产业的影响[J].天津体育学院学报,2006(5):397-400,455.
[②]袁晴.国家发改委:我国经济实力、科技实力、综合国力、国际影响力持续增强[EB/OL].(2022-06-28)[2023-09-24].https://baijiahao.baidu.com/s?id=1736870925032614185&wfr=spider&for=pc.
[③]白云怡,于金翠.中国稳定性是世界经济"压舱石"[N].环球时报,2022-10-17(7).

中文、中国文化、艺术纳入教育的体系和制度之中①，这一做法是为了消除人们之间的交流障碍，为合作交流奠定基础。由此可见，中国文化已经引起了全世界的广泛关注。2005年4月23日，新加坡内阁资政李光耀在海南博鳌亚洲论坛上呼吁，中国应该通过自己文化的重新复兴来显示中国的实力，整个世界都乐见中国文化能够复兴，能够发展与自己经济相匹配的文化②。由此看来，我们不仅需要经济高速发展，还需要文化的不断发展与创新，为未来的经济发展奠定基础。民族的振兴始于文化的复兴，只有在世界文化中占有一定份额的国家，才能成为文化大国，只有成为文化大国，才能成为世界强国，从某种意义上说，谁开始喜欢你的文化，你就开始拥有了谁③。因此在中国经济高速增长过程中，武术、中医、中文、京剧等传统文化样态逐渐在全球生根发芽，并且受到国际社会的极大关注，我们有理由相信，随着中国综合国力和经济实力的不断增强，其彰显的"增值效应"也会进一步扩大，为中国武术在全世界范围内的传播创造良好的机遇。

推动武术参与全球交流，既促进了武术文化的发展，也创造了海量的就业机会和巨大的经济价值，如以武术为元素的游戏、动漫、影视、表演、竞赛、培训、旅游等产业蓬勃兴起，相信这些经济活动在未来必然会得到空前发展。在外国人面前谈论"功夫"时，他们会自然而然地想到中国，当谈论少林寺时，他们会自然而然地想到少林武术。上海世界博览会执委会副主任周汉民认为"外国人首推'功夫'，而功夫又首推少林，因此嵩山少林将成为河南的第一张名片"④。而以好莱坞著称的美国的电影工业更是围绕武林素材制作了众多功夫电影，通过不断地创新发展，武术创造出巨大的经济财富。美国梦工厂创作的《功夫熊猫》，由好莱坞制作，在中国上映第一周就拿下3800万元票房，3周后累计总票房超过1.35亿元，成为第一部在中国内地票房过亿元的动画片。美国梦工厂将原本属于中国的两大国宝中国功夫和熊猫，通过好莱坞这个创意平台，转化为深受全球欢迎的文化产品，这种将文化资源转化为文化资本乃至文化产业的能力确实是我们急需的，但是对优秀传统文化的"灯下黑"也是需要警惕的现象，不能坐等一众优秀传统文化被美国、韩国、日本等占有。继雅开新、自铸伟词，

---

① 李坚. 从国际交流看当代少儿艺术发展及教育 [J]. 艺术百家, 2006 (5): 189-191.
② 石洪涛. 新加坡内阁资政李光耀：中国应推动文化复兴 [EB/OL]. (2005-04-24) [2023-09-24]. http://zqb.cyol.com/content/2005-04/24/content_1073968.htm.
③ 王振顶. 汉语国际传播的政治经济意义分析 [J]. 生产力研究, 2007 (19): 74-75.
④ 潘于旭, 李德顺. 经济价值与人文价值——简论区分两种价值的理论基础和现实意义 [J]. 哲学研究, 1995 (7): 37-43.

我们需要从传统中汲取营养、在吸收中获得启迪、在启迪中创新发展、在创新中升华自我，进而弘扬、传承优秀传统文化。

三、政治因素

政治的"政"通常是指政府、政权主体，"治"通常是指治理、维护政权的方法和手段，从两者的字面意思可以看出，政是方向和主体，治是手段和方法，治围绕着政进行。"政治是上层建筑领域中各种权力主体维护自身利益的特定行为，以及由此结成的特定关系，是人类历史发展到一定时期产生的一种重要社会现象。"[①] 作为人类社会中存在的重要社会现象，政治会对社会生活的各方面产生重大影响，这一现象极为复杂，不同时代的政治学家从不同角度和不同侧重点对其做过详细阐述。大体来说，政治主要通过政策的方式影响社会发展，如我国生育政策的动态调整对出生率及人口增长起到了积极的调节作用。与政治密切联系的是经济，两者在社会发展中往往并驾齐驱，对人类生活、社会发展产生限制、促进等影响，而一定的政治结构与经济结构必然会孕育一定的思想文化，政治、经济和文化三者之间存在错综复杂的关系。"经济对文化的影响和作用，往往以政治为中介，通过社会政治结构和政治思想体现出来，同时，思想文化对社会政治结构和政治结构产生着深刻的影响，因此，探究中国封建社会经济结构和政治结构的基本特征，对于我们准确把握中国文化的特质，有着重要意义"[②]。冯天瑜在阐述中国文化生态状况时认为，"地理环境影响文化发展，是通过人类的物质生产实践这一中介得以实现的。人与自然呈双向交流关系。一方面，人的活动依凭自然，受制于自然；另一方面，人又不断征服自然、改造自然。人与自然这种双向同构关系统一于人类的社会实践，首先是生产实践，即经济活动。经济活动所创造的器用文化，是广义文化的组成部分，同时又为制度文化、行为文化、观念文化的生长发育奠定基础"[③]。

中国武术诞生于特定的社会经济、政治环境之中，其发展不仅受制于经济、政治，同时还必须服务于特定的社会政治，政治就像一根若有若无的线，贯穿了武术发展的整个历程。由于武术具有的技击价值，它不同于其他类型的体育运

[①] 燕继荣. 政治学十五讲 [M]. 北京：北京大学出版社，2004：38.
[②] 李宗桂. 中国文化导论 [M]. 广州：广东人民出版社，2002：52.
[③] 冯天瑜. 中国文化史纲 [M]. 北京：北京语言文化大学出版社，1994：4-5.

动,可以作为保家护院、卫国戍边的重要手段,因此,在冷兵器时代,武术是历代统治者夺取天下和维护政权的重要保障,也是统治阶层维护自身统治的重要手段,甚至在唐代专门建立"武举制"以选拔军事人才。正是由于统治阶级对武术的现实需求,才使得武术在这一时期获得空前发展,武术在民间有了广泛的群众基础,为明清时期武术理论的完备与技术体系的形成提供了坚实的保障。民国时期,在国力羸弱、内忧外患的现实下,武术被冠以"国术"的称谓,成为受西方文化冲击下推陈出新的文化和民族精神集合体,是"提振民气,复兴民族"的切实载体,旨在增强国家凝聚力、振奋民族精神,国术从攻防之技艺上升到国家与民族的指向①。国术改革者一改传统的门户流派弊端,将各种拳勇、技击与武艺集成,倡导公开统一、取各家之所长,以实现与西方体育的分庭抗礼。国术秉承自立、自强、自信的理念,承载着国家、民族复兴的精神寄托和庄严使命,凝聚了中华民族生生不息的宏伟理想和复兴动力。中华人民共和国成立之后,在党中央、国务院的高度重视下,武术工作迎来了翻天覆地的变化,1955年原国家体委运动司设立武术科(后升格为武术处),专门负责武术方针政策的制定与实施、普及提高与竞赛工作;1958年中国武术协会成立,同年《武术竞赛规则》诞生,并成为1959年全国青少年运动会和第一届全国运动会试用比赛规则,这标志着武术正式成为体育竞赛项目;1972年全国性的武术比赛和表演活动逐步恢复;1979年,武术散手教学开始试点……上述一系列标志性活动与成果助力武术发展进入康庄大道。时至今日,武术已经成为中国传统文化的全息缩影,饱含了中华民族精神、民族特性,已经成为中国文化外宣的重要载体之一,是建设文化强国、塑造国家形象、提升国家文化软实力的基本途径与重要手段。由此来看,中国武术在几千年的发展历程中,始终与国家需要同构共振,以国家、民族利益为重,顺应国家需要,勇于担当历史责任,为民族振兴做出了应有的贡献。

党的二十大报告中提出,以中国式现代化全面推进中华民族伟大复兴,并且把到2035年建成体育强国作为基本实现社会主义现代化的战略目标,要"促进群众体育和竞技体育全面发展,加快建设体育强国",要"推进文化自信自强,铸就社会主义文化新辉煌"②。体育强国建设给国家、社会、民族发展带来了新

---

① 陈亮,徐景彩,张良志,等. 觉醒、精进与转化:国术与传统武术文化重构[J]. 武术研究,2022(1):23-26.
② 林剑. 深挖体育文化内涵 强化体育文化建设——为社会主义现代化强国凝心聚力[N]. 中国体育报,2022-10-21(3).

的支柱、新的动力,在建设体育强国的过程中,体育文化扮演着越来越重要的角色。2012年7月23日,胡锦涛同志在省部级主要领导干部专题研讨班开班仪式上指出:"纵观这十年,国际形势风云变幻,国内改革发展稳定任务繁重,我们紧紧抓住和用好我国发展的重要战略机遇期,战胜一系列严峻挑战,奋力把中国特色社会主义事业推进到一个新的发展阶段,取得了历史性成就和进步。"[1] 今天,中国武术迎来了千载难逢的发展机遇,国家出台了《关于实施中华优秀传统文化传承发展工程的意见》《"十四五"文化发展规划》等一系列文件,为武术的发展保驾护航。同时,我们需要重新定义表达方式,挖掘武术精神的时代内涵,增强武术文化对青年一代的吸引力,这是中国武术发展需要思考的全新命题,也是中国武术发展融于体育强国建设、聚焦中国式现代化进程的必然选择。当今世界正经历百年未有之大变局,各种不确定因素剧增,中国文化已经成为全球发展的最强音,中国武术更应准确洞察历史大逻辑和时代主旋律,抓住发展机遇,方能行稳致远。

四、政策支持

国家政策是武术事业发展的风向标,为武术发展指引前进的方向,同时也形塑着武术内容、结构和风格。"要积极稳步地把武术推向世界",自1982年提出这一口号后,中国武术便开启了国际征程,并且取得了不俗的成绩。例如,国内武术人口持续增加,武术组织建立并规范化运行,各种武术赛事如火如荼;国际上,世界武术锦标赛成功举办,国际武术联合会会员国逐年增多,武术研究取得开创性成果,武术在全球的影响力逐年攀升。但是我们应该有一个清醒的认识,中国武术的国际化传播仍然处在起步阶段,其全球影响力尚未得到显著的效果。调查数据显示,有71.7%的国家和地区习武人数在5000人以下,美洲和欧洲习武人数在5000人以下的国家的比例较高,具体为美洲87.5%、欧洲70%,亚洲72.7%,非洲66.7%[2]。这些数据表明真正习练中国武术的外国人口数量还比较有限,占据的市场份额远远达不到我们的预期,因此,中国武术的国际化发展依然任重道远。

---

[1] 柳建辉. 十年辉煌[M]. 北京:人民出版社,2012.
[2] 朱东,马克蒂姆,姜熙. 中西方不同视角下武术国际化发展的现状和未来[J]. 体育科学,2010,30(6):20-29.

基于受众交换的中国武术海外传播应用框架研究

2013年12月30日，中共中央政治局就提高国家文化软实力研究进行第十二次集体学习，习近平总书记主持学习并做了重要指示，指示如下：提高国家文化软实力，要努力夯实国家文化软实力的根基。要坚持走中国特色社会主义文化发展道路，深化文化体制改革，深入开展社会主义核心价值体系学习教育，广泛开展理想信念教育，大力弘扬民族精神和时代精神，推动文化事业全面繁荣、文化产业快速发展。夯实国内文化建设根基，一个很重要的工作就是从思想道德抓起，从社会风气抓起，从每一个人抓起。要继承和弘扬我国人民在长期实践中培育和形成的传统美德，坚持马克思主义道德观、坚持社会主义道德观，在去粗取精、去伪存真的基础上，坚持古为今用、推陈出新，努力实现中华传统美德的创造性转化、创新性发展，引导人们向往和追求讲道德、尊道德、守道德的生活，让13亿人的每一分子都成为传播中华美德、中华文化的主体[①]。党中央制定并出台了一系列新的政策，如"一带一路"倡议。"一带一路"倡议是中国与亚太直至东北非及欧洲在内的广大国家和地区之间互联互通、互利合作、共同发展的经济战略[②]。"一带"是指"丝绸之路经济带"，是中国与中亚直至欧洲古代"丝绸之路"所及区域内的经济合作，被认为是"世界上最长最具有发展潜力的经济大走廊"[③]；"一路"是指"21世纪海上丝绸之路"，覆盖中国与东南亚、印度洋及地中海区域范围内的合作。"一带一路"倡议以政策沟通、设施联通、贸易畅通、资金融通、民心相通这"五通"为抓手，使沿线国家实现和平发展、和谐合作、互利共赢[④]。"一带一路"倡议是我国经济发展的重要战略构想，是国际政治沟通的重要示范，同时也是"丝路"沿线国家经济、政治、社会、文化发展的重要平台[⑤]。古人云："以利相交，利尽则散；以势相交，势去则倾；以权相交，权失则弃；唯以心交，方能成其久远"，因此"一带一路"倡议不仅仅是中国与亚太直至东北非及欧洲在内的广大国家和地区之间互利共赢的经济战略，还是促进东西方不同文化的相互交流与彼此认同的桥梁和纽带。"一带一路"建设为向全球展示中国文化软实力、提高中国国际话语权提供了良好契机，为促进

---

① 新华社. 习近平：建设社会主义文化强国 着力提高国家文化软实力 [EB/OL]. (2013-12-31) [2023-08-16]. https://www.gov.cn/ldhd/2013-12/31/content_2558147.htm.
② 兰日旭，岳海峰. "一带一路"：全方位的战略 [M]. 北京：中国财政经济出版社，2016.
③ 吕建中. 利用民间资本畅通丝绸之路 [N]. 人民日报，2014-09-22 (10).
④ 张国祚. 坚持文化先行共建"一带一路" [N]. 经济日报，2017-06-16 (13).
⑤ 妥培兴. "一带一路"战略下民族传统体育跨文化传播的价值、困境及其消解 [J]. 南京体育学院学报（社会科学版），2017，31 (1)：13-17.

中华民族伟大复兴、传承和弘扬中华民族优秀传统文化创造了条件。武术有着丰富的传统文化内涵，蕴含着中国人"自强不息，厚德载物"的民族精神，其国际传播不仅能促进中华民族传统文化的繁荣，还对国家软实力的提升有着重要意义。因此，应借助"一带一路"倡议平台，加快武术在沿线国家的推广和普及，让全球人民通过武术加深对中国文化的了解。

第六章
中国武术海外传播的当代呈现与内在逻辑

第一节 中国武术海外传播的当代呈现

一、利益表达主体发展不平衡

所谓利益表达，是指各社会阶层的人，通过一定的渠道和方式向政府、执政党和社会各级组织机构表达自身利益要求，以求影响政治系统公共政策输出的过程。中国武术海外传播中的利益表达主体主要指武术海外传播的主体，可以分为官方与民间两种。民间主体主要由一些民间武术团体及个人组成，整体来看，民间武术团体及个人进行武术国际传播活动主要通过开设馆校、俱乐部等进行，这样的民间主体主要形成于19世纪中后期，当时的中国社会发生巨大变革。精武体育会是民间传播主体的典型代表。1910年精武体育会成立对中国武术的国际传播产生了巨大影响，它是我国较早的以研究武术、提倡体育为宗旨的综合性群众组织[1]。作为最早向海外有计划推广武术的民间体育团体，精武体育会为武术在国外的普及与发展做出了突出的贡献[2]。与此同时，华人移民对于中国武术国际传播也存在一定影响，其中不乏具有武术技艺的人才流向海外进行武术传播[3]。

政府有组织的武术交流活动是从1936年德国柏林奥运会的武术表演开始的[4]。中华人民共和国成立以后，国家体委于1982年12月在第一次全国武术工作会议

---

[1] 邵隽. 精武体育会的发展及其影响 [J]. 体育文史，1990（1）：16-20.
[2] 杨祥全. 津门武术 [M]. 太原：山西科学技术出版社，2013：65.
[3] 孟涛，周之华. 华人移民对中华武术海外传播的影响 [J]. 中华武术（研究），2013，2（5）：12-14，11.
[4] 郑光路. 十一届奥运会悲伤的看客——1936年中国体育代表团旧事 [J]. 党建文汇（下半月），2008（7）：38-38.

上正式提出"把武术逐步推向世界，积极扩大中华武术的影响"①的武术发展方针，由此，中国武术国际传播被正式列入武术行政主管部门的发展战略之中。当前，进行武术传播与推广活动的主要官方组织有国际武术联合会、中国武术协会、国家体育总局武术运动管理中心及其下属的省、市、县武术运动管理中心等。为了大力推动中国武术的国际传播与推广，1990年10月3日在北京成立国际武术联合会②，该组织以推动各国家和地区武术团体的联合与统一、促进国际武术运动为发展宗旨，通过举办赛事，提供武术指导，开展对外交流合作，组织会员参加学术研讨、技术考察、国际会议等进行武术的国际传播与推广。虽然民间组织在武术的海外传播上有相当的影响力，但是由于官方传播主体在资源占有等方面具有优势，其传播效果要明显优于民间传播主体。同时，就目前而言，中国武术国际传播的主体主要集中在国家层面，国家主体有计划、有目的的推介活动日益增多，而民间传播依然处于"无序"状态。正因如此，武术海外传播的利益表达主体发展不平衡：一方面，由于民间组织自身表达力量过于薄弱，且不具代表性，所以它表达的效果十分有限；另一方面，官方组织具有广泛的代表性，不仅能增强利益表达的分量，还能在利益表达的过程中降低成本、提高利益表达的效率。

国家主体的参与，对中国武术海外传播有着巨大的推动作用，但是，我们不能让国家成为中国武术国际传播的唯一主体，也不应该让国家事无巨细地承揽所有事物。中国武术海外传播整体效益的提高，有赖于多方势力的协同和协调，有赖于更多主体的继续跟进和持续发力③，因为"对国家主体的过度强调并不必然带来国际传播效果的增强，反而有可能得到相反的效果"④。因此，"我们要建构多元主体的中国武术国际传播新格局，让包括民间组织、社会团体所构成的'非政府组织'，也包括以社会精英、广大公众组成的人群参与其中"⑤。

---

① 董刚，金玉柱. 从"走出去"到"走进去"——中国武术国际传播的理念迭代与路径选择 [J]. 天津体育学院学报，2019，34（4）：364-368.
② 王林. 武术国际化传播的传者研究 [J]. 武汉体育学院学报，2007（8）：32-36.
③ 董刚，金玉柱. 从"走出去"到"走进去"——中国武术国际传播的理念迭代与路径选择 [J]. 天津体育学院学报，2019，34（4）：364-368.
④ 项久雨，张业振. 关于中国价值观国际传播的若干思考 [J]. 马克思主义理论学科研究，2017，3（5）：135-145.
⑤ 董刚，金玉柱. 从"走出去"到"走进去"——中国武术国际传播的理念迭代与路径选择 [J]. 天津体育学院学报，2019，34（4）：364-368.

二、客体回应力度不够

客体回应力度不够表现在受众对于信息的接收度与传播主体的付出不对等，即传播效果没有达到主体的预期。在中国武术海外传播中，我们所要达到的效果是武术海外传播活动引起受众心理、态度和行为等方面的变化，以及武术海外传播活动对受众和社会在特定条件下可能发挥潜在影响，这种潜在影响包含了海外受众对中国人、中国其他文化、中国国家形象的正面倾向性[1]。长期以来，中国武术的国际化传播取得了一定的成就，仅就国家形象建构而言，中国武术已经成为"中国形象的代言人"。《中国国家形象全球调查报告》显示：在 2013 年，国际民众对中国文化载体认可度最高的是武术，其次是饮食和中医；在 2015 年、2016 年、2017 年、2018 年的调查报告中，中餐、中医药、武术依然是最能代表中国文化的三个方面。从这一调查结果可知，中国武术的国际传播在海外已经产生了深刻的影响，国外民众已经深知中国武术是中国优秀文化的杰出代表。但是中国文化源远流长、博大精深，在中国武术的传习中不仅重形，更重意，不仅重格物致知，更重直觉体悟，这一矛盾的对立统一使"中国武术国际化传播的整体效益不尽如人意"[2]。"一直以来，中国武术在国际范围内传播的技术参与度、文化认同感、价值引领力等综合效益尚未达到理想的高度"[3]。由于"文化定位、国际受众对拳种的选择与认同、国际受众对武术体系的理解、交流方式、武术的神秘性、国际市场的稳定性、文化差异"[4]等，武术在对外交流中存在问题，同时中国武术"形神兼备"的训练方式和复杂独特的身体技术，很难被西方人有效地理解和接受，并且博大精深的中国武术文化也让人无所适从[5]。最重要的是缺乏对受众类型的了解，武术传播效果只注重对于受众的影响，忽略受众的需求[6]，即缺乏"精准定位"，导致客体的需求没有得到相应的满足，从而使客体回应力度与主体传播之间存在一定的差异。但与这一现象背道而驰的是，西方人

---

[1] 马秀杰. 中国武术文化软实力综合指数的构建 [D]. 上海：上海体育学院，2020：80.
[2] 金涛，李臣. 互联网时代中国武术"走出去"的路径审视与思考 [J]. 沈阳体育学院学报，2018，37（4）：139-144.
[3] 李臣. 从文化自觉看中国武术国际传播 [N]. 中国社会科学报，2018-03-06（005）.
[4] 袁春светы. 传统武术对外交流的困境及发展策略研究 [J]. 广州体育学院学报，2017，37（4）：75-77，99.
[5] 解乒乒，史帅杰，丁保玉. "一带一路"战略下武术文化"走出去"的机遇与策略 [J]. 体育文化导刊，2017（6）：1-5.
[6] 马秀杰. 中国武术文化软实力综合指数的构建 [D]. 上海：上海体育学院，2020：181.

对太极拳的认同持续增长,有关资料显示,陈式太极拳已传播到150个国家和地区,习练人数超过2亿人[1],甚至包括美国、英国在内的许多国家的军事人员都将太极拳作为日常训练手段。太极拳海外传播的成功经验大致如下:传播内容及对象的顺势转换、政府部门支持、名人效应、传者素质的提升、文化内涵与养生机理研究深入、产业化运作、西方本土传播、体育赛事传播、传播媒介多元[2]。对太极拳海外传播实践进行归纳总结,从中探究太极拳传播的成败经验,可以为中国武术的海外传播提供智力支持。

三、渠道形式主义严重

传播是通过一定的渠道进行的,目前中国武术海外传播渠道主要包含传统媒体、新兴媒体等,在传统媒体方面,主要借助电影、电视、书籍、报刊等进行传播。电影、电视是中国武术海外传播的重要渠道,中国武术主要通过电影、纪录片等形式进行传播。影视作品能够以一种更为生动形象的方式向世界各国人民展示中国武术文化,如《卧虎藏龙》《一代宗师》《功夫熊猫》等电影的成功上映,对中国武术的海外传播产生了积极影响。书籍、报刊在武术海外传播的过程中一直占据着重要地位,就报刊而言,国内有《中国日报国际版》,而美国《纽约时报》等极具影响力的报纸对中国武术进行了报道。虽然国内外皆有纸质媒体对武术进行传播,但是两者在报道的侧重点上呈现出巨大的价值分野:《中国日报国际版》对中国武术的报道面面俱到,而《纽约时报》对中国武术的报道主要集中在太极拳的科学研究上[3]。报道信息的不对等、叙事方式存在差距是目前海内外报刊媒介存在的主要问题之一,这在一定程度上对海外受众接收中国武术信息造成了影响,同时也表明《中国日报国际版》对于中国武术的报道缺乏针对性,有形式大于内容的倾向。

新兴媒体主要通过互联网进行传播,互联网开放、共享、共时、便捷、覆盖面广等特点弥补了传统媒体在武术海外传播过程中的缺点与不足。目前,武术网络传播主要分为三类:官方网站、商业网站、个人主页等。官方网站主要是各武术协会、武术赛事组织等机构运营的网站,这类网站所传播的内容主要包括国

---

[1] 杨建英,杨建营.太极拳历史流变及转型发展[J].武汉体育学院学报,2017,51(7):68-73.
[2] 王林.武术养生文化国际传播研究[M].北京:中国书籍出版社,2015.
[3] 黎在敏.中国武术国际形象传播与塑造研究[D].武汉:武汉理工大学,2018:1.

家、协会、赛事组织等组织的有关武术的重大活动、工作动态等,还会提供一些武术资料的下载,它基本上是代表官方的,可信度高,具有较高的权威性[①]。其中,2005年开通的国际武术联合会官方网站存在缺乏武术最新信息、最新成果,没有自己的数据库等问题,使受众不能在其官方网站及时获取所需信息,这在一定程度上制约了中国武术的海外推广。

媒体传播在一国的对外信息传播中占据着极为重要的地位,在武术海外传播过程中,已经形成了由传统媒体和新媒体等组成的对外传播系统。如果缺乏好的传播渠道和载体,以及没有充分发挥媒体的信息传播作用,则再精彩的内容也很难为国外受众所获知,难以形成一定的影响力。可以说,在中国武术国际传播的媒体渠道运用方面,无论是报刊、书籍,还是新媒体,都存在着利用不足,形式主义严重等现象,"酒好不怕巷子深"的年代已经一去不复返,未来的中国武术海外传播需要在传播媒介上下足功夫。

四、技术行为不规范

中国武术海外传播的技术行为不规范是指传播行为没有计划,以及没有按照一定的规律进行传播。就中国武术而言,它的各项武术技术、其外延的有形部分和各种武术制度等内容,是通过舞台化的介质进行表现的,并且具有较强的穿透力,在文化的沿袭和传播过程中易于传播和渗透;而武术思维方式、价值观念、心理潜意识等不具有"物态化"的特点,穿透力较弱[②],它属于精神的、潜意识的,并需要借助一定的生活经验、传统文化知识、思维方式才能理解。只有不断地学习、理解,才能感悟其深厚的文化底蕴、深邃的精神思想,如果不费一番力气去研究,就难以厘清它的内核和本质[③]。可以说,技术的传播并不代表文化的传播,真正的传播是建立在海外受众对武术文化的接受与认同之上的。

武术海外传播的对象国是除中国之外的东西方国家,这些国家不仅文化背景、知识信仰等不同,同时综合国力还有所区别,这种区别带来的是受众对武术价值的选择,同时也对武术海外传播方式产生较大影响。例如,综合国力不同,

---

[①] 王林. 武术传播论纲 [M]. 武汉:湖北人民出版社,2011:205.
[②] 孙鸿志,王岗. 中国武术国际化传播的核心问题:理念的缺失 [J]. 中国体育科技,2011,47 (3):80-83,88.
[③] 蔡仲林,汤立许. 武术文化传播障碍之思考——以文化软实力为视角 [J]. 天津体育学院学报,2009,24 (5):379-382,387.

各国在各种设施上的建设重点有所不同，信息的传播方式也有所不同，因此，需要有针对性地深入分析跨文化传播过程中出现的一系列问题，以提升武术国际传播的效率。综合来看，武术国际传播一定程度上呈现混乱状态，其技术行为不规范主要表现在以下方面：①对"武术"一词的英译较为混乱，有"Chinese martial arts""kung fu""wushu"等称谓，而"太极拳"的英译有"taichi""tai chi""taiji""taijiquan"等称谓；②传播内容较为混乱。由于中国武术自身体系较为复杂、拳种多样，同一拳种由于地区不同、流派不同、传承人不同，在技术规格、练习方法等方面也存在千丝万缕的差别，而在中国武术海外传播中传播主体多元、内容体系散乱、传播目的各异，使得中国武术海外传播内容杂乱无序；③缺乏对差异化传播信息环境的分析和认知。在武术海外传播中，中国武术作为传播内容，面临的是全球200多个国家和地区所形成的巨大环境差异，而武术尚未对信息传播环境进行分类，未形成差异化传播，这严重影响了海外受众对中国武术的理解和接受。

文化的对外传播会受到一定规律的支配，在此过程中，需要利用相应的技术手段进行处理，即需要针对实际现状做分层处理。从传播学的层面来看，应该加强对中国传统文化的传播模式、传播过程、传播受众、传播效果、传播环境等多维度的专题性研究[1]。就受众而言，武术海外传播的受众并不单一，包括了专门研究关注武术文化的学者、接触武术文化的普通民众等。上述受众对于中国武术文化理解不同，那么在传播过程中就需要进行一定的技术处理。在中国武术传播初期，没有制定严谨有序的武术海外传播体系，也就是说武术海外传播过程中的技术行为不规范，在一定程度上制约了武术国际传播的深度与广度。

第二节 中国武术表达的内在规律

一、人类动作学习规律

人类动作学习需要按照人类动作发展的规律进行，因为人类动作发展是一个研究"人类一生中动作行为的变化、构成这些变化的基础和过程，以及影响它们的因素"的领域[2]。因此，认识人类动作发展规律，对于动作学习与诊断有着重

---

[1]韩美佳，李守培，薛欣．武术传播的研究结构及发展思路[J]．体育文化导刊，2016（3）：68-73.
[2]Gerg Payne，耿培新，梁国立．人类动作发展概论[M]．北京：人民教育出版社，2008：27.

要的意义,也就是说,在给定年龄或成熟水平下,人们需要确定其动作能力或技能水平的适宜性,并且需要知道哪些知识、技术最适合学生在各年龄阶段的动作发展,以及这些知识、技术在学生身上遵循何种规律发展[1]。

从身体素质的变化来看,人类一生中身体素质的发展变化大致可以分为三个阶段:第一阶段是从婴幼儿时期到青年阶段,此阶段的身体素质除柔韧性之外,其余的身体素质基本上是随着年龄的增长而增长的;第二阶段是壮年阶段,这一阶段人体的身体素质可以达到最高,并在此时期内保持在一个比较稳定的水平;第三阶段是从壮年到老年阶段,这一时期人的身体素质逐渐下降[2]。人类动作可以分为基本动作、平衡动作、精细动作和粗大动作,上述动作类型为人类的学习、生活、工作奠定了良好基础。基本动作技能包括操作技能、位移技能和非位移技能等,是一切运动的基础;平衡动作技能是个体维持身体平衡方面的能力,在人一生的动作发展中具有重要作用;精细动作是指身体的小肌肉或肌肉群产生的动作,在感知觉、注意力等的配合下完成特定任务,其实质是手、眼、脑的协调能力;粗大动作是指由身体的大肌肉或肌肉群产生的动作,主要包括姿势控制(头部控制、坐姿控制等)、移动(爬、行走、跑、跳、掷等)等动作。幼儿阶段,平衡动作、精细动作与粗大动作的发展遵循循序渐进、由简单到复杂、由宽到窄、由低到高、由易到难、由慢到快的原则[3]。有学者指出,动作发展是与年龄相关的、持续的、连续发生的变化,在动作发展中,心理、行为及生理等都会产生一定的改变,如幼儿基本动作的发展要遵循由简单到复杂、由低水平到高水平这一基本原则[4]。

武术作为一项技术方法较为复杂的运动,从运动形式上可以分为功法运动、套路运动及搏斗运动。其中,武术的套路运动对姿势、方法、身法、眼法、精神、呼吸、节奏等方面有较为全面的要求,在练习过程中需要充分体现中国武术内外兼修的特点和形神兼备的演练技巧。搏击运动虽然没有固定的动作顺序,但是需要将动作与体能、智能与技能相结合,以此来突出对抗性与技击性[5]。不同

---

[1] 全胜.我国人类动作发展的研究进展与趋势[J].赤峰学院学报(自然版),2012(1):167-168.
[2] 乔秀梅,童建国,赵焕彬.基于人类动作发展观的中小学生体能教育的思考[J].体育学刊,2010,17(11):80-82.
[3] 张颖,蔡国梁,赵晨琼,等.基于人类动作发展视角的幼儿动作发展规律研究进展[J].四川体育科学,2019,38(2):37-39,52.
[4] 唐怡.幼儿教师体育活动中对幼儿基本动作的指导研究[J].科教文汇(上旬刊),2018(4):86-87.
[5] 蔡仲林,周之华.武术[M].北京:高等教育出版社,2005:36.

武术运动形式虽然侧重点不同，但是其内在技术体系、技术方法都较为复杂，因此在武术学习的过程中，需要遵循一定的人类动作发展规律，或从简单到复杂，或从低水平到高水平，或从基本动作到粗大动作等动作学习规律，才能更好更快地掌握武术动作技巧，从而达到武术学习的目的。

二、武术运动技能成长规律

目前，不同专业、领域的学者对运动技能的界定尚未达成一致，还存在一定的分歧。结合本书研究开展的需要，笔者认为运动技能主要是从体育教学的视角来界定的，即学生群体在学校体育教学中所学习的运动技能而非专业运动员所学习的运动技能。运动技能学习是指在体育课程学习中，由教师指导学生学习运动技能的过程[①]。一般来讲，动作技能的形成主要包括泛化过程、分化过程、巩固过程及动作自动化过程[②]，武术动作技能的形成也是如此。

在初略掌握动作阶段，即泛化过程中，学习者会出现动作不协调、僵硬、动作与要求不符、出现多余动作等情况，此阶段主要教学任务就是让学生对所学动作建立正确的表象和概念，对武术基本功的重要性有正确的认识，并且对所学动作建立初步的本体感觉，粗略掌握所学技术动作。在这一阶段，教师在教授动作的过程中，需要采用分解教学的方法，如教授初级长拳时，以基本功、步法、拳法、步法+拳法这一顺序进行教授。分解教学的优点在于学生容易掌握动作，便于加强技术难点的教学。在分化过程阶段，学生有了第一阶段的学习基础，已经初步建立起动力定型，能够较精细地展示与完成动作，因此这一阶段的武术教学任务主要是在粗略掌握动作的基础之上，进一步改进和提高学生各动作的准确性、幅度与节奏，解决难点动作及动作之间的连接问题，提高动作完成质量，使学生能够正确、协调、轻松地完成整套动作。在巩固阶段，学生对动作已经形成了动力定型，可以更加准确、轻松自如地完成所学动作，这一阶段主要是巩固和发展已经形成的动力定型，使学生熟练、协调、优美地完成套路，使身体机能和身体素质进一步得到提高和发展。此时，教师可以采取让学生重复练习的方法，反复进行分段、整套动作的练习，与此同时，教师还要不断提出更高的要求，变

[①] 熊涛. 运动技能学习过程规律的研究——基于体育教学的视角 [J]. 体育世界（学术版），2012（12）：122-123.
[②] 朱琳，王林. 技能迁移规律在高校武术教学中的运用研究 [J]. 武术研究，2016，1（3）：104-106.

换练习手段，促使学生提高技术水平。随着运动技能的巩固、完善及逐步发展，在保持持续练习的条件下，动作会出现自动化现象，即在练习某个套路时，练习者可以在无意识的条件下完成该动作。

不同的拳种与流派对动作技能的学习均有其内在规定，传统武术的学习一般来说遵循以下顺序：桩功练习（抻筋拔骨、找劲）→单式练习→组合招式练习→步法身法练习→实战练习（喂招、实战）。现代竞技武术的学习一般来说遵循以下顺序：基本功练习→基本动作、典型动作练习→套路的整学零练→套路、格斗学习。无论采用哪一种技能学习顺序，都必须按照循序渐进的思路逐渐深入，绝对不能逾越某些步骤去体会、学习技术动作，否则既容易造成运动损伤，又会使自己底子不牢，只有严格秉承武术技法的共性规律与系统知识，同时因材施教、有教无类，才可以收到良好的效果。

三、学习者年龄与接收能力规律

认知或认识，即个体处理、整合外界信息的心理功能，是指通过形成概念、知觉、判断或想象等心理活动来获取知识的过程。简单来说，认知能力直接影响个体对知识的获取程度与状况。认知作为与大脑有关的功能，必然受到大脑的生理限制，一般来说，随着年龄的增长，大脑退行性改变不可避免，部分功能退化，相应的认知、思维功能会退化，工作效率也会降低。在正常情况下，学习能力是随着年龄的增长而下降的，研究表明，学习能力、工作记忆等认知能力都遵循快速增长→相对稳定→缓慢衰退的发展趋势[1]。不同的认知能力在30岁后都呈现下降趋势，但是下降速率不同，如视觉加工和加工速度下降较快[2]。也有研究表明，认知能力中，加工速度在50岁以后逐渐下降，逻辑推理、言语能力等在60岁以后逐渐衰退[3]。尽管上述研究结果不尽相同，但是对认知能力随年龄逐步下降基本达成共识。因此，在武术教学中，教师需要充分把握学生的身心发展规律和认知发展规律，不能给学生设置超出其现有认知水平的教学目标，否则学习

---

[1]杨碧秀，王志强，曹磊明，等．认知能力发展与年龄的关系［J］．临床精神医学杂志，2015，25（5）：316-318.
[2]MCARDLEJ J, FERRER-CAJAE, AMAGAMI F H, et al. Comparative longitudinal structural analyses of the growth and decline of multiple intellectual abilities over the life span［J］. Developmental psychology, 2002, 38（1）: 115-142
[3]SCHAIE, WARNER K. The course of adult intellectual development［J］. American psychologist, 1994, 49（4）: 304-13.

进度缓慢、学习效果一般会给学生带来挫败感，轻则影响学生的成就感和学习动机，重则影响机体的各项功能，出现失眠、压力增大、焦虑、抑郁、免疫功能降低等现象，忽视学生认知发展规律的做法，不利于学生武术技能的掌握和体育核心素养的形成与可持续发展。教师在日常教学过程中要尊重学生认知发展的规律，站在学生的角度思考教学任务设置、进度安排、教学方法运用等，创设各种场景，有效地呈现知识，以促进学生对新知识的感知和内化。

除此之外，每个年龄阶段的个体在感知觉、记忆等的发展上有一定的规律，各年龄阶段感知觉、记忆等因素也会影响其动作的发展，继而影响其学习接受能力。人类的行为和动作表现本质上依赖感觉信息接收和解释的能力，而人类的知觉系统持续不断地接收来自外部世界和自身内部环境的感觉输入的需求，当感觉信息输入减少或消失时，系统反应也随之减弱。同样，当接收过多的感觉信息、知觉系统出现超载时，反应会减弱。多数人在开始步入中年阶段时，感知觉系统对刺激的反应就不那么灵敏了。从视觉来看，个体在经过顶峰水平之后，视觉能力会下降，这是知觉功能最显著的变化之一。从动觉来看，老年人经常出现触觉灵敏性减退的情况，但是减退的程度在不同个体、不同的身体部位之间的差异很大。例如，随着年龄的增长，下肢的触觉灵敏性比上肢触觉灵敏性受到的损害更大，这可能与年龄之外的如疾病、受伤或循环系统损害等因素有关。此外，前庭感觉系统功能也会出现障碍，这主要表现为完成平衡任务的能力下降[1]。因此，在武术教学中，教师对于老年人动作的教授需要避免动作过快、内容过多、下肢使用过度等动作练习与学习，合理设计教学内容与顺序，以便取得事半功倍的效果。

记忆会影响个体运动技能的学习，而记忆的发展在每个年龄阶段有所不同。相对于儿童而言，在通过练习获得新技能与策略方面，成年人能够更加有效地运用记忆系统。对儿童记忆缺陷的潜在根源的解释有三种：可利用的心理空间、对工作记忆中控制过程的功能改进、针对长时记忆的内容增长和组织优化[2]。因此，针对儿童记忆特征，教师在讲解时应该简明扼要，避免呈现太多信息（工作记忆容量有限），避免讲解太长时间（工作记忆时间有限）。在武术学习过程中，常常需要完成动作组合或成套动作，因此教师在讲解时，可以遵循工作记忆的原

---

[1] Gerg Payne，耿培新，梁国立. 人类动作发展概论［M］. 北京：人民教育出版社，2008：389-390.
[2] Gerg Payne，耿培新，梁国立. 人类动作发展概论［M］. 北京：人民教育出版社，2008：400-401.

则帮助学生将动作序列编码到长时记忆中,从而提高他们对武术中各动作元素的记忆能力。对于老年人而言,运动功能极易受到衰老的影响,虽然运动功能的下降在各物种中都是保守的①。相对于年轻个体,老年个体的运动速度和协调控制能力都会降低,这可能与大脑信息处理速度在个体衰老时的衰退有关②。老年人很难同时处理多个动作,这说明衰老过程中小脑的退化可能对运动能力有一定的影响③,同时,周围神经系统与肌肉系统的退化也可能导致上述现象,此外,老年个体运动的协调性变差,如平衡能力和步态出现问题④,因此,当教学对象为老年群体时,对教学内容需要进行选择,以符合老年个体的学习状态及学习需求。

四、外语学习规律

语言是人类心灵沟通的桥梁。通晓对方的语言是交流双方相互理解与信任的基础⑤,也是文化成功传播的前提条件之一,因此,在武术文化传播过程中,语言尤为重要。一方面,在全球化背景下,武术文化的对外传播需要打破语言之间的障碍,无论是武术书籍还是武术技术文化,都需要对其进行翻译,才能对世界文化产生一定的影响,才能以此建立中华文化的身份认同⑥;另一方面,对外传播武术内容,势必需要与国外受众进行对话,因此,利用外语在武术对外宣传中进行交流就显得尤为重要。从以上两点来看,无论是日常交流还是对外翻译,掌握外语都尤为重要,即学习外语有其重要性、必要性。

整体来看,语言学习的过程可以分为以下几点:第一,语言学习需要经历一个较长时段的学习,从儿童时期开始进行第二语言的学习更为有益;第二,儿童时期的语言习得,是一个由简单重复逐步过渡到复杂的过程,因为到了青春期阶

---

①YEOMAN M, SCUTT G, FARAGHER R. Insights into CNS ageing from animal models of senescence [J]. Nature reviews neuroscience2012, 13 (6): 435-445.
②MATTAYV S, FERAF, TESSITORE A, et al. Neurophysiological correlates of age-related changes in human motor function [J]. Neurology, 2002, 58 (4): 630-635.
③SEIDLER R D, BERNARDJ A, BURUTOLU T B, et al. Motor control and aging: Links to age-related brain structural, functional, and biochemical effects [J]. Neuroscience & biobehavioralreviews, 2010, 34 (5): 721-733.
④FAULKNER J A, LARKINL M, CLAFLIND R, et al. Age-related changes in the structure and function of skeletal muscles. [J]. Clinical and experimental pharmacology and physiology, 2010, 34 (11): 1091-1096.
⑤张帆,王红梅. 文化的力量:德国歌德学院的历史和启示 [J]. 比较教育研究, 2006 (11): 23-27.
⑥李凤芝,朱云,刘玉,等. 对我国武术文化国际传播中归化与异化问题的研究 [J]. 武汉体育学院学报, 2015, 49 (10): 56-61.

段，个体信息处理能力会有一个提升，此阶段的学习内容相对复杂；第三，相较于儿童，成年人的第二语言习得更为困难。在武术海外传播过程中，需要以语言为媒介进行传播，那么，在此过程中的语言学习或外语人才的培养，应该有所规划。从语言学习规律来看，短时的语言学习效果，尤其是成年人的短时语言学习效果并不理想，因此，在武术海外传播的外语人才培养方面，需要从小抓起，或有意识地对第二语言掌握较好的成年人进行培养。只有遵循语言学习规律，武术海外传播才可以达到事半功倍的效果。

五、跨文化传播规律

一般而言，跨文化传播是指不同的文化形态之间，以及处在不同文化背景下的传播受体之间的文化交流、文化交际与文化交往活动。从这个层面来看，跨文化传播就是不同文化形态之中的文化要素在全球范围内的交流、渗透、碰撞、转换、共享的过程，这些行为和过程对世界不同国家、民族、群体乃至整个人类社会都产生文化上的影响[1]。在此过程中，因为文化背景、思维方式等的不同，必然存在不同文化之间的阻碍与碰撞，因此，跨文化传播活动需要遵循一系列的规律，具体如下。

第一，文化的传播取决于其价值。所谓文化价值，是指某一文化对于某一特定社会主体的生存与发展存在积极意义及有用性，文化价值是文化得以传播的前提条件。在跨文化传播过程中，文化传播不仅取决于其内涵，还取决于其所面对的空间维度及地域场景，某一文化的价值在某一空间维度有价值，在另一空间维度或许就是无价值的，因此，武术跨文化传播需要建立在其价值能够满足传播对象国需求的基础之上。武术种类繁多，内容丰富，对于我国而言，武术无论是文化内涵还是技术形态，都是不可或缺的宝贵财富，在精神满足和身体健康方面都有其独到的价值。对于传播对象国而言，其价值需要满足对方的需求，从太极拳在海外受欢迎的程度来看，中国武术对于海外受众是存在价值的，因此武术海外传播需要遵循这一规律，寻找武术对于海外受众的价值，以此为基点进行传播。

第二，文化传播呈现"强文化"向"弱文化"流动的趋势。在文化传播与冲突中，从表面上看，文化交往中的信息流动似乎是平等自由的，但实际上，强势文化通常是信息传播的主体。因为文化传播遵循一定的力学规律，处于高位的文化具有强势性，所以文化信息流一般由高势位向低势位流动。一方面，高位文

---

[1] 张泗考. 跨文化传播视域下中华文化走向世界战略研究[D]. 石家庄：河北师范大学，2016：43.

化国的综合国力及国际关系都较为优越，在利用政治、军事、外交等手段对世界其他国家或地区施加影响的同时，还把其文化及价值观推向世界，与此同时，其在国际社会中也呈现咄咄逼人的气势及强烈的自信，并且表现出较为活跃的特性，其在国际社会中也会得到广泛关注。另一方面，国际地位较低的国家和地区，其经济、文化发展也较为落后，甚至处于贫瘠状态，难以满足该国或地区发展及民众生存的需求，因而对发达国家的文化有着强烈的引进愿望。与此同时，因为该国文化不能满足其广泛需求，所以落后国家和地区的民众对于本土文化失去信心，转而对发达国家的文化产生崇拜心理和浓厚兴趣，这为外来文化传播提供了广阔的土壤与空间。因此，一个国家的综合国力对于确定该国文化在世界上的地位有着极为重大的作用，整体来看，一种文化在另一种文化背景下的传播程度，不仅取决于其自身文化特质、发展水平、风格特点，以及由此而确定的功能和价值，还取决于该文化赖以生存的国家的综合国力及国际关系状况等[①]。

第三，"器"文化层相较于"道"文化层更易于传播和被接受。从某种层面来看，文化的层次可大致分为"道"文化层与"器"文化层。"形而上者谓之道，形而下者谓之器"。"道"文化是形而上的文化，属于抽象的、高层次文化，包括理论、信仰、价值观、思维方式、生活方式等方面；而"器"文化属于形而下的范畴，是指具体的文化，包括器物文化、技术文化等。"道"文化一旦形成，就有一定的地域性、文化性、民族性及持久性，同时，也存在一定的排他性。相较于"道"文化，"器"文化相对具有亲和力，与人生观、价值观等形而上的文化相距较远，没有明显的民族差异性。"道"文化与"器"文化具有各自的特点，因而在传播过程中表现出不同的特征，"道"文化因其积淀性、凝固性而表现出一定的稳定性，不容易被改变，也不容易被接受；"器"文化有着一定的工具意义，因此在不同的文化背景下都有沟通的可能，较少受到制约与阻碍，传播速度更快、规模更大。

第三节 中国武术海外传播的表达机制

一、构建利益表达主体培育导向机制

导向，即引导的方向，中国武术海外传播利益表达主体的导向培育即有意

[①] 刘宽亮. 关于文化传播规律的思考 [J]. 运城学院学报，2003（2）：9-12.

地对传播主体的导向作用进行培养，从传播学角度来看，即培育武术海外传播的"意见领袖"。拉扎斯菲尔德（Lazarsfeld）等最早提出了"意见领袖"这一概念，它是指在信息传递和人际互动过程中少数具有影响力、活力的人[1]。在传播学领域中，"意见领袖"是指活跃在人际传播网络中，经常为他人提供信息、观点或者建议并能够对他人施加影响的人物[2]，它的社会影响主要在其追随者的范围及其影响他人行为和态度的能力。可以说，意见领袖在信息传播中承担着重要的中介角色并对受众产生显著影响，且不同的信息圈层中存在各自的意见领袖。在武术海外传播过程中，也存在各圈层的意见领袖。在大众传播领域，如《少林寺》《卧虎藏龙》《精武门》《功夫熊猫》等功夫电影对中国武术海外传播发挥了巨大作用，使得中国武术在海外家喻户晓。在人际传播领域，功夫巨星因扮演功夫影视角色而获得功夫迷的广泛认同，并且极大地推动了武术文化的海外传播。在组织传播领域，中国武术协会作为引领武术未来发展方向的官方组织，通过制定前瞻性政策、举办赛事、搭建平台等方式为中外武术交流保驾护航，积极推动武术的海外传播。但是，中国武术并没有真正利用好这些"意见领袖"的巨大潜在价值[3]，存在如影视文学的艺术化加工手段使武术"误读"现象严重，传播者目的各异及利益驱使使人际传播良莠不齐，武术组织自上而下的政策推行手段使官方、民间的鸿沟愈演愈烈等问题，但任何事物均具有两面性，不会绝对有利，也不会绝对有害，创造万物的太阳也只能照射到一面而使事物有阴阳之分，或许，这就是中国武术发展需要付出的阵痛。从长远来看，中国武术的海外传播需要构建利益表达主体培育导向机制，即有意识地寻找、培养一批武术"意见领袖"，并通过其进行圈层性传播。趣缘关系相近的圈内成员具有同质化、小众化倾向，这使得信息传播更有针对性，个性化更强，传播效果也更好。在传播主体培育过程中，需要满足一定的条件，如不同的圈层有不同的意见领袖，意见领袖需要满足一定的素养，即充分了解中国武术文化、有一定的海外语言基础等。

二、构建利益表达客体评价反馈机制

反馈是控制论中极为重要的概念，它是指控制系统把信息输出之后，信息又

---

[1] LAZARSFIELD P, BERELSON B, GANDET H. The people's choice [M]. NewYork：Columbia University Press, 1948：57-58.
[2] 郭庆光. 传播学教程 [M]. 北京：中国人民大学出版社, 2011：199.
[3] 王林. 武术传播论纲 [M]. 武汉：湖北人民出版社, 2011：194.

返回控制系统,并对控制系统的再输出产生影响,而信息在这种循环往复的过程中不断改变内容,以此实现控制。传播学者拉斯韦尔提出,传播是由传者、传播内容、受众、传播媒介和传播效果这五个基本要素所构成的,即谁(Who)通过什么渠道(In Which Channel)对谁(To Whom)说了什么(Say What),并且取得了什么效果(With What Effect)。在传播学中,信息由传者通过一定的渠道到达受众,并不代表这一传播过程就此结束,信息到达受众不一定意味着受众接收了信息,即传播是否产生效果。为了改进传播效果和促进传播过程良性开展,需要对传播效果实施评估,而反馈是获取传播效果的重要途径。从受众角度切入,通过考查受众的"接触—认知—心理—行为"等反应活动,可以有效评估传播效果。受众反馈是传播效果最重要、最直接的体现,无论何种效果的评估,都离不开对受众的把握[1],可以说,受众反馈是中国武术海外传播的重要环节,没有受众反馈的传播是不完整的传播。反馈的重要性在于传者可以从传播对象的反馈中,及时调整和改善传播行为,以此提升武术海外传播效果。目前的中国武术海外传播基本是一种单向传播,只有传播行为,几乎没有收集受众的反馈,即缺少受众反馈机制,这种单向传播行为使传者不知晓受众接收信息之后的感受与理解程度,难以根据受众的反馈对传播行为进行适度调整,以切实满足受众需求,这对传者的下一步传播造成一定的困难与阻碍。可以说,反馈是有效传播的重要组成部分,因此反馈机制的构建尤为重要。

在中国武术传播中,反馈信息的收集主要包括三种途径:①传者主动收集反馈信息;②武术组织的信息反馈机构收集反馈信息;③委托专门的调查机构收集反馈信息。首先,通过建立多种类型的反馈系统来收集受众反馈信息,如接待受众来访、开辟热线电话、开展问卷调查、开辟读者专栏、建立反馈邮箱、设立线上用户交流沟通渠道等,在此过程中,应该支持多种媒体反馈形式,文字阐述、语音录入、截图反馈等;其次,由于收集的受众反馈信息多种多样,必须对收集的反馈信息进行分类整理、打标签,做结构化处理,以快速提炼出核心观点,明确受众的真实需求;最后,反馈机制的运作应该常态化、制度化、规范化,随时并长期跟踪受众反馈信息,使反馈机制长效运行,成为武术海外传播过程中不可或缺的一部分[2]。在信息实际收集过程中,可以将以上三者结合起来,共同构建

---

[1]刘燕南,刘双.国际传播效果评估指标体系建构:框架、方法与问题[J].现代传播(中国传媒大学学报),2018,40(8):9-14.
[2]王林.武术传播论纲[M].武汉:湖北人民出版社,2011:218-219.

一个运行有效、协同配合的反馈体系，以此吸引连续不断的反馈流，获取真实的、确切的、可靠的、系统的反馈信息。

三、构建利益表达实现保障机制

保障机制是为管理活动提供物质和精神条件的机制，也是武术海外传播的重要保障，合理的保障机制的建立能够有效促进中国武术文化走向世界，具体如下：第一，制定长效机制，中国武术海外传播的长效机制主要是构建政府、社会、民众三位一体的全员参与的文化传播格局。政府应该加大中国武术的形象塑造力度，重视新媒体、融媒体的建、管、用。在传播手段上，政府要积极运用官方网站、微博、抖音等新媒体平台，进一步掌握文化宣传主动权，开发积极健康的武术海外传播网络文化，为受众提供多元化的文化"清单"，以满足不同层次、不同需求受众的实际需要，同时还要积极引导武术文化的创新发展，在正确的舆论导向下，营造积极健康的网络环境，履行政府引导武术健康传播的重大责任。在信息监管方面，政府部门应该严密审查网络信息，切实担负好信息监管责任，保证海外受众分享健康的武术信息。第二，加强顶层设计，统筹对外文化交流资源。在多元、多样的全球文化背景下，武术海外传播是一项系统工程，不但实施主体多元化，而且交流渠道、方式、层次多样化，这就需要在更高层次、更广范围、更深领域内进行整体设计、统筹规划、整体推进与监督落实，形成科学有效、规范完善的协调机制。第三，制度保障。制度保障主要包括政府的政策、资金、技术等方面的规章制度，政府的重视与支持对于该国文化在世界上影响力的提升有着直接关系，正是因为有政府作为强大的后盾，国家文化才能够更好、更快地对外传播。政府在国家文化发展战略的顶层设计、文化"走出去"具体形式的界定、作为文化"走出去"的实施主体等方面扮演着不可或缺的角色，尤其是在顶层设计这一方面，政府从政策、资金、技术等方面提供现实保障，因为这些制度的建立和健全，可以调动社会传播文化的积极因素，实现"走出去"战略，打造知名文化品牌，向国际社会展示中国武术的良好形象。在政策支持方面，近年来国家出台了一系列纲领性文件，支持中国传统文化的发展，如 2017 年中共中央办公厅、国务院办公厅印发的《关于实施中华优秀传统文化传承发展工程的意见》和 2019 年《武术产业发展规划（2019—2025 年）》等文件。今后，应该根据武术发展的现实状况实施动态革新，持续支持中国武术发展。在财政投入制度方面，政府定制扶持武术海外传播的财政制度，加大财政投入力度，保障中国武术海外传播的顺利开展。中国武术海外传播主体尤其是官方组织，需要组织各种活动进行武术文化交流，组织各种培训进行人才培养，引进各种技术保障传播活动使武术文化交流顺利进行等，而这些活动的成功举办都需要资金的支持。在技术保障制度方面，相关部门应该制定制度，注重技术革新，使中国武术海外传播有源源不断的技术支持。新媒体时代，面对科技日新月异的发展浪潮，相关部门应该更加注重技术革新，掌握各种新的传播技术，不断创新武术文化传播方式。根据传播方式科技化原则，及时培育一批科技人员，让其全面掌握新媒体技术，凭借科技进步的优势，创新、完善武术海外传播方式。第四，机制保障。机制保障包括组织保障和制度保障及国家相关法律法规的规定等。武术海外传播的内在基础是为了维护国家文化安全[①]，文化安全既包括该种文化在本土的生存与发展不受威胁，也包括该种文化能够在全球市场上抵御其他文化的侵袭，按照自身的内在逻辑传承发展，同时还要在海外市场上占有一席之地，传达该民族、文化的固有价值，为社会发展和人类进步做出应有的贡献。

在信息技术极其发达的今天，网络已经成为重要的武术传播形态，其时效性、无国界性、互动性突破了以往连接方式的限制，但是网络传播也带来了一系列问题。在网络传播过程中，信息的真实性是一大问题，由于互联网信息具有快速性和信息量大的特点，信息的识别在互联网中存在巨大挑战，也因此存在大量非真实信息。大量非真实信息的存在，与中国武术海外传播"维护国家文化安全"这一目的背道而驰。因此，加强国家相关法律法规的建设尤为重要。法律法规的完善在一定程度上可以规范武术传播行为，减少武术传播（尤其是互联网武术传播的无序性、杂乱性），为武术传播创建健康、有序的外部环境。

四、构建利益表达约束规范机制

约束规范机制是指为规范组织成员的行为，便于组织有效、有序运转，充分发挥其作用，并且经法定程序制定和颁布执行的具体规范性要求、标准的规章制度和手段的总称，主要包括国家的法律法规、行业标准、组织内部的规章制度，以及各种形式的监督等手段。

在传播过程中，一定的制度控制逐渐体现为一定形态的传播制度。传播制度

[①] 王林. 武术传播论纲 [M]. 武汉：湖北人民出版社，2011：144.

在初期是指社会制度中对大众传播活动起着直接或间接的制约、控制作用的部分①。随着新媒体技术的出现，传播活动中传播媒介也在不断拓展，传播制度随着传播媒介的不断拓展深化，对传播活动起到直接或间接制约、控制作用。传播制度作为社会制度的反映，其内容十分复杂，它体现的是社会制度或者制度性因素对于传播媒介活动在各方面的制约和影响，既包括媒介与政府之间的关系问题，也包括媒介与社会群体、广大受众之间的关系问题；既包括言论出版自由与权利问题，也包括言论出版者应当承担的社会责任与义务问题等，因此，从这一层面来讲，可以通过国家、大众监督等来对传播主体的利益表达进行约束与控制。

从国家、政府层面对传播活动的约束规范手段来看，其主要通过制定相关法律、法规和政策予以实施，具体来说有以下几种方式：①规定传媒组织的所有制形式；②对传播媒介的活动进行法治和行政管理；③限制或禁止某些内容的传播；④对传播事业的整体发展进行规划或实行国家援助等。大众监督的约束规范手段主要包括个人信息反馈；结成受众团体，以群体运作方式对媒介活动施加影响；诉诸法律手段等②。在中国武术海外传播过程中，不可避免地会有很多不实信息出现，其中包括以武术为噱头进行宣传，以博取眼球、因不实信息的传播扩散而导致武术的"污名化"。因此，在中国武术国际传播活动中建立约束规范机制，应该包含以国家政府为主导的法律、法规及政策等手段，并辅以大众的社会监督，以保证武术海外传播活动的健康有序进行。

---

①郭庆光.传播学教程2版.[M].北京：中国人民大学出版社，2011：136.
②郭庆光.传播学教程2版.[M].北京：中国人民大学出版社，2011：137-138.

第七章 中国武术海外传播的应用框架

第一节 框架概述

框架理论（Framing Theory）出现于20世纪50年代之后，其理论渊源最早可以追溯至社会学和心理学[1]，直到20世纪80年代后，"框架"理论才开始应用于传播学。一般认为"框架"社会学的概念及其研究取向，由美国社会学家欧文·戈夫曼（Owen Goffman）提出[2]，其在《框架分析》一书中解释了"框架"的概念，认为框架是人们通过思考对事件进行的主观解释，即注重人们对客观世界的定义，而不是客观世界本身。他提出，"我所面对的不是社会生活的结构，而是个人在他们社会生活的任一时刻所拥有的经验结构"[3]。戈夫曼提出的框架理论对"框架"概念进入传播学有很大的影响，他认为框架包含两个方面：其一，一个人的心理学倾向，指人处在某情境中会运用已有的框架做出选择和判断；其二，框架是人们通过理论和经验来构建的，而后传播学中框架的发展基本从这两个方面展开。戈夫曼将框架理论的概念引入文化社会学中，随后这一概念又再次被引入大众传播的研究中，成为定性研究的一个重要理论基础。心理学领域的"框架"理论源于心理学家凯尼曼（Kahneman）、特威尔斯基（Tversky）的预期理论和舍瑞夫（Sherif）的参照框架理论。他们认为，受众可能会因受到框架结构的影响而被吸引注意力，同时也意味着框架可以将受众的注意力转移。

---

[1]GITLIN T. The whole world is watching: Mass media in the making and (Un) making of the new left [M]. Berkeley: University of California Press, 1980: 6-7.
[2]SCHEUFELE DA, TEWKSBURY D. Framing, agenda setting, and priming: The evolution of three media effects models [J]. Journal of communication. 2007, 57 (1): 9-20.
[3]GOFFMAN O. FrameAnalysis [M]. Philadelphia: University of Pennsylvania Press, 1974: 10-11.

随着认知神经科学技术的发展，研究者已经初步发现在风险决策中人们处理感觉、知觉和情感信息时，皮层、边缘系统及广泛的神经调节系统会起到中介调节作用[①]。这在生理学层面解释了信息传递和表述方式的不同会使信息接收者做出不同选择的原因，因此框架理论的含义在于通过媒介获知受众在"想什么"及"怎么想"[②]。

  信息传播主要是为了满足人们对信息的基本需求，从而实现服务社会的主要目的，因此社会学框架理论在传播中的应用过程需要对日常生活、经济发展等相关内容进行深入挖掘和分析，从而使传播的信息内容更贴近社会发展和受众生活，从而更好地吸引受众。一方面，信息传播应以为社会和受众服务为出发点，传递正确的价值观和正能量的信息，力争为受众解决实际问题。社会学框架在传播中的应用为受众和信息之间搭建了互动的桥梁，形成了良好的互动，但随着信息与受众需求的联系越来越密切，可能会出现传播时一些信息的客观性被淡化，同时，新媒体、全媒体时代的到来对社会框架理论在传播中的应用造成了巨大冲击，受众获取信息的渠道和途径越来越多，信息的内容编辑形式也日益丰富，这些信息传播形式的改变逐渐淡化了社会学框架理论在传播学中的作用。但社会学框架理论中贴合社会需求的内容、以受众实际需要为出发点的宗旨为构建武术海外传播框架提供了思路。另一方面，心理学框架也为传播学的发展提供了基本的框架基础和有利条件。心理学框架在新闻传播领域具有真理性和可验证性的特征，能够为促进新闻传播发展提供重要的推动力[③]。心理学框架理论侧重于从受众心理出发，以受众实际需求为出发点，对信息内容进行合理的筛选和有效的编辑，以便吸引更多受众关注。由于信息内容的筛选和编辑是由信息传播者完成，而同一条信息面对的受众人群千差万别，所以受众认知的差异性会导致其在面对相同的信息时产生不同的观点，并做出不同的反馈。另外，传播的信息经过筛选和加工也会引起认知偏差，而认知的群体性特征也会影响受众认知的客观性和准确性。社会学框架和心理学框架在实际应用中各有利弊，但将二者取长补短可以为传播学提供相对完善的理论基础。

  框架是指事物的轮廓、范围和主要结构，运用于建筑学中主要是指梁、柱等

[①] 高利苹，李纾，时勘. 从对框架效应的分析看风险决策的神经基础 [J]. 心理科学进展，2006（6）：859-865.
[②] 万小广. 论架构分析在新闻传播学中的应用 [J]. 国际新闻界，2010（9）：6-12.
[③] 张俊睿. 框架理论在新闻传播领域的研究与运用 [J]. 新媒体研究，2016，17：31-32.

构件刚性连接而成的结构体系，运用于计算机领域主要是指提供通用功能模块和工具的软件架构，以简化软件的开发，进而提升开发效率和质量。心理学对框架的界定则主要是指个人认知过程的假设建构，美国计算机学家明斯基（Minsky）认为"我们的知识是以数据结构的形式存储在记忆中"①。传播学领域对框架的借鉴主要源自社会学，戈夫曼认为框架是"个人组织事件的心理原则与主观过程"②，而在认识和看待事物时，"人们是将日常生活的现实图景纳入框架之中，以便对社会情景进行理解与反映。人们借助框架来识别和理解事件，对生活中出现的行为赋予一定的意义，否则这些行为和事件就没有任何意义"③。综合不同领域、学科对框架的界定，我们认为框架是一种有规律的筛选，以便简单高效地呈现事物的意义，并简化日后的常识性工作，"能够使它的使用者定位、感知、确定和命名那些看似无穷多的具体事实"④。"'框架'是一种认知、呈现事物的架构，经过对事物的选择和加工，凸显特定内涵，表达某种思想，而这些思想又反映了特定的文化价值。⑤"

第二节 框架构建的可能方向

中国武术海外传播的最终目的是让全球更多的人理解和学习中国武术文化，从中体会武术赋予生命、生活的意义，学会如何与这个世界相处。意大利武术联合会负责人格诺菲·卢卡（Gnofi Luka）在2022年接受中新社《东西问》专栏采访时谈到"在研习武术的过程中，我发现它赋予了我更多生命的意义。中国武术崇尚天人合一，讲究人与自然社会的和谐共生，通过武术我学会了如何更好地与这个世界相处"⑥。如此看来，中国武术可以作为东西方对话的桥梁，让消费者在参与武术练习过程中体验到独特的健身效果，以认同中国文化，让武术练习

---

①孙彩芹. 框架理论发展35年文献综述——兼述内地框架理论发展11年的问题和建议［J］. 国际新闻界, 2010, 32（9）：18-24, 62.
②臧国仁. 新闻媒体与消息来源——媒介框架与真实建构之论述［M］. 台北：三民书局, 1999：32-44.
③李特·约翰. 人类传播理论［M］ 史安斌, 译. 北京：清华大学出版社, 2004：178.
④GOFFMAN, E. Framing analysis: An essay on the organization of experience ［M］. New York：Harper&Row, 1974：21.
⑤孙彩芹. 框架理论发展35年文献综述——兼述内地框架理论发展11年的问题和建议［J］. 国际新闻界, 2010, 32（9）：18-24, 62.
⑥赵旭. 东西问·对谈｜功夫何以在西方成为中国文化的鲜明符号？［EB/OL］.（2022-04-13）［2023-05-24］. http://www.chinanews.com.cn/gn/2022/04-13/9727831.shtml.

成为日常生活化的动作，以认可中国文化的价值，形成"走出去""走进来"的良性互动。借用北京体育大学武冬教授的话来说，消费者对中国文化的认识和理解一定是实实在在的生活方式和样态，一定是看得见、摸得着、练得会、有效果的，而实现良性交换往往需要经历三个阶段：①体感：体会武术动作具有的神奇力量；②体认：认识中国武术蕴含的规律和原理；③体悟：领悟规律和原理背后中国人是如何思考的①。我们深知，影响良性交换的因素众多，任何环节稍有不慎均会带来满盘皆输的结果，面对当前复杂多变的消费环境和日趋激烈的市场竞争，我们需要借鉴框架理论的基本内涵，从中国武术传播过程中探究影响交换行为的共性因素，并进行有规律的筛选，让消费者感知、确定其呈现的意义，以推动中国武术在国际上更好地发展。

一、建立标准的课程体系和统一的教学规范

中国武术源远流长、博大精深，这是我们所形成的基本共识，20 世纪 80 年代的武术挖掘整理工作表明，"源流有序、拳理明晰、风格独特、自成体系"的武术拳种有 129 种，这还不包括其衍生出来的其他拳种、器械。中国武术饱受中国古典哲学、政治伦理、军事思想、文化艺术、医学理论、社会习俗等的浸染，因此中国武术本身就是一个完整的系统，具有丰富的内涵和广泛的外延。中国武术丰富的内容为海外消费者提供了可供选择的素材，可以满足不同消费者的需求，这也为中国武术的海外传播带来了桎梏。"我们在学习中国地理时，最易于被提及的就是'历史悠久''地大物博'，在谈及中国武术时最易于被提及的就是'源远流长'，诸如此类的词汇使得我们对其认识平添几分优越感，进而导致对其缺乏全面的认识。历史越悠久的同时也说明其劣根性越多，其弊端愈加顽固。②"在海外教学实践中，外国人问得最多的问题是"上次那个教师是这样教的，与你的说法不一样，究竟谁是对的"，不得不说，这是一个尴尬的问题，也是一个不容忽视的问题。造成这一现象的原因除了中国文化对"意""味"的内在规定性和传播者自身体悟，根本原因就是中国武术海外传播缺乏标准的课程体系和统一的教学规范，官方没有制定"一揽子"的标准版教材，没有结合幼儿、

---

①赵旭．东西问·对谈｜功夫何以在西方成为中国文化的鲜明符号？[EB/OL]．(2022-04-13)[2023-05-24]．http://www.chinanews.com.cn/gn/2022/04-13/9727831.shtml.
②秦子来，王林．影响武术跨文化传播的障碍[J]．体育学刊，2008（4）：96-100．

儿童、青少年、中年、老年等群体的身心成长规律总结提炼出适宜的教学内容，仍由民间武术教授者采取"大水漫灌"的粗放式教学，想教什么教什么，会什么教什么，武术竞赛体系也是十年一贯制的"长拳类"。长此以往，海外武术呈现"百花齐放"的态势，"公说公有理，婆说婆有理"，这势必造成武术传播产生离心力，诱发"破窗效应"。这显然不适应海外武术发展的初期阶段。只有制定出一套标准的、具有科学性和实用性的武术课程体系，用于指导海外武术教学，才能促进武术的海外传播，具体如下。

第一，明晰的武术理论体系与结构。"拳起于易，理成于医"，这表明武术与中国传统文化具有千丝万缕的内在联系，古代哲学、宗教、中医、军事等为中国武术提供了丰富的营养，一元论、气化论、形神观、经络学说等为中国武术注入了广阔的外延，对立统一、中正平和、天人合一等思想为中国武术提供了无穷的"道"的追求，五行生克制化论、圆弧运动轨迹说、守柔处雌战略论、扬善惩恶道德论等内在理论体系为中国武术发展指明了方向。中国武术的内在理论与中国传统文化的双向浸染，使武术的理论基础既自成体系，又繁杂有序。对于存在文化"势能差"的西方人，选择在何时将什么内容、通过何种途径传递给他人显得尤为重要，否则就容易形成"鸡同鸭讲"的尴尬境遇。因此，需要对武术哲学、武术历史、武术文化等理论知识的关键、核心内容进行系统梳理、严格甄别，探寻各知识点之间的逻辑关系，建立武术理论的哲学层次、学科层次和具体理论层次，构建层次清晰、结构合理、梯度有序、衔接顺畅、覆盖全域的武术理论知识框架体系，使全球任何一个角落的武术传播者都能够按照这一框架实施教学，真正做到"同一个世界，同一个声音"。

第二，层次分明的课程结构。人体生长发育的自然增长规律、阶段性规律决定了各种身体素质的增长速度有快有慢，不是直线、等比增长；人类基本动作的发展规律决定了动作发展具有反射、预先适应、基本动作技能、专项动作技能、技能熟练和代偿等六个阶段，动作学习具有一定的阶段性和内在关联性；人类学习能力的发展规律决定了学习要按照感觉运动阶段→知觉和知觉运动统和阶段→语言文字符号运用阶段→逻辑思维和推理阶段演进，不可跨越其中任何一个阶段而跳跃式发展；人类的基本认知规律决定了认知是由简单、具体到复杂、抽象，由无意到有意，由笼统到分化，个体对事物的认识及处理问题的方式与能力的发展是一个渐进的过程。武术学习离不开技术、理论的双向并行，而上述规律告诉我们，无论是技术动作的学习还是理论知识的深化，都需要构建课程目标层次分明、课程结构合理、课程内容排列逻辑清晰、课程活动方式设置多元、课程体系衔接流畅的教学结构体系，不能够想什么教什么、有什么教什么、会什么教什么，唯有如此方可符合人体内在规律，全面提高教学质量，切实改变"学生喜欢武术而不喜欢武术课"的尴尬境遇。我们可以将武术内容按照内在结构划分为手型手法、步型步法、腿法身法、平衡、跳跃、旋转等基本功，结合一般身体素质和专项身体素质要求，将之科学、合理地划分在初级阶段、中级阶段、高级阶段的课程中，并设置相应的学习目标和教学重点。在相应的阶段，学生只需完成本阶段的学习内容即可。具体来说，我们既可以采取直线式结构，即将内容按照知识本身的逻辑结构予以展开，各种知识在内容上无须重复编排，也可以采取螺旋式结构，即将内容深度、广度的不同层次安排在不同阶段重复出现。田径、篮球、足球、羽毛球等项目的 U 系列联赛为武术课程体系层次的划分提供了良好的思路。可以将不同年龄阶段武术内容的侧重点与优先发展的体能进行明确划分，除了武术内容的学习，体能素质必须予以重视。赛事是教学、训练的指挥棒，武术赛事的设置也可以借鉴 U 系列联赛的成功经验，设置明确的年龄层次，各年龄阶段按照这一年龄必须掌握的武术内容和体能进行综合评分，赛事的内容也由单纯的套路比赛延伸为"武术基本功+基本体能+套路"，唯有重视武术基本功和基本体能的训练，中国武术的创新才会迎来新的发展。

第三，统一的教学标准与考核体系。课程内容的建立是解决教什么的问题，而教学标准和考核体系是解决如何教和如何检验教学效果的问题。教学标准是指建立明确、清晰的教学目标和评估标准，用于指导课程设计、教学内容选择、内容安排和教学实施等具体环节，教学标准一般包括教学目标、课程设置、教材选择、教学方法和教学质量监控等环节。建立统一的教学标准与考核体系，可以切实指导日常教学管理，促进教师的专业化发展，实现教学规范，提高教学质量，对后期的教学改革具有十分重要的意义。

教学目标的制定需要考虑知识、技能和态度等维度，教学目标既要明确也要与日常教学实际、海外武术参与者的需求紧密结合，同时要与国家文化外宣目标同频共振，以形成合力，促进文化交流。课程设置需要明确各阶段的教学内容，同时要考虑各项内容之间的关系与配合，保证内容之间的统一性、连续性和完整性。教学内容的选择需要按照统一的内容安排与顺序，可以依据实际情况适当微调，但是切忌回到想教什么就教什么的无序状态，以保证教学材料的全面性和专业性、一致性。教学方法应该灵活多样，鼓励教师在原有的讲解、讨论、观察、交流、反思等方法外，还应积极探索新的教学方法，以提高教学效果。教学质量监控是提升教学效果的有力措施，根据监控结果可以及时发现教学过程中存在的问题，并给出相应的改正措施。

第四，优秀的师资队伍。优秀的教师团队是海外武术教学的第一资源，是提高教学质量的关键因素。目前，海外武术教学师资基本上以原来的退役专业运动员为主体，还有部分传统武术传承人、具有一定武术功底的外国人等，这些教师在武术专项技术、文化功底、教育教学理论与方法等方面参差不齐，因此可以"请进来"与"走出去"相结合的方式对海外武术师资实施定期的轮训，让他们感受到在海外从事武术教学的价值，树立远大的理想，同时不断提高教师的综合素质和能力，激发教师的热情和创造力，进而提高教育质量和教育水平。

二、充分利用新媒体、社交媒体平台

Datareportal、Meltwater、We Are Social 合作发布的《数字 2023 全球概览报告》显示，当今世界有 51.6 亿名互联网用户、47.6 亿名社交媒体用户，占全球总人口的近 60%，有 57.8%的工作年龄互联网用户在查找信息时会参考在线资源；有大量证据表明人们越来越多地从网络浏览器和移动应用程序中消费社交内容。可以预见，社交平台将继续扩大它们在我们生活中的影响力，改变我们寻找信息的地方、消费娱乐的方式，影响我们的世界观①，由此可见，社交媒体在未来媒体传播中的重要作用不言而喻。社交媒体是建立在互联网技术，特别是 Web2.0 基础之上的互动社区，最大的特点是赋予每个人创造并传播内容的能力。它是用来进行社会互动的媒体，是一种通过无处不在的交流工具进行社会交往的方式。它能够给予用户极大参与空间，不仅能够满足网民个人基础资料存放的需求，还能够满足用户"被人发现"和"受到崇拜"的心理需求，能够满足用户"关系建立"和"发挥影响"的需求②。社交媒体已经成为用户日常生活的生态链，各种内置的应用功能极大地拓展了社交媒体的社交属性，使社交媒体不再是单纯的聊天工具，而是"人格化"③的信息传播媒介，不同年龄、性别、肤色和

---

①全球搜.《数字 2023 全球概览报告》告诉了我们什么？[EB/OL]．（2023-03-14）[2023-05-27]．https://zhuanlan.zhihu.com/p/613782443．
②闵大洪.传统媒体的网络社会化媒体使用[J]．南方传媒研究，2009（16）：182．
③吉瑜洁.央视海外传播应充分利用和发挥好社交媒体作用[EB/OL]．（2016-07-20）[2023-05-27]．http://www.xinhuanet.com/zgjx/2016-07/20/c_135527338.htm．

信仰的来自不同国家和地区的用户通过个人社交媒体账户形成虚拟的共众社会，"人格化"特点的存在使每个人既可以对传播的信息进行接收，也可以评论与转发，个体既是信息的接收者，又是信息的传播者。与此同时，个体还可以按照自己的喜好对传播的内容进行选择。数字化的生活方式使得用户画像成为可能，后台可以依据个体的具体偏好，采取相应的推荐算法进行个性化的内容推送，实现传播的差异化、精准化、有效化，彻底打破传统的信息传播方式。

在中国武术海外传播中要充分认识新媒体、社交媒体平台的价值，高度重视信息技术、通信技术在海外文化传播中的重要地位，"传递中国声音、讲好中国故事"。具体来说，可以采取以下措施：①组建中国武术海外传播的官方主流新媒体、社交媒体。统一对外发布关于武术历史、文化、技术、训练等方面的文字、视频资料，占领信息的制高点，形成巨大的宣传合力。②了解受众需求，精心制作对外传播内容。"用户至上，内容为王"是当今传播格局下的不二法则，只有切实了解受众需求，针对其偏好传播受众喜爱的内容，才可以赢得市场，只有高质量的网络资源才可以留住用户、获得用户的尊重，因此需要对内容进行精心创作与后期制作，只有秉承原创精神才可以强化受众的黏度。③整合传播渠道，形成全链条传播。在当今媒体融合发展的大环境下，单一的传播渠道难以形成规模效应、口碑效应和乘数效应，信息的覆盖面会受到较大影响，而信息技术、互联网技术的日新月异，催生了移动端信息传播渠道的普及，传播渠道越发多元，单一的传播方式显然难以形成"现象级"传播热点，多媒体、跨平台、立体化传播成为常态化策略，只有打通渠道之间的壁垒，各种传播平台之间优势互补，形成统一的传播链条，才可以实现有效传播。④有意识地设置传播议题。唐纳德·肖（Donald Shaw）和麦克斯维尔·麦克慕斯（Maxwell McCombs）指出："大众传播具有一种形成社会'议事日程'的功能，传播媒介以赋予各种议题不同程度'显著性'的方式，影响着公众瞩目的焦点和对社会环境的认知。"[①]在当前信息爆炸的年代，我们每天被各种信息裹挟，信息载荷已经远远超出了我们的接收能力，因此，必须依据海外受众的信息需求有针对性地设置议题，围绕议题发布传播内容，这样才能吸引受众的"眼球"，让他们主动关注、参与、传播议题下的信息，进而提高传播能力。

[①] 王维，王锋. 究竟谁在设置议程——议程设置理论发展脉络梳理[J]. 新闻知识，2007（5）：38-40.

三、跨越不同文化样态，形成传播合力

随着全球化时代的到来，文化之间的交流和相互影响已经成为常态，经济全球化为不同文化之间的交流和交融提供了全新的历史机遇和现实环境，各个国家和民族均不遗余力地在"地球村"中寻找新的发展机遇。武术作为中国传统文化样态之一，已经在全世界范围内得到了广泛的关注和认可。越来越多的人认识到武术不仅是一种体育运动，还是中国人的一种生活方式，更是一种文化和哲学，具有独到的生存智慧和应用价值。中国武术在起源、发展、演变过程中与同属传统文化的舞蹈、杂技、戏曲和中医具有千丝万缕的联系，如舞蹈中对气韵神的强调，在表现舞蹈剧情和人物角色时经常使用武术动作和技巧。融合了中国传统武术与现代舞蹈元素的舞剧《门》便是一个实例。经典京剧剧目《红楼梦》《长生殿》《白蛇传》等都包含了丰富的武打元素，中医的"气血运行""经络循环"等都与武术、气功锻炼相辅相成。武术、舞蹈、戏曲和中医的共生共同构筑了一个多彩、丰富的文化世界，不仅让我们更好地理解中国传统文化的精髓，还促进了文化的传承和发展。

在中国武术海外传播实践中，需要融合不同文化样态，与其他文化样态通力合作，形成更加强大和有力的传播合力，跨越不同文化样态，有力地促进文化传播。例如，流行音乐是一个文化形式，它经常跨越不同的文化边界，并且被以各种方式创造和重新解释，如在非洲和加勒比地区，流行音乐已经与当地的音乐形式融合，创造了非常独特且令人兴奋的新音乐风格。武术可以与电影、动漫等融合，打造新的文化产品。例如，中国武术电影已经在国际市场上得到广泛认可和赞誉，成为中国文化的重要代表之一。武术还能够与其他艺术形式（如音乐、舞蹈等）结合，创造出更为丰富多样的艺术表现形式。当我们跨越不同文化样态时，不仅能够学习到新的知识和技能，还能够拓宽视野，了解不同的世界观和思维方式。这有助于我们更好地理解和尊重其他人的信仰和文化背景，从而更好地沟通和合作。

除此之外，中国武术海外传播还需联合教育部、国家汉语国际推广领导小组办公室、文化和旅游部等部门，广泛动员社会各界力量，汇集大家的智慧，共同推广中国武术。例如，可以在世界各地的孔子学院、孔子课堂大力开设武术课程和项目，借助全球孔子学院的平台作用，弘扬中华传统文化；可以举办以寻根访祖为宗旨的深度文化游，强势推出少林、武当、峨眉的功夫游，共同组织策划中外文化和旅游领域人文交流合作，向世界展示新时代美丽中国和灿烂文化；可以

与世界各地的中国文化中心共同开设中华武术海外传承培训班,依据统一的教材向全球讲授中国武术文化,让华裔青少年在一招一式的练习中感知中华传统文化,让外国青少年领略中华文化风采、感受中华文化的魅力。

四、拓展应用场景,赋能武术发展

谈及武术,我们想到最多的应用场景就是传统的健身、竞技比赛、教育和表演,这是目前武术发展的主战场,也是应用最成熟的领域。随着信息技术、互联网技术的突飞猛进,数字经济带动了工业、农业、交通、物流、医疗、消费等领域的不断改善,这既是技术变革,也是时代更迭。随着数字社会新形态的不断深入和应用场景的不断拓展,我们的生活正在被解构,思维方式和生活方式也必须重构,面对这一巨变,中国武术的发展需要乘势而上,借助"互联网+"和数字化的浪潮,拓展"互联网+武术"新领域,助力武术发展。

2019年7月18日,国家体育总局会同外交部、发展改革委、教育部等十四部门共同颁布《武术产业发展规划(2019—2025年)》,该规划中明确提出了武术发展的基本原则:坚持改革引领、创新驱动、开放互动、传承弘扬,创新开发更多符合市场消费需求、形式丰富多彩的武术运动产品及服务,大力培育武术产业新技术、新模式、新平台,推进武术与相关产业良性互动、融合发展,为武术产业发展营造良好的环境,最大限度地释放产业潜力,最终实现中华优秀传统文化的创造性转化和创新性发展。该规划对武术未来发展的任务也进行了高屋建瓴的指示,积极推广由太极(八法五步)、24式简化太极拳、42式太极拳、各式太极拳竞赛套路,以及太极推手等共同组成的太极拳健康工程技术体系,保障公共服务供给,引导多方参与;发展职业武术,打造品牌赛事,培育表演市场;构建以健身休闲、竞赛表演、培训研修、武术康养、体育旅游、武术影视等为主要内容的产业体系;建立武术产业融合发展机制,促进武术与养生、旅游、文化、传媒、教育培训等深度融合;大力推动武术影视产业发展,不断完善武术影视产业链条;鼓励国内旅行社和旅游景区设计开发包括武术体验内容的赛事观摩、运动体验、遗产观光、节庆会展、研学旅游线路产品;积极发挥武术在运动康复、健康养生等方面的特色作用,提倡开展健身咨询和调理等服务;充分利用移动互联网、物联网、云计算等新技术,构建"智慧武术"服务网络和平台,拓展"互联网+武术"新领域;借助个性化开放移动互联平台,实现武术赛事、武术商城、武术教学、武术电竞、电子商务等资源的整合,开展武术运动大数据服务,提供电子商务、信息查询、数据共享、服务指导等集成服务。该文件还明确提出以"太极拳健康工程""'智慧武术'创新平台培育计划""中国武术'走出去'工程""武术段位制推广工程"① 四大任务为抓手，弘扬传统文化，增强国际话语权，提升国家文化软实力。

这一规划既保留了武术的传统应用场景（如健身、竞赛、表演、培训，这是武术发展壮大的基石），也结合市场主体和未来需求，创造性地提出了众多具有前瞻价值的应用场景，如武术康养、武术影视、遗产观光、节庆会展、研学旅游，并且提出了"智慧武术"服务网络和平台，为武术的未来发展提供了无穷的想象空间。随着大数据、人工智能、区块链、云计算等数字技术的驱动，我们的生活方式、消费习惯等发生了翻天覆地的变化，数字化已经成为不可逆转的潮流，数字技术是智慧服务平台的根基，利用技术手段实现监管、服务供给、需求的高效匹配，可以有效解决政府治理、企业发展、群众需求三者之间的鸿沟，促进了政府、企业、群众之间的联系，实现服务的科学性、准确性和有效性，为群众提供舒适便捷的生活氛围，为企业营造良好的营商环境，进而加深各方之间的横向联系，提高了运行效率。在这一规划的指引下，借助"智慧武术"服务网络和平台的建设，中国武术的未来发展如虎添翼。

第三节 框架构建的注意事项

一、中西方文化的异同

中国武术是中华文化的重要组成部分，其海外传播过程就是推广中国文化的过程，因此需要高度重视中西方文化的内涵，以助力中华文化成功实现海外传播。总体来说，中西方文化在历史渊源、价值观念、表现方式等方面均呈现较大的差异，而中西方文化的独特性也使得整个世界更加丰富多彩，为不同文化之间的交流创造了可能。

（一）中西方文化的历史渊源

公元前4000年左右，黄河流域文明出现，在此基础上孕育、形成了灿烂的

---

①体育经济司.体育总局等十四部委关于印发《武术产业发展规划（2019—2025年）》的通知［EB/OL］.（2019-07-29）［2023-06-01］.https://www.sport.gov.cn/n315/n330/c919091/content.html.

中华文化，随后进入了唐、宋等文化高峰时期，涌现了很多优秀的文学作品、艺术作品和科技成就，也奠定了中华文化在全球的巨大影响力。经过鸦片战争、辛亥革命等历史事件后，中国开始在政治、经济、文化等方面进行大规模的变革，改革开放后的中国更是以势不可当的态势取得了辉煌的成就，欣欣向荣、日益强大的社会主义新中国屹立在世界的东方。西方文明起源于公元前3000年左右的古埃及和美索不达米亚地区，随后在希腊、罗马文化的影响下逐渐形成。文艺复兴是西方社会发展的重要时期，从14世纪末到16世纪初，欧洲文化艺术开始经历大规模的复兴，这一时期的艺术和文化成就极为辉煌，如达·芬奇、米开朗琪罗等艺术巨匠的作品，对西方文化的发展产生了深刻的影响。随后西方社会经历了两次工业革命和两次世界大战等历史事件，世界贸易中心向西方转移，促进了世界经济格局的演变，也使欧美地区成为当今世界的发达地区之一。

中国文化历史悠久、源远流长，在发展演变中历经了较长时间的封建王朝统治，这使得家族、家庭和长幼尊卑等传统观念长期占据统治地位，也使得中国人注重团体和群体意识，再加上中国疆域辽阔、自然环境复杂多样，迫切需要应对大自然的挑战，因此十分注重自然秩序和与自然和谐，上述种种原因使中国文化强调和谐、共同体、互相尊重、亲和力等概念；注重家庭、家族、团体关系的维护，推崇"孝道"，尊重长辈，强调命运和天道，认为个人的力量有限，需要顺应天命；注重德行和精神道德修养，强调节义和忠诚。西方文化由于长期受到宗教的浸润，再加上古希腊和罗马文化的影响，较早地形成了个人主义、自由和平等的价值观及其文化传统。西方文化更加注重个人的独立、自由、竞争、平等，重视契约和个人权利，强调人类对自然环境的支配和控制，推崇人类的理性和科学精神。

（二）中西方文化表现方式的差异

由于中西方文化价值体系的截然不同，两者在表现形式上存在巨大的分野。简而言之，"写意"与"写实"可能是对两者的精辟概括，中国文化注重笔法、结构和意境，讲究"气韵生动，神韵兼备"，体现博大精深的文化底蕴；而西方文化则注重以光影、色彩等手段表现视觉效果，讲求透视和用色，体现对现实世界的观察和还原。中西方文化在其他文化样式上也表现出鲜明的特点。例如雕塑与建筑，中国传统的雕塑注重形神兼备，追求气势恢宏和精细入微的效果；中国古代建筑的特点是"工匠精神、几何精确、天人合一"，建筑体现的不仅是技能的高超，还包含对天地人文化的赞颂和向往。西方的建筑和雕塑则注重对光影和质地的掌控，追求体量、比例和美学的完美结合，具有较强的艺术性和实用性。

尽管中西方文化存在众多差异，但它们也存在很多共通之处，如对传统文化的尊重和重视、注重人文关怀、强调社会责任、关注人类内心与情感、强调积极向上的生命力、对科学技术的尊重和推崇等，这些共通之处使在历史渊源、价值观念、表现方式等方面存在差异的中西方文化可以相互交流融合，促进了文化交流和理解，推动了社会进步和发展。

随着全球化的深入，西方众多发达国家凭借相对强大的政治实力和经济实力，借助信息技术的快速发展，始终试图在全球文化传播中占据主导地位，他们在文化传播中的一系列行为导致了文化霸权主义的盛行。西方文化源于古希腊和罗马，有着浓厚的宗教印记，文艺复兴后，西方文化在科技、文学、建筑、音乐等诸多领域有了飞跃性的发展，取得了巨大成就。古希腊体育带有显著的战争特色，如拳击、摔跤、混斗、射箭、标枪、铁饼、赛跑、跳跃等项目，随着古希腊的城邦国家经济、文化不断繁荣，城邦之间的交流与竞争也日渐频繁，从而形成了历史上以斯巴达和雅典为主要代表的体育模式。其中，斯巴达体育强调军事化体育模式，强调军事战斗和过硬的身体素质，而雅典体育则相对注重文化与体育的结合，在强调军事技艺训练的同时，也将相关的史学、哲学、文学、艺术等文化熏陶融入其中，不仅培养骁勇善战、上阵杀敌的战士，还涌现出一批具有极高文化素养和艺术水平的艺术家、文学家和哲学家。

西方文化在精神层面提倡个人价值，追求民主、自由，推崇竞争精神，正如同样起源于古希腊的奥林匹克运动会。更快（Citius）、更高（Altius）、更强（Fortius）——更团结（Together），这一格言充分表达了奥林匹克运动不断攀登、不断进取、不畏艰险、勇往直前的奋斗精神和拼搏精神，这种不断超越自己、战胜自己、挑战极限的追求蕴含了西方体育文化中推崇竞技，强调不断超越自然、超越极限的体育理念。西方体育文化对人体外形的赞美和称颂也体现在文学、艺术等领域，力求通过体育实现肌肉与力量、爆发力与速度的完美结合。其中斯巴达城邦从公元前720年至前576年在奥林匹克运动会上独占优势，充分体现了西方体育文化中征服自然、超越自然的终极追求。由于西方文化对体育的影响，西方体育具有竞争性、精准性、张扬性等特点，更注重外在的表现力和科学的测量方法，如极具张力的对抗项目和测量精准的田径类、射击类项目，都有量化、准确的判定输赢的方法，这与中国传统体育项目形成鲜明对比。

（三）中西方文化价值观念的分野

中国作为四大文明古国之一，位于亚洲东部，东南临海，西北被群山、沙漠环绕，封闭的地理环境形成了人们相对独立的生活方式，正如《鹖冠子》第十三篇《备知》中所记载，"山无径迹，泽无桥梁，不相往来，舟车不通，何者？其民犹赤子也"①，在相对封闭的生活环境中，人们"日出而作，日落而息"，生活平稳安定，过着与世无争、恬淡安宁的生活，这也体现了道家向往的小国寡民的理想生活状态。在这样一个相对闭塞的生活环境中，在近1000万平方千米的土地上逐渐形成了以儒家思想为主体，以道、法、墨、释思想为补充的独特文化系统，相对于西方强势、外显的文化特征来说，中华文明更含蓄、内敛。在中华民族传统文化的影响下，中国体育文化的发展更注重仁义道德，倡导中庸之道，重仁义、轻竞争，强调意念练习和境界提升。与西方体育文化不同的是，中国体育文化不过分追求通过一定负荷、强度的训练来使肌肉线条和自身力量更趋于完美，而是提倡通过身体活动实现修身养性，汲取日月之精华、天地之灵气，从而使五脏六腑通达协调、身体与自然交融合一，即"天人合一""静悟天机"的至高境界。

西方体育文化强调个体、竞争和不断超越，而根植于中华民族传统文化的中国体育文化则更重视整体、中庸和伦理道德。中华民族体育文化长期浸润在儒家、道家、法家、墨家、释家思想中，受传统文化的熏陶和洗礼，处处表现出"礼""仁""和"的文化特征，这种浓郁的东方气息贯穿中国体育文化发展的整个历程。

当前，随着世界多极化、经济全球化、信息网络化的迅猛发展，各民族国家和地区之间在合作和交往的范围和程度上都发生了前所未有的变化，如同马克思、恩格斯曾经预言的："各民族的原始封闭状态由于日益完善的生产方式、交往，以及因交往而自然形成的不同民族之间的分工消灭得越是彻底，历史也就越是成为世界历史。"② 2018年5月，习近平总书记在纪念马克思诞辰200周年大会上指出："今天，人类交往的世界性比过去任何时候都更深入、更广泛，各国相互联系和彼此依存比过去任何时候都更频繁、更紧密。一体化的世界就在那儿，谁拒绝这个世界，这个世界也会拒绝他。"③ 众所周知，全球化是一把双刃

---

①葛兆光. 中国思想史（第一卷）[M]. 上海：复旦大学出版社，2010：8.
②中共中央马克思恩格斯列宁斯大林著作编译局. 马克思恩格斯选集（第1卷）[M]. 北京：人民出版社，2012：168.
③新华社. 习近平：在纪念马克思诞辰200周年大会上的讲话[EB/OL]. (2018-05-04) [2022-12.21]. http://www.xinhuanet.com/politics/2018-05/04/c_1122783997.htm.

剑，广大发展中国家在吸收和借鉴西方发达国家先进的生产技术和管理经验的同时，西方发达国家也趁机向落后的发展中国家输出其思想文化和价值观念，致使文化霸权主义盛行，对世界文化格局和文化生态造成了严重影响。

中国文化在海外有"针灸""戏剧""功夫""孔子""酒"五张脸，它们成为中国文化的重要标识[1]，其中"功夫"是指武术。随着全球化的发展，各国在政治、经济、文化等方面的交流越来越密切，武术作为中华民族传统文化的代表，已然成为世界认识中国的特殊符号之一，与此同时，武术也是一项极具中国文化元素的民族传统体育项目。

武术作为优秀的中华民族传统体育项目之一，随着人类社会的产生而逐渐丰富、完善，武术在发展过程中深受中华民族传统文化的影响，在历史的长河中沉淀了深厚的文化底蕴，不仅继承了中国体育文化"礼""仁""和"的文化特征，还在儒家、道家、法家、墨家、释家思想的影响下形成了完善的武术文化系统，已然成为中国文化的一部分。如今，武术已成为世界人民熟知的代表中国文化的重要标识，信息技术的不断发展为世界揭开了武术神秘的面纱，武术逐渐在世界各地"火了"起来，不仅实现了中华民族的内部传承，还为世界各族人民提供共享资源。其中，除了众所周知的攻防格斗，武术文化中丰富的中华民族传统文化内涵犹如一本翻开扉页的书，"民族文化""武德""尚武精神""武术礼仪"等逐渐被世界各族人民所熟知。

二、用户体验论

当今时代是一个体验为王的时代，只有打动人心，才可以获得消费者的青睐，如近年来备受年轻人追捧的网红书店西西弗、言几又、钟书阁、Page One 等，无一例外都"始于颜值，衷于体验"，深谙消费者的内心，甚至有人提出体验价值可以达到产品 3 倍以上的价值，如果这一理论成立，当今的线下新零售必须高度重视消费过程的体验性，提升消费者的体验价值，才可以长久经营下去。那么何谓体验呢？体验是消费者对使用特定产品、系统或服务的情感和态度，是消费者个人的主观感受和想法。其涉及视觉、听觉、操作、交互、反馈、功能、性能、易用性、可靠性、可用性、满意度等方面。本质上说，用户体验是个体的主观感受，是消费者对产品或系统的个人感知和想法，用户体验并不是一成不变

---

[1] 李晓臻. 汉语国际推广背景下对中国文化海外传播的思考 [J]. 社科纵横, 2008 (12): 57.

的，由于使用环境、场景、消费者的不同，用户体验也会动态变化。

良好的用户体验可以产生积极、正向的影响，具体说来包含以下方面：①用户满意度。良好的用户体验可以提高用户满意度，使用户更愿意继续使用该产品或服务。②用户保留率。用户体验差的产品或服务容易导致用户流失，而良好的用户体验可以提高用户留存率和忠诚度。③用户口碑和推广。良好的用户体验让用户有愉悦的心情，这会促使用户积极宣传和推荐该产品或服务，从而带来更多的用户群体。④成本和效率。良好的用户体验可以减少用户的操作成本和学习曲线，提高用户的效率和便捷性，从而带来更高的生产效率。⑤竞争优势。优秀的用户体验可以带来竞争优势，从而在市场上获得更高的市场份额和盈利。

不同的学者、领域对用户体验分析的维度不尽相同，对于中国武术的海外传播，我们认为影响用户体验的维度主要源于消费者与传播内容、人际及机构品牌价值。对于内容而言，主要是指与武术文化、技术及与之关联的周边内容，如实物类的书籍、光碟、服装、鞋子等，以及通过Instagram、抖音等新媒体手段传播的武术类文章、图片、视频等虚拟内容。随着信息技术及消费方式的转变，消费者在获取这些内容时往往会依托互联网技术，消费者在计算机、手机、平板计算机等终端上浏览、阅读、操作时的主观感受往往会映射到内容本身，因此在软件、应用程序等的设计中需要兼顾受众需求、操作逻辑、功能架构、界面美观等属性，以给消费者带来增值体验。对于人与人之间的用户体验大致有两个维度：一是武术消费者之间的体验，当消费者之间沟通交流时，交流内容与氛围等带给消费者的主观感受即人际传播的影响，此处不再赘述。二是教师、机构工作人员向消费者提供内容教学、咨询、售后等服务时，带给消费者的主观感受，这就需要武术内容提供者具有较高的教育教学知识，同时秉承服务至上、注重用户体验的原则，不断提高教学能力和服务能力，赢得消费者的赞誉。机构品牌价值即品牌的属性、品质、品位、文化、个性等在消费者心目中的综合形象，良好的品牌价值，往往意味着良好的品牌美誉度、忠诚度及可以给消费者带来的价值大小。机构品牌价值是一种无形资产，而品牌的形成需要持续的时间积累，良好的品牌和口碑可以满足消费者一系列情感和功能效用，也可以给拥有者带来更高的溢价和稳定的收益，因此所有的武术培训机构都非常重视品牌建设，只有重视消费者参与的每个环节，才可以为机构的品牌价值建设添砖加瓦。

三、教育教学理论的指导

在中国武术的海外传播中，教学是极为重要的板块，中国武术从教学内容上看，主要包含武术技术和武术文化两部分内容。中国武术涵盖了丰富的文化内涵，这一现实使具有不同文化、教育背景的学生对武术的接受程度和理解能力有所不同。如何结合学生的文化和需求，提升其学习兴趣和参与度是亟待解决的关键问题，因此，构建适合海外传播的武术应用框架需要依据相关教育教学理论，依据不同受众的需求和特点制定相应的教育教学策略，以便更好地传播和推广中国武术。

教育教学理论是指反映人们对于教育教学本质、规律、方式、方法、手段、目标等方面认识和认识成果的理论体系，其内容较为广泛，如学习能力、教育心理学、教学方法、课程设计、教学评价、教育管理等。教育教学理论旨在探究人类在教与学的过程中的内在规律、基本特征和普遍现象，从而为教育实践提供指导、服务和支撑[1]。教育教学理论可以为中国武术的海外教学提供科学的教育教学方法、方式和手段，对于中国武术的海外教学具有重要作用，在构建适合海外传播的武术应用框架过程中，需要考虑的教育和教学理论如下。

教育目标论。教育目标论主要研究教育活动的目的、内容和方法，包括对学生学习成果、教学质量、教育效果等方面进行评价。教育目标论可以为中国武术海外传播提供指导和帮助，主要体现在以下几个方面：首先，确定传播的目标。在海外传播中国武术时，需要明确传播的目标和意义，只有确定传播的目标是推广中国文化还是提高海外人民的健身水平等，才可以在后续的教学中有的放矢地选择相应的方法，确保教学进程更为科学和有效。其次，设计合适的课程。教育目标论可以指导我们设计合适的教学课程，通过研究教育目标和学生需求，可以保证课程内容与学生需求相匹配，让学生更好地理解和接受中国武术文化。最后，评估教育成果。教育目标论中的教育评价可以帮助我们评估教育成果和效果，通过对学生学习成果和教育效果的评估，可以及时调整和改进教学方法与策略，提高传播效果和质量。

教育评价论。教育评价论主要研究教育活动的评价和管理，包括教学质量评价、评估方法和反馈机制等。教育评价的主要目的是评估教育效果和教育质量，以促进教育资源的合理配置，进而提高教育质量。在中国武术海外传播的过程

---

[1]叶澜. 思维在断裂处穿行——教育理论与教育实践关系的再寻找 [J]. 中国教育学刊, 2001 (4): 3-8.

中，可以通过教育评价及时发现教育管理中的问题和不足，并针对性地进行改进和调整，从而提高教学效果和教学质量，同时借助教育评价中的学生反馈帮助学生及时了解自己的学习成果和学习状况，为学生提供更好的学习体验和学习效果。

教育方法论。教育方法论主要包含教学方法和教育实践方面的内容，如教育目的、教学活动、教学手段、教学程序等。教育方法论有助于教学方法创新，现代教育理念强调以学生为中心，而中国武术作为一门"口传心授"特点鲜明的文化样态，传统的教学模式与方法不一定适用于海外学生，因此需要在教育方法论的指导下改进传统的教学方式，创新更加适合海外学生的教学方法和手段，满足不同学员的需求，更好地适应学生的差异化学习目标和学习风格。教育方法论同时有利于量化教学目标和效果，在理论的指导下细化不同阶段的具体教学目标，并围绕目标制定明确的教学效果评价体系，以促进教育目标的实现。此外，教育方法论还可以促进教学资源的合理配置和利用，这一理论可以帮助中国武术在海外传播时优化资源利用，构建符合实际情况和海外群体需求的教学资源体系。

教育管理论。教育管理论重在探讨促进组织和管理效率提高的教育管理方法和策略，要求教育目标明确、管理策略科学。在中国武术海外传播中需要注重学生和教学资源的管理与配置，同时根据海外学生的文化背景和习惯，创新和改进教学方法，以满足不同学生的需求，同时还须建立评估和反馈机制，及时了解海外学生的反馈和建议，并根据反馈结果调整和改进传播策略，不断提升中国武术海外传播效果和影响力。除此之外，中国武术海外传播还应注重教师的培养和管理，引导教师树立良好的师德师风和职业操守，更新知识结构，提高教师的综合素养和胜任力。

学习心理学。学习心理学主要研究人类的学习和记忆过程、学习策略、学习障碍、认知发展等方面的问题。对受众学习行为和心理需求、实际学习中的畏难情绪等的了解，可以让我们更好地应对中国武术海外传播中可能出现的问题，进而提高传播效果和质量。具体包括以下环节：①了解受众的学习需求和行为。可以了解受众在学习中国武术时可能面临的种种困难、学习模式、认知瓶颈等，从而更好地制定教育方向和教学策略。②确定合适的教学方法。可以确定适合不同受众的教学方法和技巧，为不同个体、环境、需求提供相应的教学策略和支持。③提高受众的积极性和主体性。可以关注受众的学习兴趣、动机和能力，提高受众的学习积极性和自我调节能力，激发其学习的主动性。④拓展教育内容和教育方式。在充分考虑受众的认知发展和学习特点的基础上，提出教育内容、教育方式，以适应受众的多元化需求。

四、武术海外传播的具体表现形式

武术的国际发展逐渐变得有序、规范和系统化,通过竞技武术的率先发展,加大竞技武术发展力度,逐渐提高武术在世界体育舞台中的国际地位。传统的武术传播方式主要包括人际传播、群体传播、组织传播和大众传播①,其中,具体的表现形式包括报纸杂志、电视、新闻客户端、社交媒体、互联网等。

(一) 以华人移民为主的人际传播

2008年,美国人际传播学者查尔斯·伯杰(Charles Berger)给"人际传播"下了一个简洁的定义:"人际传播是关于个人与个人之间社会互动的研究。"② 由于研究的视角和维度不同,各位学者在对人际传播进行定义时的理论路径也不尽相同。如伯尔森(Burleson)从信息交换的角度提出人际传播是"一个建立有交际关系的人们之间交换信息,以求获得共享意义并完成各种社会目标的复杂且受情境限制的社会过程"③;约瑟夫·A. 德维托(Joseph A DeYito)从语言交流互动的角度界定人际传播是两人或者多人之间的语言和非言语互动④。国内学者编著的人际传播教材所采取的则是外延式定义,即"人际传播是人类社会关系的基础,是最基础的社会传播活动,同时对个人形成自我认知具有重要意义"⑤。武术项目的人际传播相对范围较小,最常见的是师徒传承,但基于海外民族文化、人群特征等诸多因素,师徒传承显然不适于武术大范围的推广。因此,武术海外最初的人际传播源于华人移民或一些拳师在当地开设武馆传授技艺,通过一对一或一对多的教学,让海外人民从知道武术到了解武术再到习练武术,最后成为武术爱好者,甚至成为武术项目的传播者。虽然人际传播的范围有限,但从传播效果来说,由于多为面对面的口传身授,武术动作和技艺的传授更加精准,相关技战术原理也能在传授过程中得到更好的展现。

---

① 马万凤,郝小刚. 浅析当代武术文化的传播特征及传播方式 [J]. 北京体育大学学报,2007,30 (4):470-472.
② WOLFGANG D. The International Encyclopedia Of Communication [M]. Oxford:Blackwell Publishing Ltd,2008:2473.
③ 洪浚浩. 传播学新趋势 (下) [M]. 北京:清华大学出版社,2014:608.
④ 约瑟夫·A. 德维托. 人际传播教程 [M]. 余瑞祥,汪潇,程国静,译. 北京:中国人民大学出版社,2011:7.
⑤ 薛可,余明阳. 人际传播学 [M]. 上海:同济大学出版社,2007:9.

第七章 中国武术海外传播的应用框架

人际传播是人类最古老、最持久的传播形态，历经口语传播时代、文字传播时代、电子传播时代，以及如今的互联网传播时代，成为贯穿整个人类活动的基本传播方式①。信息技术的发展在一定程度上拓展了人际传播的范围，同时丰富了人际传播的形式，使人际传播逐渐形成以点带面的传播效果。在常见的几种传播方式中，以往的人际传播具有明显的地域属性，强调单向、面对面的信息交流，有互联网和大数据参与的传播形式超越了时间和空间的限制，实现了随时随地的信息实时共享和互动。互联网大众传播（图7-1）是一种能将多种信息源传播给多个受众的新模式，在这个简化的新模式中，内容不仅由组织提供，还由个人提供，需要强调的是，这不是一个单向模式——传播并不是从左向右进行，而是向内流动②。计算机科学带来的传播形式的改变在人际传播中留下了鲜明的印记，受众是否"在场"已经变得不再重要，参与实时终端传播的受众比现实生活中参与人际传播的受众显得更为积极主动，人们逐渐习惯了虚拟环境中的信息互动，也沉浸在信息技术带来的信息实时传达的便利体验中。脱离了时间和物理空间的束缚，大众传播效果得到了无限延伸，社交软件中的信息传输和互动使"在线"比"在场"更能及时有效地接收信息，不仅保证了信息的时效性，还无限拓展了人际传播的范围。

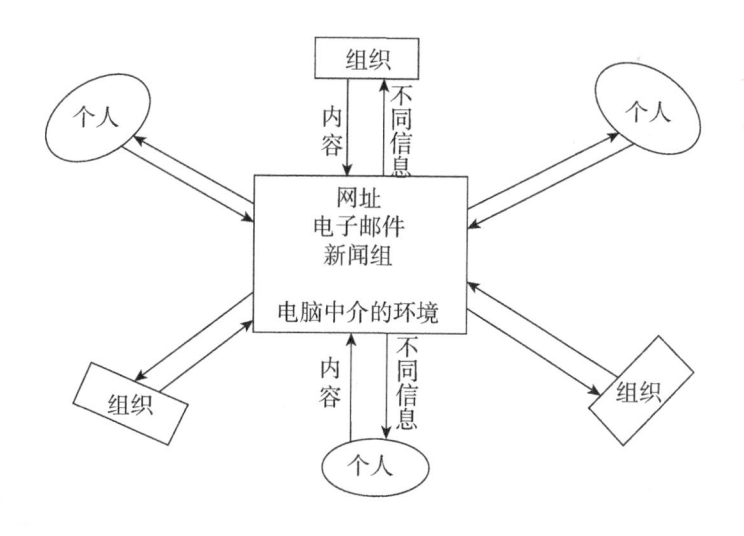

图7-1 互联网大众传播模式③

①隋岩. 群体传播时代：信息生产方式的变革与影响 [J]. 中国社会科学，2018（11）：114-134.
②段鹏. 传播学基础：历史、框架与外延 [M]. 北京：中国传媒大学出版社，2013：15-16.
③约瑟夫·R. 多米尼克. 大众传播动力学 [M]. 蔡骐，译. 7版. 北京：中国人民大学出版社，2009：21.

(二) 以武术代表团出访为主的群体传播

所谓群体传播,是指群体进行的非制度化、非中心化、缺乏管理主体的传播行为,传播的自发性、平等性、交互性,尤其是信源不确定性及由此引发的集合行为等是群体传播的主要特征。传统的群体传播需要物理空间,如广场、校园、街头等[①]。中国每年定期派代表团出访、表演、教学、组织海外武术比赛等在某种意义上也属于群体传播。中华人民共和国成立后,中国武术代表团的第一次出访是在1960年,此次出访了捷克斯洛伐克,但随后的一个时期,由于种种原因国内武术基本断绝了与海外的武术交流。1971年的"乒乓外交"为武术的海外发展提供了新路径,武术作为中华民族传统文化的代表受到广泛欢迎。1974年5月5日,中国武术代表团抵达墨西哥城,随团的武术队有35名运动员,6月10日晚,中国武术代表团在墨西哥民族厅进行首次表演,现场观众有5000多人,中国的武术运动员表演了棍术、集体太极拳、夺匕首、集体剑等40多个中国传统武术节目[②]。这次出访为武术项目的海外传播奠定了基础,就此拉开了中国武术代表团出访的帷幕,随后的几年,中国武术代表团又陆续出访法国、英国、莫桑比克、新加坡、日本、澳大利亚等,出访足迹遍布世界各地,武术的海外传播形式从最初单纯的套路、对抗表演到集表演、竞赛、教学于一体,逐渐丰富的传播形式不仅为海外武术爱好者带来了视听享受,还弘扬了中华民族传统文化。

随着信息技术的不断发展,群体传播的形式不再拘泥于广场、校园等传统的物理传播空间,也不再限于人与人面对面的传播。换言之,互联网替代了以往因事聚集所需的物理空间,较之现实物理空间的聚集具有低成本、高效率的特点,至此,群体传播所需要的两个条件得到随时随地的满足,甚至日益常态化[③]。

(三) 以国际武联为主的组织传播

美国的组织传播研究学者戈德哈伯(Goldhaber)曾下过一个定义,他认为组织传播是由各种相互依赖的关系结成的网络,是为应付环境的不确定性而创造和交流信息的过程[④]。美国另一位传播学者埃弗雷特·罗杰斯(Everett Rogers)

[①] 隋岩,曹飞.论群体传播时代的莅临 [J]. 北京大学学报(哲学社会科学版), 2012, 49 (5): 139-147.
[②] 易剑东,谢军.中国武术百年历程回顾——面向21世纪的中国武术 [J]. 体育文史, 1998 (9): 27-29.
[③] 隋岩.群体传播时代:信息生产方式的变革与影响 [J]. 中国社会科学 2018 (11): 114-134.
[④] 胡正荣.传播学总论 [M]. 北京:北京广播学院出版社, 1998: 138.

将组织传播定义为"发生在组织内、组织间,以及组织与其环境间的传播"[①]。还有学者认为组织传播是组织成员之间或组织与组织之间的信息交流行为,是组织为达成适应内外环境的目标而进行的信息传递与理解的互动活动[②]。从传播学的角度而言,组织本身就是一个信息系统,因为组织的任何活动都与一定信息活动相关[③]。随着五大洲均建立了武术组织,从亚运会设立武术竞赛项目到世界武术锦标赛的成功举办,再到北京2008年奥运会的特设项目,最后到2020年武术成为青奥会正式比赛项目,武术逐渐通过组织传播走向世界,"武术源于中国,属于世界"的观念深入人心,武术逐渐得到世界各地人们的接受和认可。

近代对中国武术海外传播做出突出贡献的是精武体育会和中央国术馆[④]。随着海外武术传播相关组织机构、传播工作越来越完善,传播效果也有了显著改善,越来越多不同国家的运动员加入武术竞赛,也有越来越多的人加入武术的习练、传播工作,武术逐渐成为中国文化的代名词。目前,武术运动组织的权威垂直机构依次为国际武术联合会、各洲际武术联合会、各国武术协会、省市武术协会、各武术俱乐部等,武术组织与武术赛事是密切相关的,而比赛既是竞技,也是文化传播[⑤]。其中,国际武术联合会成立于1990年10月3日,是国际上管理武术运动的唯一全球组织,其宗旨是在全世界范围内以各种形式推广和发展武术运动,目前拥有来自五大洲155个国家(地区)的会员协会。2021年5月28日,国际武术联合会正式加入国际世界运动会协会,这意味着武术项目将在未来加入更多的世界运动赛事,从而进一步提升武术的国际影响力。

随着国际武术联合会的快速发展,协会会员数量逐渐增多,但武术在世界各地的传播效果依然不尽如人意。大多数国家都有自己的格斗、搏击、对抗类项目,这些格斗、对抗类项目虽然表现形式和规则不同,但因为人体内在构造相同,各种格斗、对抗类项目存在一定的相通之处,转型较容易,所以各国开展散打运动的程度比武术套路理想[⑥]。相比之下,武术套路相对复杂,难以掌握,因

[①] 埃弗雷特·罗杰斯. 组织传播 [M]. 陈昭郎, 译. 台北: 台湾编译馆, 1983: 10.
[②] 靖鸣. 移动互联网时代组织传播的嬗变与思考 [J]. 中国编辑, 2020 (4): 60-65.
[③] 段鹏. 传播学基础: 历史、框架与外延 [M]. 北京: 中国传媒大学出版社, 2013: 30.
[④] 崔秉珍. 论中国武术的国际化发展——从韩国跆拳道推广模式的角度分析 [D]. 上海: 上海体育学院, 2009: 73.
[⑤] 马万凤, 郝小刚, 平朋刚. 浅析当代武术文化的传播特征及传播方式 [J]. 北京体育大学学报, 2007, 30 (4): 470-472.
[⑥] 王林. 武术传播论纲 [M]. 武汉: 湖北人民出版社, 2011: 186.

此海外传播效果不容乐观。

（四）以电视、网络为主的大众传播

"大众传播"一词出现在20世纪30年代末期，由于大众传播的内涵过于广大，因此很难对它有一个简单且被广泛认可的定义，"当消息来源（通常是某个组织）使用一项技术作为媒介与大规模受众进行沟通时，大众传播就发生了"①。这是相对较简洁并被大家所认同的定义。大众传播是传统传播范式发展的最高阶层次，也是研究传播学理论的重要基础，在传统媒介和新媒介发展中起着承上启下的作用②。传统媒介一般包括报纸、广播、电视、网络、杂志、电影、图书、广告等，但随着信息技术的快速发展，传播逐渐进入"新媒介时代""自媒体时代""全媒体时代""微传播时代"等以传播媒介来定义的阶段，代表全新的传播方式的诞生。1968年由杰诺维茨（Janowitz）提出的大众传播概念成为早期经典，被多位传播学者引用，即由专业化的机构和技术组成，利用技术设备（平面媒体、广播、电影等）为大量的、异质的、广泛分散的受众传播象征性内容的活动③。相较于人际传播、群体传播和组织传播，大众传播最显著的特征是其受媒介的影响较大，随着传播媒介技术的发展，其信息传播速度、范围都发生改变，因此受众可以借助媒介接收超越时空的信息④。在武术传播初期，武术更多的是通过功夫电影被海外受众所熟知，随着功夫电影在全球上映，武术通过直观且丰富的形式吸引了大批海外受众，随后中国知名的武打演员也逐渐成为海外受众耳熟能详的名字，由此拉开了中国武术海外传播的序幕。大众传播理论传到国内形成了多个版本，但是形成了基本的共识，即专业化的媒介组织运用先进的传播技术和产业化手段，以社会上一般大众为对象而进行的大规模的信息生产和传播活动⑤。

除了喜闻乐见的功夫电影，大众传播传统的媒介还包括武术相关的杂志，如德国的武术杂志Martial Arts、波兰武术协会主办的KUNGFU、意大利佛罗伦萨武术学院主办的WUSHU等；武术相关网站包括国际武术联合会官方网站、中国武术协会和中国武术管理中心主办的中国武术网站等。科技的发展和信息技术的进

---

①段鹏.传播学基础：历史、框架与外延［M］.北京：中国传媒大学出版社，2013：33.
②方兴东，严峰，钟祥铭.大众传播的终结与数字传播的崛起——从大教堂到大集市的传播范式转变历程考察［J］.现代传播，2020（7）：132-146.
③丹尼斯·麦奎尔.麦奎尔大众传播理论［M］.崔保国，李现，译.北京：清华大学出版社，2006：45.
④胡正荣，段鹏，张磊.传播学总论［M］.2版.北京：清华出版社，2008：111.
⑤彭兰.网络传播概论［M］.北京：中国人民大学出版社，2017：76.

步不断改变着大众传播的传播方式,武术海外传播已从传统的杂志、网站、电影等媒介逐渐转向 Instagram、Facebook、Twitter、TikTok 等新媒体,传播形式也逐渐从单纯的文字介绍、图片新闻向短视频等转变,这使武术海外传播方式变得更丰富多样,同时也更直观高效。

大众传播除了传播信息、提供娱乐,在一定程度上还可以引导舆论,舆论代表了受众的某种普遍的愿望和要求,因此在信息传播中,大众传播的作用至关重要,同时大众媒介也是引导受众倾向的重要途径。除此之外,大众传播的负面功能也不容忽略,由于大众传播不可能对世界上的所有事物进行完全一致的反映,所以对某个人群、某种事物进行报道时,时常会选取一个典型,这种典型又会影响社会公众对这个人群或事物的普遍认知,从而造成刻板印象[1]。功夫电影的海外热映,虽然提高了中国功夫在海外的知名度,但在一定程度上也造成了海外受众对武术项目的刻板印象,再加之大众传播的传播媒介只能部分地再现和还原武术的真实面貌,被选中的部分也经过了加工,因此尽管传播者尽力进行客观的反映,但仍会受到大众传播媒介的局限,造成海外受众对武术认知的偏差。

第四节 中国武术海外传播框架构建

美国社会学家戈夫曼(Goffman)指出,所谓框架是指人们用来阐释外在客观世界的心理模式(Schemata of Interpretation);所有我们对于现实生活经验的归纳、结构与阐释都依赖一定的框架;框架使得我们能够确定、理解、归纳具体事件和信息[2]。因此,框架是传播者通过选择某一内容,运用某种传播方式、传播媒介而达到一定传播效果的范式。也有专家指出新闻传播是对信息的直接反映,其内核中被精心组织编辑的内在结构和想法也可以称为框架,目的在于对相关信息和事件赋予意义[3]。因此,新闻传播框架理论的中心问题是媒介的生产,编辑好的文本信息结构通过何种方式表达,并构建能够反映现实世界的信息框架,促进受众对相关信息的进一步理解。中国武术海外传播应用框架的构建既包括信息传播的形式、措辞等,也包括受众的心理需求,而以受众交换为基本原则的传播

---

[1] 段鹏. 传播学基础:历史、框架与外延[M]. 北京:中国传媒大学出版社,2013:36.
[2] GOFFMAN O. Frame Analysis [M]. Philadelphia:University of Pennsylvania Press,1974:10-11.
[3] DAMSON, WA, Modigliani A. Media Discourse and Puhfic Opinion Oil Nuclear Power; A Constructionist Approach [J]. American Journal of Sociolog,1989,95(1):1-37.

内容、传播媒介、传播方式都需要以受众对信息的需求为基础。通过框架的构建和分析，不仅能将媒介内容的数量特征和非数量特征都呈现出来，还能把传播过程中的各环节即媒介内容、新闻生产及传播效果整合为一个相互关联的、可供经验研究的对象[1]。

中国武术海外传播影响因素众多，"百花齐放、百家争鸣"固然可以促进武术的海外传播，但是在自身根基比较薄弱时，可能会极大地限制中国武术的海外发展。框架理论作为简单高效地呈现事物意义的方式，是对复杂的因素进行有规律的筛选，以简化日后工作，这一思路为中国武术海外传播提供了一种可资借鉴的方法。从交换过程来看，中国武术海外传播大致分为交换前提、交换过程、交换效果（图7-2），这三个交换阶段中的交换成本及其体验均会影响交换行为的最终达成，如信息的易得性、查找的便利性、价值的增值性等，降低成本、提高效益显然是不二法则。对于中国海外传播主体来说，由于其资金、渠道、用户、内容等外部条件参差不齐，各传播主体均需要集中优势资源，针对当前的传播重点，充分考虑受众内在需求，深入思考内容生产的供给侧结构性改革，优化传播渠道与形式，着力构建集约型的中国海外传播框架，提升传播效力，助力中国武术发展。

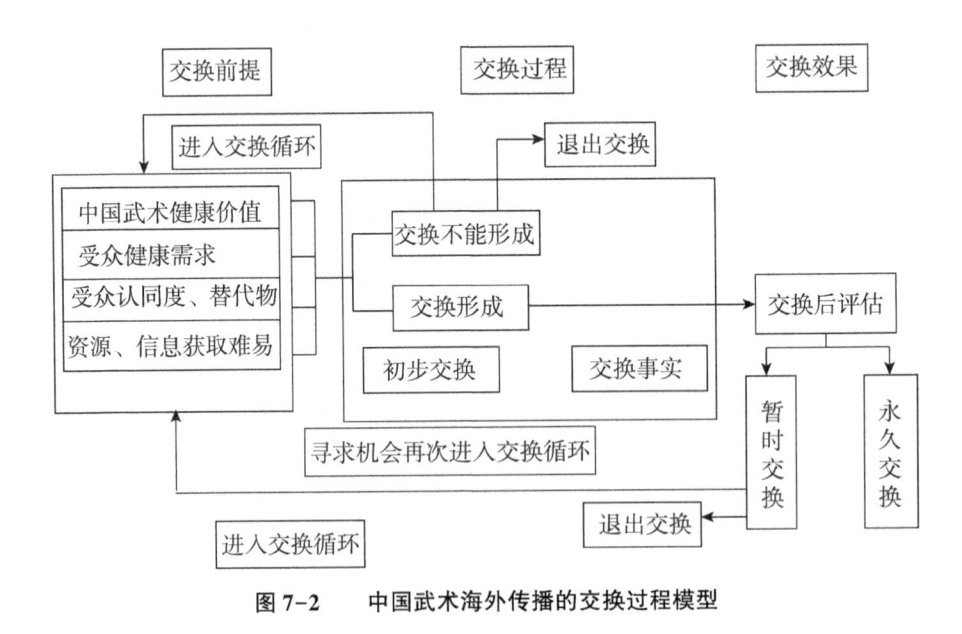

图7-2 中国武术海外传播的交换过程模型

---

[1] 曾繁旭，戴佳，郑婕. 框架争夺、共鸣与扩散：PM2.5议题的媒介报道分析[J]. 国际新闻界，2013（8）：96-108.

一、基于受众交换的武术海外传播内容框架构建

大众传播效果研究始于20世纪的美国，20世纪40年代"受众选择性"成为炙手可热的概念，2002年奥利弗指出，"个人差异"的另一个重要领域是受众基于其原有或固有的态度和意见所产生的对信息的"选择性"行为[①]。相关专家也指出"选择性"源于"预存立场"，而"预存立场"包括性别、受教育水平、个人审美趣味、利益关系、伦理倾向，以及任何与人们相关的可以塑造和改变他们个人特征的因素[②]，因此，框架存在于两个方面：隐含在文本信息中和存在于受众的认知中。在一次完整的信息传播中，信息至少会被动地产生两次框架效应，一次存在于传播者对信息进行编码、加工时，另一次存在于接收者对信息进行解码、解读时，不同的传播者由于自身的知识水平、编辑信息的能力，以及自身的行为动机等因素不同，在同一信息的产生过程中会贡献不同的框架文本，而不同的受众由于身份地位、受教育水平、成长环境的差异性对接收的同一信息会进行不同的框架解码和解读。因此，即使是同样的信息源，也会因为各种不可抗力的因素在传播过程中形成不同的框架结构，进而产生千变万化的传播效果。框架也可以称为受众对信息的认知结构，同时会对信息的传播效果产生影响。由于成长环境的个体性差异，人们的认知系统也存在诸多不同，在漫长的成长岁月里，个体深受当地文化的熏陶，进而建立了特定的文化世界、精神世界和信息世界，并逐渐形成各自个性化的认知框架。

武术作为极具中国特色的民族传统体育项目之一，从多样化的内容分类到礼仪严谨的师徒传承仪式，无一不蕴含着丰富的中国传统文化。对于海外受众来说，根植于中国传统社会、土生土长的中华民族传统体育项目在文化认同上将会产生很大差异，因此，武术的海外传播实际也是一场跨文化传播。武术的海外传播内容必须符合甚至迎合海外受众的实际需求，我们不能把自己认为好的东西强行塞给别人，即使对方当时接受，后面也会被抛弃[③]。武术文化作为体育文化的一部分，也属于身体符号，"而体育文化能够迅速成为全球性的文化内容之一，

[①] 周葆华. 效果研究：人类传受观念与行为的变迁 [M]. 上海：复旦大学出版社，2008：87.
[②] SEARS, DO, & FREEDMAN JL. Selective exposure to information: A critical review [J]. Public opinion quarterly, 1967, 31 (2)：194-213.
[③] 王林. 武术国际化传播的受众研究 [J]. 首都体育学院学报，2008, 20 (2)：14-17.

具有自身特殊的通约性和普世价值"[1]。随着各项体育运动的发展和普及，体育运动中的健身价值得到普遍认可，人们对健康的追求逐步提高，此时武术的健身价值就与受众需求不谋而合。由此可见，健康几乎是全球受众最重视的问题之一，因此武术的海外传播应从健身价值入手，结合受众其他生理需求、情感需求和认知需求等，构建武术海外传播的内容框架，使其具有较强的科学性、适用性和可行性。

动机是驱使人们参加活动的内部原因，而目的则是人们通过参加活动希望达到的结果，不同的受众习练武术的动机不尽相同，即需求与动机不同，受众参与武术习练的需求不外乎生理需求、情感需求、认知需求等，为了促成受众达成相应的需求，针对不同的受众必须选择相应的武术习练内容，如针对强身健体、防身自卫需求的受众应侧重健身、技击内容的传授（图7-3），以促使受众目标达成，增加武术内容的黏性。

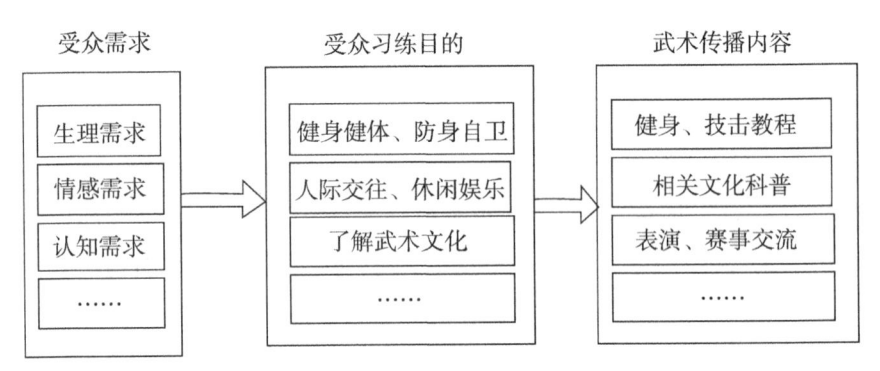

受众需求	受众习练目的	武术传播内容
生理需求 情感需求 认知需求 ……	健身健体、防身自卫 人际交往、休闲娱乐 了解武术文化 ……	健身、技击教程 相关文化科普 表演、赛事交流 ……

图7-3 基于交换的武术海外传播内容框架

二、基于受众交换的武术海外传播信息优化框架

信息作为当今社会的重要资源，已经深刻地影响到我们的日常生活。中国武术的海外传播首先是信息的全球流动，因此必须从信息流动的内涵来揭示中国武术海外传播过程、结构或功能的主要因素，以及这些因素之间的相互关系。传播学领域关于信息传播的模式较多，如拉斯韦尔的"5W"模式、香农—韦弗传播模式、香农—施拉姆传播模式、施拉姆循环传播模式、维克利（Vickrey）模式

---

[1] 田恩庆. 试论体育全球化浪潮下体育文化认同[J]. 贵州体育科技，2006（3）：4-7.

等，无论哪种模式都难以涵盖信息交流的完整过程，我们认为香农—施拉姆传播模式（图7-4）与框架理论中关于共同经验的总结与概括异曲同工，可以很好地解释信息传播的循环过程。香农—施拉姆信息传播模型分为三个基本部分：信源、信道和信宿。信源产生信息，编码器将信息转换为适合在信道中传输的信号，信宿将信号重新转换为可理解的信息。信源、信道和信宿之间的沟通交流并不是畅通无阻的，往往会杂糅许多噪声等因素，为了切实提高传播效率，减少噪声、加快反馈是在信息传播中切实需要考虑的重要环节。

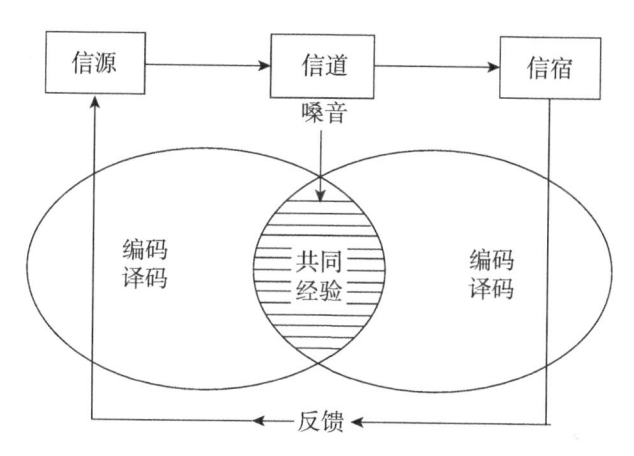

图 7-4 香农—施拉姆传播模式

信息因其存储方式的不同，有口头信息、实物信息、文献信息、电子信息等，不同的信息来源的特点和适用场合不尽相同。口头信息主要依赖人际传播方式，通过交流、讨论、讲授等形式来获取，这类信息互动多、易传达、直观精准，但是主观因素较强，一定程度上会受制于传播者个人的传播技巧。文字信息是以报纸杂志、图书、专利、标准等形式记载的知识和信息资源，这类信息具有静态性、客观性、可读性、可搜索性和转移性，是日常生活中信息传播和有效沟通的重要工具。电子信息是以电子技术存储和传播信息的方式，如广播、电视、光盘、磁盘、网络信息等，网络信息已经成为当今人们获取信息的主要途径，而网络信息的鱼龙混杂也使得传播信息泥沙俱下，因此受众的判断能力和媒介素养显得尤为重要。

科技进步使"人人都是传播者"，由此导致信息生产方式逐渐多元，来源多样、内容分散、数量庞大成为当今信息生产的主要特征，不同的传播者出于自身需要，会选择性地制造、传播信息，爆炸性的信息与知识会对消费者"狂轰滥炸"，增加消费者选择的时间成本，聪明的受众自然不会照单全收，只会选择性地消费部分信息，从众多杂乱无章的信息中抽取对自己有用的知识，并且会保护知识产权、自我与他人隐私（图7-5）。受众在信息决策与消费过程中，受到心理学、决策学、消费者行为学等领域的交叉影响，在信息传播过程中的需求是主导信息生产、信息传递、信息消费的核心要素。受众在信息消费过程中会受到人口学等干扰变量的影响，如年龄、性别、学科背景、网络经验等客观因素。除此之外，受众的认知类型、自我效能感、情绪控制能力等主观因素也会影响受众的信息消费行为与过程。与此同时，受众的信息消费行为与过程还会受到压力适应理论、风险报偿理论和自我效能理论的激励，其中压力适应理论提供了为什么一些信息需求没有引起搜寻行为的可能性解释；风险报偿理论有助于说明一个确定的个体更偏好使用哪种信息源；而体现"自我效能"的社会学习理论描述了个体如何从事能使自己获得成功的信息行为[①]。

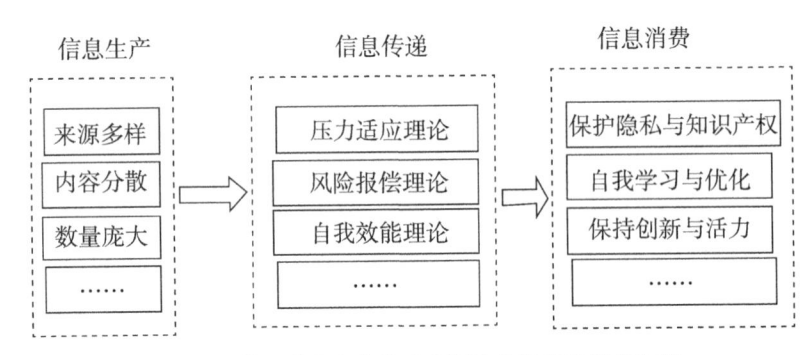

图7-5 基于受众交换的武术海外传播信息优化框架

三、基于受众交换的武术海外传播媒介展现框架

中国武术海外传播的最终目标是通过创造和分享有价值、有吸引力的内容来吸引并留住目标客户，并最终促进中国武术的发展和国家文化软实力的增强，因此，选择各种类型的内容来吸引人们的兴趣、提供有用的信息、增强品牌知名度、增加关注度和参与行为、扩大客户群体，成为中国武术海外传播的重要任

[①]颜端武，吴鹏，李晓鹏. 信息服务活动中用户技术接受行为研究［M］. 北京：科学出版社，2017：42.

务。例如，博客文章、视频、电子书、社交媒体帖子、图片、研究报告、工具和资源等不同形式的内容均可以为目标受众提供有价值的内容，并通过教育、启发、娱乐等方法来吸引他们关注、参与和分享。通过持续不断地提供有价值的内容，可以建立良好的品牌形象和信誉，增强客户的信任度和忠诚度，同时可以帮助传播者形成专业知识和领导力，成为业内权威人士，吸引更多的客户及增加业务机会，并最终提升市场份额和占有率。

目前尽管网络传播一骑绝尘，但是仍然不可忽视印刷媒介和大众传播媒介在中国武术海外传播中的作用。印刷媒介、大众媒介、网络媒介在传播的关键点、内容生产方式、内容展现方式、内容关系形态等维度均有自身独到的优点（表7-1），只有充分重视不同传播形态的优势，因地制宜、因时制宜、因势利导、因情施策，才可以形成全媒联动，以更加多元的传播生态重塑武术海外传播格局。印刷媒介传播是一种以印刷技术为基础的信息传播方式，利用印刷技术把内容直接印刷在纸张或其他材料上，通过分发或张贴等方式传播给受众，主要包括书籍、报纸、杂志、传单、海报、宣传册和名片等印刷品。因为印刷媒介具有较好的稳定性、良好的视觉效果、易于分发、成本可控等特点，同时可以依据各种需求选择不同的纸质、大小和形状，所以印刷媒介可以精确选择不同受众以适应差异化的需求，此外，印刷品可以被保存并多次使用，可以成为一种长期的传播载体，为品牌建立长期稳定的形象和口碑，具有较好的传播效果，但是因为其无法进行实时更新和修改，所以难以跟上快速变化的趋势和信息传播的速度，并且印刷品需要物理印制，因此印刷媒介传播的实施存在时间和成本上的限制，难以大面积实施。随着媒介技术的发展和普及，信息和内容传播进入了大众化的时代，电视、广播、电影等媒介不断涌现，对全球社会和文化生活产生了广泛且深远的影响，传媒技术可以跨越时间和空间的束缚，通过不同的技术组合让人们在不同的时间、地点进行交流和互动；传媒技术独立自主地进行信息和内容创作，使信息传递的来源和形式呈现多元化和开放性；传媒技术的进步使内容传递不再限于单一的视听媒体，还包括文字、图片、视频、音频等多种媒介形式，为人们提供了更加多样化的信息和内容；传媒技术不再只是单向的信息传递方式，而是可以实时互动，使人们可以自由地进行评论、讨论、参与和共享。互联网的普及和发展让人们的信息获取和传递方式发生了革命性变化，各类网站、博客、微博、论坛、社交媒体、即时通信、电子邮件等传播媒介如雨后春笋般涌现，网络传播因个性化、多媒体性、可变性、覆盖面广、时效性强、互动性优等特点而成为人们获取信息、进行社交、消费和娱乐的主要通道，但是由于缺少统一的调控手段，容易形成海量的虚假信息和有害信息，这也是当前网络传播的主要问题。

不同传播载体的内容传播特征如表7-1所示。

表7-1 不同传播载体的内容传播特征

维度	印刷媒介传播	大众媒介传播	网络媒介传播
内容与传播的关系	内容即传播	内容与传播组合	内容与传播复合叠加
传播的关键点	内容对用户的价值	内容的质量	内容的互动性和可复制性
内容生产方式	自己生产内容	专业内容生产	用户生产内容
内容展现方式	书籍、报纸、海报等	视频、音频、音乐等	图文、视频、音频、音乐、游戏等
内容关系形态	中心化	中心化	去中心化

传播载体主要依据媒介的特点选择相应的内容展现形式，以分享和展现传播内容。数字媒体的出现使得传统大众媒体与网络、移动和社交媒体的边界逐渐消失，但是传播载体与内容是紧密相连的，在不同的传播载体传递同一内容时，受众的认知和态度可能会有所不同。例如，新闻报道可以通过报纸、电视、互联网等不同的媒介进行传播，但不同媒介对新闻内容的选择、处理和呈现有所不同，因此受众之间会产生一定的认知差异，除此之外，传播载体和内容也相互影响。不同的传播载体在传播同一内容时，也会受到政策、技术、经济等多种因素的制约。例如，由于电视、报纸和互联网具有不同的审查制度和经济模式，它们在传播同一内容时，可能会呈现不同的特点和局限性。总之，只有根据不同媒介和受众的特点，选择适合的传播内容和载体，将信息传达给受众，才能更加精准地吸引目标顾客群体。不同的传播载体，其内容展现方式不尽相同（表7-2），对于视频媒体来说，既可以选择由具有一定影响力的达人生产并发布内容（PGC），也可以摄像机为工具拍摄电视广告影片或电视商业广告（TVC），还可以由普通用户生产并发布内容（UGC）。不同的传播载体具有不同的传播优势，均可以服务于中国武术的海外传播实践，只有充分理解不同传播载体的优缺点，实现优势互补，才可以为中国武术的发展和传播提供强有力的支持。面对视频媒体、新媒体、线下媒体、平面媒体、社群等众多内容传播载体，中国武术海外传播必须结合传播载体的自身特性，深入思考内容展现的维度，将武术传播内容与传播媒介高效互融，打造"资源通融、内容兼容、宣传互融、利益共融"的传播新业态、

新格局。中国武术海外传播媒介的内容展现维度如表 7-2 所示。

表 7-2　中国武术海外传播媒介的内容展现维度

传播载体	内容生产与展现方式				
视频媒体	PGC（Professional Generated Content，专业生产内容）短视频	TVC（Television Commercial，商业电视广告）短视频	UGC（User Generated Content，用户生成内容）微互动视频	微综艺	……
新媒体	H5 定制	线上直播	图文宣传	音频制作	……
线下媒体	发布会	粉丝见面会	学导分享会	项目对接会	……
平面媒体	手绘	漫画	平面大片	动态海报	……
社群	消费型社群	同好型社群	学习型社群	强 IP 型社群	……

四、基于受众交换的武术海外传播效果体现框架

传播效果是传播行为与过程的最终评价指标，是"信息交流对信息受众所产生的影响和由其所带来的根本性变化，是对信息传播者信息传递有效性的一种衡量，也是对信息受众信息需求满足度的一种评价"[1]，传播效果的体现主要有两个维度：一是信息传播者进行信息传播所实现的意图程度，二是受众获取的信息对其情感、思想、态度和行为等方面所产生的有效影响程度。按照这一划分方法，传播效果的最终体现主要有认知层面、情感态度层面和行为层面。认知层面效果是信息传播中信息受众对所接收信息的初始反应；情感态度层面效果既是认知层面效果的反映，又是行为层面效果的直接动因；行为层面效果是受众的行动体现，因此信息传播是一个通过改变认知、影响情感、最终指导行动的过程。不同层面对传播效果评价的侧重点不一样，认知层面重点在于传播活动对中国武术知觉与印象的改变状况，如注意力、记忆力、理解能力、知识水平等，情感层面重点在于传播活动对中国武术价值体系与情感态度的影响状况，如审美趣味、观点倾向、情感共鸣、社会偏见等；行为层面重点在于传播活动对我们实践活动和行为趋向的影响状况，如接受、保持、改变、应对等（表 7-3）。

---

[1] 罗莹, 刘冰. 网络信息传播效果研究 [J]. 情报科学, 2009, 27 (10): 1487-1491.

表7-3　中国武术海外传播效果体现维度

维度	传播效果				
认知层面	注意力	记忆力	理解能力	知识水平	……
情感态度层面	审美趣味	观点倾向	情感共鸣	社会偏见	……
行为层面	接受	保持	改变	应对	……

传播效果对受众认知层面的影响主要体现在受众的注意力、记忆力、理解能力、知识水平等方面。可以结合传播的主要意图和受众需求，有针对性地选择武术方面的图片、声音、视频、文字等吸引受众注意，进而加深受众对信息的记忆程度；在信息传播过程中，为了加强受众对信息的解释和理解，传播者在信息传播过程中需要照顾受众的思维习惯和认知能力，尽量采用语言简练、易读易懂的方式，帮助受众正确理解信息，促使传播者达成意图；传播者可以通过做好信息的筛选和梳理、与受众互动交流、提供支持和帮助等方式，提升受众获取消化信息的能力。传播效果对受众情感态度层面的影响主要体现在传播内容对受众的喜好、态度等方面的影响，信息传播时，传播者可以通过合理的布局、有效的表现手法提高受众审美趣味，增强受众对传播对象的喜爱程度，同时选择有利于自己观点的话题、筛选和改变信息等手段，增强观点倾向，使受众形成一定的观念，还可以通过议题设置来强调社会正义、关注弱势群体等，引起受众的情感共鸣和关注，增加受众对传播内容的好感。传播效果对受众行为层面的影响主要体现在传播内容对受众的接受、保持、改变和应对等方面。通过认知层面和情感态度层面的变化，受众接受了中国武术传播的内容，并且愿意查阅、观看、回看与之相关的武术内容，通过进一步地了解改变中国武术的原有观点、行为等，此时传播者可以根据受众的反应和互动，选择适当的信息渠道，加强信息的可信性和可靠性，对信息进行优化和改进，从而实现更好的传播效果。中国武术海外传播效果体现维度如表7-3所示。

随着传媒行业的发展，中国武术传播的载体也由纸质印刷媒体、大众传播媒体向多元化发展，面对这一新的态势，中国人民大学传播学博士修宇提出了四度评价法，从媒体对用户的认知、态度、行为的影响，以及用户对媒体的影响四个维度展开深入研究，并提出了传播度、友好度、影响度、互动度四位一体的评价模型[1]，

---

[1] 中国网. 传播效果四度评价法公布 品牌传播效果可量化评估 [EB/OL]. (2020-06-29) [2023-06-12]. https://baijiahao.baidu.com/s?id=1670814913909824755&wfr=spider&for=pc.

对受众态度和心理参与、受众与新媒体关系评估、互动模式评估、传播内容价值评估等方面进行了详细评价，这对当前的网络传播效果评价具有重要的参考意义和借鉴价值，也可以为中国武术海外传播效果框架的构建提供有益的指导。中国武术海外网络传播效果体现维度如表7-4所示。

中国武术海外网络传播效果体现可以从传播度、友好度、影响度、互动度四个方面实施（表7-4）。由于网络传播主要以音视频、图片、文字等载体在线传播，故传播内容的播放量、转载量、下载量、搜索量可以作为传播效果的有效体现，而用户评论数、新媒体转发、点赞、收藏、打赏次数、分享至其他平台状况等可以作为网络传播互动的有力证据。网络传播已经成为推动中国武术发展不可忽视的重要力量，在之后的历史征程中，我们要积极营造良好的网络传播生态，充分发挥网络传播的优势和作用，积极推动中国武术的国际化发展，助力中华民族伟大复兴。

表7-4 中国武术海外网络传播效果体现维度

维度	传播效果				
传播度	播放量	转载量	下载量	搜索量	……
友好度	满意度	美誉度	正负向意见比例	正面评论与评论总数比例	……
影响度	媒体的重要等级程度	覆盖人群数量	账号活跃程度	论坛议题数量	……
互动度	用户评论数	新媒体转发	点赞、收藏、打赏次数	分享至其他平台状况	……

参考文献

一、中文图书

[1] 中共中央马克思恩格斯列宁斯大林著作编译局. 马克思恩格斯选集（第2卷）[M]. 北京：人民出版社, 2012.

[2] 周葆华. 效果研究：人类传受观念与行为的变迁 [M]. 上海：复旦大学出版社, 2008.

[3] 彼得布劳. 社会生活中的交换与权力 [M]. 李国武, 译. 北京：商务印书馆, 2012.

[4] 杜涛. 框中世界：媒介框架理论的起源、争议与发展 [M]. 北京：知识产权出版社, 2014.

[5] 衣俊卿. 文化哲学十五讲 [M]. 2版. 北京：北京大学出版社, 2015.

[6] 米切尔蓝德曼. 哲学人类学 [M]. 彭富春, 译. 北京：工人出版社, 1988.

[7] 马斯洛. 动机与人格 [M]. 3版. 许金声, 译. 北京：中国人民大学出版社, 2007.

[8] 周伟良. 中国武术史 [M]. 北京：高等教育出版社, 2003.

[9] 曹旭平. 市场营销学 [M]. 北京：人民邮电出版社, 2017.

[10] 陈龙. 大众传播学导论 [M]. 4版. 苏州：苏州大学出版社, 2013.

[11] 车南林. 实用传播学简明教程 [M]. 成都：四川大学出版社, 2014.

[12] 郭庆光. 传播学教程 [M]. 北京：中国人民大学出版社, 1999.

[13] 戚继光. 纪效新书 [M]. 北京：中华书局, 1996.

[14] 阿里研究院. 互联网+：从IT到DT [M]. 北京：机械工业出版社, 2005.

[15] 王林. 武术传播论纲 [M]. 武汉：湖北人民出版社, 2011.

[16] 贝恩德·埃贝勒. 健康产业的商机 [M]. 王宇芳, 译. 北京：中国人民大学出版社, 2010.

[17] 司马迁. 史记·货殖列传 [M]. 北京：中华书局, 1982.

[18] 卡尔·马克思, 弗里德里希·恩格斯. 马克思恩格斯全集（第1卷）[M] 中共中央马克思恩格斯列宁斯大林著作编译局, 译. 北京：人民出版社, 1956.

[19] 朱奎保. 利益论 [M]. 上海：华东师范大学出版社, 1991.

[20] 付子堂. 法律功能论 [M]. 北京：中国政法大学出版社, 1999.

[21] 卡尔·马克思, 弗里德里希·恩格斯. 马克思恩格斯全集（第42卷）[M]. 中共中央马克思恩格斯列宁斯大林著作编译局, 译. 北京：人民出版社, 1979.

[22] 亚伯拉罕·马斯洛. 动机与人格 [M]. 许金声, 译. 北京：中国人民大学出版社, 2012.

[23] 钱穆. 中国文化史导论（修订本）[M]. 北京：商务印书馆, 2000.

[24] 卡尔·马克思, 弗里德里希·恩格斯. 马克思恩格斯全集（第4卷）[M]. 中共中央马克思恩格斯列宁斯大林著作编译局, 译. 北京：人民出版社, 1995.

[25] 章韶华, 王涛. 需要—创造论：马克思主义人类观研究 [M]. 北京：中国广播电视出版社, 1992.

[26] 国家体委武术研究院. 中国武术史 [M]. 北京：人民体育出版社, 1997.

[27] 卡尔·马克思, 弗里德里希·恩格斯. 马克思恩格斯全集（第2卷）[M]. 中共中央马克思恩格斯列宁斯大林著作编译局, 译. 北京：人民出版社, 2005.

[28] 王缉思, 王逸舟. 中国学者看世界·国家利益卷 [M]. 北京：新世界出版社, 2007.

[29] 沈壮海. 软文化·真实力：为什么要提高文化软实力 [M]. 北京：人民出版社, 2008.

[30] 袁贵仁. 人的哲学 [M]. 北京：工人出版社, 1988.

[31] 倪世雄. 当代西方国际关系理论 [M]. 上海：复旦大学出版社, 2001.

[32] 柳建辉. 十年辉煌 [M]. 北京：人民出版社, 2012.

[33] 兰日旭, 岳海峰. "一带一路"：全方位的战略 [M]. 北京：中国财政经济出版社, 2016.

[34] 胡适. 中国中古思想史长编 [M]. 上海：华东师范大学出版社, 1996.

[35] 顾颉刚. 五德终始说下的政治和历史 [M]. 上海：上海古籍出版社, 1982.

[36] 邱丕相. 中国武术文化散论 [M]. 上海：上海人民出版社, 2007.

[37] 彭兰. 网络传播概论 [M]. 4版. 北京：中国人民大学出版社, 2017.

[38] 蔡仲林, 周之华. 武术 [M]. 2版. 北京：高等教育出版社, 2005.

[39] 郭庆光. 传播学教程 [M]. 2版. 北京：中国人民大学出版社, 2011.

[40] 胡正荣, 段鹏, 张磊. 传播学总论 [M]. 2版. 北京：清华大学出版社, 2008.

[41] Gerge Payne, 耿培新, 梁国立. 人类动作发展概论 [M]. 北京：人民教育出版社, 2008.

[42] 钱穆. 中国文化史导论（修订本）[M]. 北京：商务印书馆, 2000.

[43] 杨祥全. 津门武术 [M]. 太原：山西科学技术出版社, 2013.

[44] 丹尼斯·麦奎尔. 麦奎尔大众传播理论 [M]. 崔保国, 李琨, 译. 北京：清华大学出版社, 2006.

[45] 葛兆光. 中国思想史（第一卷）——七世纪前中国的知识、思想与信仰世界 [M]. 上海：复旦大学出版社, 2013.

[46] 罗杰斯. 组织传播 [M]. 陈昭郎, 译. 台北: 台湾编译馆, 1983.

[47] 洪浚浩. 传播学新趋势（下）[M]. 北京: 清华大学出版社, 2014.

[48] 约瑟夫·A. 德维托. 人际传播教程 [M]. 余瑞祥, 汪潇, 程国静, 译. 北京: 中国人民大学出版社, 2011.

[49] 薛可, 余明阳. 人际传播学 [M]. 上海: 同济大学出版社, 2007.

[50] 约瑟夫·R. 多米尼克. 大众传播动力学 [M]. 7版. 蔡骐, 译. 北京: 中国人民大学出版社, 2009.

[51] 段鹏. 传播学基础: 历史、框架与外延 [M]. 2版. 北京: 中国传媒大学出版社, 2013.

[52] 胡正荣. 传播学总论 [M]. 北京: 北京广播学院出版社, 1997.

二、中文论文

[1] 韩姣, 蔡永贵. 《说文解字》"交"族字探析 [J]. 汉字文化, 2019 (17): 92-94.

[2] 蔡继明. 论分工与交换的起源和交换比例的确定——广义价值论纲（上）[J]. 南开学报, 1999 (1): 30-40.

[3] 杨承训. 论社会主义市场经济的内生机理——以历史唯物主义为分析视角 [J]. 马克思主义研究, 2020 (5): 75-83, 155-156.

[4] 李春梅, 张文霞. 生产、分配、交换、消费视角下的文化产业供给侧结构性改革——兼论山西省文化产业的发展路径 [J]. 经济问题, 2020 (6): 110-117.

[5] 李青. 交换的社会原则 [J]. 长白学刊, 2003 (3): 50-52.

[6] 黄国雄, 董烨然. 论诺贝尔经济学奖得主对交换理论的贡献 [J]. 全国商情. 经济理论研究, 2006 (12): 3-4, 32.

[7] 张馨月. 社会交换与经济交换的关系研究 [J]. 现代交际, 2020 (14): 49-50.

[8] 王俊杰. 人类学视野中的礼物世界 [J]. 云南民族大学学报（哲学社会科学版）, 2007 (2): 22-25.

[9] 潘春梅. 不同文化模式中的交换行为及其理性取向 [J]. 思想战线, 2011, 37 (6): 145-146.

[10] 林新奇, 苏伟琳. 社会交换理论视域下的新生代员工激励管理研究 [J]. 现代管理科学, 2017 (5): 6-8.

[11] 曹卫国. 关系强度对社会交换中权力行使的影响 [J]. 东南学术, 2016 (5): 75-82.

[12] 陆晔. 中国传播学: 世纪之交的探索与前瞻——第六次全国传播学研讨会综述 [J]. 新闻大学, 2000 (1): 13-17.

[13] 杨卓凡. 看与被看: 作为"他者"的中国城市形象——以"看中国·外国青年影像计划"纪录短片为研究对象 [J]. 电影评介, 2017 (7): 12-17.

[14] 郭庆光. 传播学的研究对象和基本问题（上）[J]. 国际新闻界, 1998 (2): 41-48.

[15] 吴文虎. 传播理论研究的创新之作——评郭庆光《传播学教程》[J]. 国际新闻界, 2001 (1): 69-73.

[16] 林升梁, 叶立. 人机·交往·重塑: 作为"第六媒介"的智能机器人 [J]. 新闻与传播研究, 2019, 26 (10): 87-104, 128.

[17] 刘伟. 智能传播时代的人机融合思考 [J]. 人民论坛·学术前沿, 2018 (24): 16-24.

[18] 苏童, 聂家华. 传播学视域下当代中国马克思主义大众化的路径研究 [J]. 兵团党校学报, 2017 (3): 49-53.

[19] 蒋晓丽, 朱亚希. 联盟与超越: 传播符号学的生成发展和应然指向 [J]. 国际新闻界, 2017, 39 (8): 6-22.

[20] 吴刚, 黄健. 社会性学习理论渊源及发展的研究综述 [J]. 远程教育杂志, 2018, 36 (5): 69-80.

[21] 任继昉. "传播"源流考 [J]. 周口师范学院学报, 2008 (3): 130-133.

[22] 陈毓文. 论唐宋诗歌传播中的"好事者" [J]. 宜春学院学报, 2019, 41 (11): 86-90.

[23] 马立新. 人类艺术传播行为法哲学考察 [J]. 山东师范大学学报 (人文社会科学版), 2018, 63 (3): 136-146.

[24] 傅晓杉. 孔子的音乐传播思想与音乐传播实践解读 [J]. 音乐传播, 2013 (2): 2-7.

[25] 刘浩, 师方媛. 传播学视域下高校网络教育信息资源建设研究 [J]. 中国校外教育, 2014 (24): 164-165.

[26] 李亚铭, 王群. 口语传播学: 一个亟待建构的新学科 [J]. 编辑之友, 2014 (7): 65-69.

[27] 佚名. 新著《心理学导论》出版 [J]. 西南师范大学学报 (人文社会科学版), 1991 (2): 117.

[28] 隋岩. 群体传播时代: 信息生产方式的变革与影响 [J]. 中国社会科学, 2018 (11): 114-134, 204-205.

[29] 李庆林, 蔡昕. 试论大众传播与人际传播的区别和融合 [J]. 广西大学学报 (哲学社会科学版), 2009, 31 (6): 130-133.

[30] 陈陆平. 从社会交换论的视角解读微信的人际传播 [J]. 今传媒, 2017, 25 (3): 63-64.

[31] 谢清果, 李淼. 两岸数字公共领域下的文化认同探究 [J]. 关东学刊, 2016 (8): 110-119.

[32] 郭建斌, 程悦. "传播"与"仪式": 基于研究经验和理论的辨析 [J]. 新闻与传播研究, 2020, 27 (11): 21-36, 126.

[33] 付璐. 基于社会交换论的大学生微信人际传播探析 [J]. 视听, 2020 (6): 187-188.

[34] 青连斌. 霍曼斯的行为主义交换理论 [N]. 学习时报, 2006-03-27 (006).

[35] 何银军. 实事求是思想路线的存在论基础 [J]. 科教导刊 (上旬刊), 2019 (31): 78-79.

[36] 陈静. 试析情理社会中的面子和人情 [J]. 中国新技术新产品, 2008 (15): 187-188.

[37] 周云, 彭光芒. 人际传播中的信息交换与利益实现 [J]. 北京理工大学学报 (社会科学

版），2005（4）：18-21.
[38] 陶建杰．农民工人际传播行为及影响因素［J］．当代青年研究，2010（12）：23-29.
[39] 赵莹，宋燕燕．中国传统文化在影视动画场景设计的体现——评《电影艺术：形式与风格》［J］．林产工业，2021，58（4）：124.
[40] 刘一夫．信息传播视阈下高校校园标语的德育功能研究［J］．长春教育学院学报，2015，31（17）：56-57.
[41] 杨振，许婧．基于认知信息加工理论的大学生职业生涯规划课程体系建设［J］．出国与就业（就业版），2011（19）：74-75.
[42] 华雪．以用户为中心的设计方法在包装设计中的运用［J］．艺术与设计（理论），2019，2（12）：53-55.
[43] 韩培文．信息共享空间建设中易用性初探［J］．兰台内外，2020，（16）：19-21.
[44] 安娃．健康生活方式的交互行为设计研究［J］．美术学报，2018（2）：82-88.
[45] 彭鹏，毛爱华，尹碧昌．现代武术技击之思辨［J］．北京体育大学学报，2009，32（11）：127-130.
[46] 李印东，刘永．武术技术创新与发展的思考［J］．北京体育大学学报，2017，40（12）：133-138.
[47] 张雷．对武术"技击"概念的解读［J］．西安体育学院学报，2020，37（2）：213-217.
[48] 刘文武．武术基本理论问题反思［J］．体育科学，2015，35（3）：20-29.
[49] 蔡峰，张建华，张健，等．技击乌托邦：传统武术的原始诉求与现代超越［J］．南京体育学院学报，2020，19（5）：72-78.
[50] 王清勤，孟冲，李国柱．中国建筑学会标准《健康建筑评价标准》总述——编制概况、总则、基本规定及提高与创新［J］．建设科技，2017（4）：13-15.
[51] 肖丽萍，吕红培，彭秀婷，等．云南生物医药与大健康产业发展现状研究［J］．现代商业，2018（27）：78-79.
[52] 关乐林．中老年人高血脂对心血管病的影响［J］．亚太传统医药，2008（8）：17-18.
[53] 李源．从养生视阈论传统武术的价值与现代健身思想的契合［J］．山东体育学院学报，2010，26（3）：39-42.
[54] 刘雪朋，李秋燕．传统武术价值理念研究［J］．武术研究，2020，5（10）：29-32.
[55] 黄小花，王柏利．强身、健身与养生：武术观生成的历史逻辑分析［J］．体育文化导刊，2019（1）：48-53.
[56] 张凯．大健康产业的"2017-2019"［J］．知识经济，2019（35）：52-55.
[57] 姚明霞，温搏．中华武术基本特征之文化溯源［J］．西安体育学院学报，2020，37（4）：475-479.

[58] 周荔裳. 杨班侯太极拳用架——访太极拳用架传人李琏 [J]. 中华武术, 2007（2）：42-44.

[59] 杨静, 马文友. 论中国武术审美追求 [J]. 体育学研究, 2019, 2（4）：70-77.

[60] 王岗, 唐衍平. 竞技武术套路中的"形""意"审美分析 [J]. 上海体育学院学报, 2004（6）：70-74.

[61] 陈浩. 试论中国古典舞身韵的特征 [J]. 商情, 2009（24）：70.

[62] 田乾. 太极拳与引航关系初探 [J]. 中国水运, 2013（8）：58-59.

[63] 陆跃琴. 竞技武术套路运动的美学特征在编排中的体现 [J]. 浙江体育科学, 2011, 33（6）：121-123.

[64] 陈霞. 对武术套路运动美的探析 [J]. 长春师范学院学报, 2012, 31（9）：96-97.

[65] 刘博, 邢军强. 太极拳对中国古典舞身韵中"身法、韵律"的帮助与作用 [J]. 金田, 2013（10）：128.

[66] 明磊, 王岗. 中国武术的文化使命与责任担当 [J]. 北京体育大学学报, 2017, 40（9）：123-129.

[67] 程江陵. 社会需要与武术的发展 [J]. 体育函授通讯, 2002（3）：17-18.

[68] 赵连文, 朱雄, 王岗. 中国武术现代化的历史回眸与新时代发展论略 [J]. 沈阳体育学院学报, 2019, 38（4）：130-137.

[69] 秦维红, 张玉杰. 马克思需要理论视域中"美好生活需要"探析 [J]. 马克思主义理论学科研究, 2020, 6（4）：41-48.

[70] 陈志尚, 张维祥. 关于人的需要的几个问题 [J]. 人文杂志, 1998（1）：20-26.

[71] 胡建飞, 王海鸥. "人的需要"对武术形态变化的影响探究 [J]. 武术研究, 2017, 2（12）：24-26.

[72] 孙富林. 论马克思"需要理论"之意韵要义 [J]. 南京政治学院学报, 2004（20）：12-17.

[73] 胡建飞, 王海鸥. "人的需要"对武术形态变化的影响探究 [J]. 武术研究, 2017, 2（12）：24-26.

[74] 李绍成, 姜娟. 太极拳运动发展之研究 [J]. 体育文化导刊, 2006（3）：64-66.

[75] 周雯艳. 辨析太极拳起源及演变 [J]. 兰台世界, 2010（13）：60-61.

[76] 雷鸣, 余多庆. 武术与跆拳道运动发展的政治环境比较研究 [J]. 首都体育学院学报, 2009, 21（6）：721-723, 743.

[77] 丁云霞. "一带一路"倡议下中国武术运动产业对外发展研究 [J]. 武术研究, 2019, 4（3）：4-7.

[78] 苏长来, 杨建营. "一带一路"背景下中华武术推广倡议及实施途径 [J]. 天津体育学院学报, 2020, 35（1）：111-117.

[79] 杨建营. 武术分层技术体系的构建 [J]. 体育学刊, 2011, 18（2）：121-128.

[80] 刘雅锋. 新世纪武侠电影论略 [D]. 南京：南京师范大学, 2007.

[81] 马廉祯. 试论李小龙对香港功夫影视文化的影响 [J]. 搏击（武术科学），2014, 11 (11)：1-3.

[82] 朱琳, 王林. 全媒体视域下武术海外传播策略研究 [J]. 哈尔滨体育学院学报, 2016, 34 (5)：38-41.

[83] 陈飞, 樊国栋. 信息技术：武术信息网络传播途径分析 [J]. 武术研究, 2019, 4 (10)：9-11.

[84] 张小文. 基于共通的意义空间的课程资源开发 [J]. 开封教育学院学报, 2017, 37 (2)：121-123.

[85] 陈致烽. 接受与认同：琼瑶文学作品对两岸共通意义空间的建构 [J]. 哈尔滨工业大学学报（社会科学版），2017, 19 (5)：88-93.

[86] 李曦珍. 麦克卢汉"媒介即讯息"的认识论原理 [J]. 国外社会科学, 2013 (3)：54-63.

[87] 刘欣. 弱势状况下中国传统体育文化的对外传播策略——以中国武术为例 [J]. 体育学刊, 2009, 16 (1)：88-90.

[88] 林辉, 鄢行辉. "一带一路"背景下中国武术文化国际传播的困境与策略 [J]. 哈尔滨体育学院学报, 2019, 37 (6)：47-50, 55.

[89] 陈光玖. 从马斯洛需要层次理论看武术价值 [J]. 山西师大体育学院学报, 2007 (3)：77-79.

[90] 胡小明. 体育的价值区域与探索路径 [J]. 体育科学, 2007, 27 (11)：9-14.

[91] 李成, 丁保玉. 新时代中华武术文化价值研究 [J]. 武术研究, 2019, 4 (1)：32-34.

[92] 侯歆, 闫民. 武术文化的当代价值与定位 [J]. 搏击（武术科学），2015 (9)：17-19.

[93] 马爱军. 论中国传统武术文化的传承与保护 [J]. 少林与太极（中州体育），2011 (4)：1-4.

[94] 邱丕相, 王国志. 当代武术教育改革的几点思考 [J]. 体育学刊, 2006 (2)：76-78.

[95] 阮纪正. 传统武术养生体系的文化学分析 [J]. 少林与太极（中州体育），2015 (7)：1-9.

[96] 孔祥明. 现代大众武术健身开展的普及与提升路径 [J]. 赤峰学院学报（自然科学版），2016, 32 (10)：103-104.

[97] 王林, 淳再清. 中国武术实施健康传播的理论逻辑与现实思路 [J]. 武汉体育学院学报, 2013, 47 (4)：62-67.

[98] 温力. 尚武精神及其对武术发展的影响 [J]. 武汉体育学院学报, 2009, 43 (8)：5-10.

[99] 姜丙刚, 马文国. 民国时期武术之探析 [J]. 搏击（武术科学），2013, 10 (4)：13-15.

[100] 侯志涛, 黄银华, 金宁. 近代武术发展之启示 [J]. 山东体育科技, 2017, 39 (2)：27-30.

[101] 周世中. 论全人类利益与阶级利益 [J]. 社会科学家, 1992 (6)：67-71.

[102] 卢光盛, 吴波汛. 人类命运共同体视角下的"清洁美丽世界"构建——兼论"澜湄环

境共同体"建设［J］. 国际展望，2019，11（2）：64-83，151-152.

［103］王俊璞. 武术新定义诞生记［J］. 中华武术，2009（8）：32-33.

［104］邱丕相，马文国. 关于中国武术发展战略的几点思考［J］. 西安体育学院学报，2005（6）：1-3，7.

［105］雷鸣. 武术文化的个体享用功能及实现途径［J］. 体育学刊，2007（9）：75-77.

［106］王岗，刘帅兵. 中国武术跨文化传播的研究［J］. 南京体育学院学报（社会科学版），2012，26（3）：13-17.

［107］孙鸿志，王岗. 中国武术国际化传播的核心问题：理念的缺失［J］. 中国体育科技，2011，47（3）：80-83，88.

［108］董海琳，陈俊玉. 全球化背景下的文化碰撞与交融［J］. 河北青年管理干部学院学报，2007（3）：59-62.

［109］蔡拓. 全球化与当代国际关系［J］. 马克思主义与现实，1998（4）：19-21.

［110］郑国华，丁世勇. 北京奥运会对中国文化产业的影响［J］. 天津体育学院学报，2006（5）：397-400，455.

［111］李坚. 从国际交流看当代少儿艺术发展及教育［J］. 艺术百家，2006（5）：189-191.

［112］王振顶. 汉语国际传播的政治经济意义分析［J］. 生产力研究，2007（19）：74-75.

［113］朱东，马克蒂姆，姜熙. 中西方不同视角下武术国际化发展的现状和未来［J］. 体育科学，2010，30（6）：20-29.

［114］妥培兴. "一带一路"战略下民族传统体育跨文化传播的价值、困境及其消解［J］. 南京体育学院学报（社会科学版），2017，31（1）：13-17.

［115］徐伯然，沈贤. 武术养生与东方哲学［J］. 山东体育科技，1999（3）：99-101.

［116］冯振旗. 中国传统养生文化与太极拳［J］. 华北水利水电学院学报（社会科学版），2008，24（1）：129-131.

［117］陈青山，王宏. 中华武术美的本质［J］. 武汉体育学院学报，2003（1）：148-151.

［118］王岗. 人文奥运与文化自尊［J］. 体育文化导刊，2005（12）：18-20.

［119］庹继光，刘海贵. 武术文化"走出去"与进军奥运辨析［J］. 新闻界，2013（6）：38-42.

［120］罗道友. 需要—人的发展的内在动力—从马斯洛需要理论看人的发展［D］. 湘潭：湘潭大学，2007.

［121］蔡仲林，汤立许. 武术文化传播障碍之思考——以文化软实力为视角［J］. 天津体育学院学报，2009，24（5）：379-382，387.

［122］种海峰. 简论跨文化传播与冲突的四个规律［J］. 深圳大学学报（人文社会科学版），2010，27（6）：149-152.

［123］董刚，金玉柱. 从"走出去"到"走进去"——中国武术国际传播的理念迭代与路径选择［J］. 天津体育学院学报，2019，34（4）：364-368.

[124] 韩美佳,李守培,薛欣.武术传播的研究结构及发展思路[J].体育文化导刊,2016(3):68-73.

[125] 金涛,李臣.互联网时代中国武术"走出去"的路径审视与思考[J].沈阳体育学院学报,2018,37(4):139-144.

[126] 李凤芝,朱云,刘玉.中华武术国际传播的归化与异化[J].上海体育学院学报,2015,39(1):67-71.

[127] 李凤芝,朱云,刘玉,等.对我国武术文化国际传播中归化与异化问题的研究[J].武汉体育学院学报,2015,49(10):56-61.

[128] 刘宽亮.关于文化传播规律的思考[J].运城学院学报,2003(2):9-12.

[129] 刘燕南,刘双.国际传播效果评估指标体系建构:框架、方法与问题[J].现代传播(中国传媒大学学报),2018,40(8):9-14.

[130] 孟涛,周之华.华人移民对中华武术海外传播的影响[J].中华武术(研究),2013,2(5):11-14.

[131] 乔秀梅,童建国,赵焕彬.基于人类动作发展观的中小学生体能教育的思考[J].体育学刊,2010,17(11):80-82.

[132] 全胜.我国人类动作发展的研究进展与趋势[J].赤峰学院学报(自然科学版),2012,28(1):167-168.

[133] 邵隽.精武体育会的发展及其影响[J].体育文史,1990(1):16-20.

[134] 孙鸿志,王岗.中国武术国际化传播的核心问题:理念的缺失[J].中国体育科技,2011,47(3):80-83,88.

[135] 王林.武术国际化传播的传者研究[J].武汉体育学院学报,2007(8):32-36.

[136] 项久雨,张业振.关于中国价值观国际传播的若干思考[J].马克思主义理论学科研究,2017,3(5):135-145.

[137] 解乒乒,史帅杰,丁保玉."一带一路"战略下武术文化"走出去"的机遇与策略[J].体育文化导刊,2017(6):1-5.

[138] 熊涛.运动技能学习过程规律的研究——基于体育教学的视角[J].体育世界(学术版),2012(12):122-123.

[139] 杨碧秀,王志强,曹磊明,等.认知能力发展与年龄的关系[J].临床精神医学杂志,2015,25(5):316-318.

[140] 袁春杰.传统武术对外交流的困境及发展策略研究[J].广州体育学院学报,2017,37(4):75-77,99.

[141] 张帆,王红梅.文化的力量:德国歌德学院的历史和启示[J].比较教育研究,2006(11):23-27.

[142] 张颖,蔡国梁,赵晨琼,等.基于人类动作发展视角的幼儿动作发展规律研究进展

[J]. 四川体育科学, 2019, 38 (2)：37-39, 52.

[143] 张银行, 李吉远. 使命与扬武：精武体育会与武术近现代化研究 [J]. 山东体育学院学报, 2010, 26 (12)：41-46.

[144] 郑光路. 十一届奥运会悲伤的看客——1936年中国体育代表团旧事 [J]. 党建文汇 (下半月版), 2008 (7)：38-39.

[145] 周又萍. 语言习得规律与成人英语教学 [J]. 职业, 2011 (35)：180-181.

[146] 朱琳, 王林. 技能迁移规律在高校武术教学中的运用研究 [J]. 武术研究, 2016 (3)：104-106.

[147] 李晓臻. 汉语国际推广背景下对中国文化海外传播的思考 [J]. 社科纵横（新理论版）, 2008 (4)：56-57.

[148] 马万凤, 郝小刚, 平朋刚. 浅析当代武术文化的传播特征及传播方式 [J]. 北京体育大学学报, 2007, 30 (4)：470-472.

[149] 隋岩, 曹飞. 论群体传播时代的莅临 [J]. 北京大学学报（哲学社会科学版）, 2012, 49 (5)：139-147.

[150] 易剑东, 谢军. 中国武术百年历程回顾——面向21世纪的中国武术 [J]. 体育文史, 1998 (5)：27-29.

[151] 靖鸣. 移动互联网时代组织传播的嬗变与思考 [J]. 中国编辑, 2020 (4)：60-65.

[152] 方兴东, 严峰, 钟祥铭. 大众传播的终结与数字传播的崛起——从大教堂到大集市的传播范式转变历程考察 [J]. 现代传播（中国传媒大学学报）, 2020, 42 (7)：132-146.

[153] 徐赟, 张辉. 数据挖掘在体育领域中的应用 [J]. 武汉体育学院学报, 2012, 42 (11)：27-30.

[154] 李德仁, 龚健雅, 邵振峰. 从数字地球到智慧地球 [J]. 武汉大学学报（信息科学版）2010, 35 (2)：127-132, 253-254.

[155] 余秀才, 黄鹏程. 全媒体语境下新媒体发展的四个维度 [J]. 编辑之友, 2012 (8)：70-73.

[156] 丁健. 浅析大数据对政府2.0的推进作用 [J]. 中国信息界, 2012 (9)：12-14.

[157] 张文. 沃尔玛："吃螃蟹者"亦喜亦忧 [J]. 新商务周刊, 2013 (23)：30-32.

[158] 高利苹, 李纾, 时勘. 从对框架效应的分析看风险决策的神经基础 [J]. 心理科学进展, 2006 (6)：859-865.

[159] 万小广. 论架构分析在新闻传播学研究中的应用 [J]. 国际新闻界, 2010, 32 (9)：6-12.

[160] 张俊睿. 框架理论在新闻传播领域的研究与运用 [J]. 新媒体研究, 2016, 2 (17)：31-32.

[161] 孙彩芹. 框架理论发展35年文献综述：兼述内地框架理论发展11年的问题和建议 [J]. 国际新闻界, 2010, 32 (9)：18-24, 62.

[162] 曾繁旭, 戴佳, 郑婕. 框架争夺、共鸣与扩散: PM2.5 议题的媒介报道分析 [J]. 国际新闻界, 2013, 15 (8): 96-108.

[163] 王林. 武术国际化传播的受众研究 [J]. 首都体育学院学报, 2008, 20 (2): 14-17.

[164] 田恩庆. 试论体育全球化浪潮下体育文化认同 [J]. 贵州体育科技, 2006 (3): 4-7.

三、外文图书和论文

[1] BLAU P M. Exchange and power in social life [M]. New York: Wiley, 1964.

[2] LAZAARSFELDPF, BERELSON B, GAUDET H. The people's choice: How the voter makes up his mind in a presidential campaign [M]. New York: Columbia University Press, 1944.

[3] KöCHLER H. Idea and politics of communication in the global age [M] //Kamalipour Y R, Friedrichsen M. Digital Transformation in Journalism and News Media. Berlin: Springer International Publishing, 2017.

[4] FAYYAD LIM, PIATETSKY-SHAPIRO G, SMYTH P, et al. Advances in knowledge discovery and data mining [M]. Cambridge: MIT Press, 1996.

[5] GITLIN T. The whole world is watching: Mass media in the making and (Un) making of the new left [M]. Berkeley: University of California Press, 1980.

[6] GOFFMAN E. Frame analysis [M]. Philadelphia: University of Pennsylvania Press, 1974.

[7] MCARDLE J J, FERRER-CAJA E, HAMAGAMI F, et al. Comparative longitudinal structural analyses of the growth and decline of multiple intellectual abilities over the life span [J]. Developmental psychology, 2002, 38 (1): 115-142.

[8] SCHAIE W K. The course of adult intellectual development [J]. American psychologist, 1994, 49 (4): 304-313.

[9] YEOMAN M, SCUTT G, FARAGHER R. Insights into CNS ageing from animal models of senescence [J]. Nature reviews neuroscience, 2012, 13 (6): 435-445.

[10] MATTAY V S, FERA F, TESSITORE A, et al. Neurophysiological correlates of age-related changes in human motor function [J]. Neurology, 2002, 58 (4): 630-635.

[11] SEIDLER R D, BERNARD J A, BURUTOLU T B, et al. Motor control and aging: Links to age-related brain structural, functional, and biochemical effects [J]. Neuroscience & biobehavioral reviews, 2010, 34 (5): 721-733.

[12] FAULKNER J A, LARKIN L M, CLAFLIN D R, et al. Age-related changes in the structure and function of skeletal muscles [J]. Clinical and experimental pharmacology and physiology, 2007, 34 (11): 1091-1096.

[13] MELL P M, GRANCE T. The NIST definition of cloud computing [J]. National Institute of Standards and Technology, 2009, 53 (6): 50.

[14] ARMBRUST M, FOX A, GRIFFITH R, et al. Above the clouds: A berkeley view of cloud computing [J]. Communications of the ACM, 2010, 53 (4): 50-58.

[15] MARTENS B, TEUTEBERG F. Decision-making in cloud computing environments: A cost and risk based approach [J]. Information systems frontiers, 2012, 14 (4): 871-893.

[16] SULTAN N. Reaching for the "cloud": How smes can manage [J]. International journal of information management, 2011, 31 (3): 272-278.

[17] WANG L, LASZEWSKI G, He X, et al. Cloud computing: A perspective study [J]. New generation computing, 2010, 28 (2): 137-146.

[18] XU X. From cloud computing to cloud manufacturing [J]. Robotics and computer-integrated manufacturing, 2012, 28 (1): 75-86.

[19] LIN A, CHEN N. Cloud computing as an innovation: Percepetion, attitude, and adoption [J]. International journal of information management, 2012, 32 (6): 533-540.

[20] LIN J, RYABOY D. Scaling big data mining infrastructure: The Twitter experience [J]. ACM SIGKDD explorations newsletter, 2013, 14 (2): 6-19.

[21] GUBBI J R, BUYYA R, MARUSIC S, et al. Internet of Things (IoT): A vision, architectural elements, and future directions [J]. Future generation computer systems, 2013, 29 (7): 1645-1660.

[22] MA H D. Internet of things: Objectives and scientific challenges [J]. Journal of compuer Science and technology. 2011, 26 (6): 919-924.

[23] SCHEUFELE D A, TEWSBURY D. Framing, agenda setting, and priming: The evolution of three media effects models [J]. Journal of communication, 2007, 57 (1): 7, 9-11.

[24] GAMSON W A, MODIGLIANI A. Media discourse and puhfic opinion oil nuclear power: A constructionist approach [J]. American journal of sociology, 1989, 95 (1): 1-37.

[25] SEARS D O, FREEDMAN J L. Selective exposure to information: A critical review [J]. Public opinion quarterly, 1967, 31 (2): 194-213.